A LIBRARY OF
DOCTORAL
DISSERTATIONS
IN SOCIAL SCIENCES IN CHINA

中国社会科学博士论文文库

气候变化风险治理中公众对专家的信任研究：
以我国十省公众对专家的信任度调查为例

Public Trust in Experts in the Climate Change Risk Governance:
A Survey Analysis of Public Trust in Experts in Ten Provinces of China

王 娟 著

导师 胡志强

中国社会科学出版社

图书在版编目(CIP)数据

气候变化风险治理中公众对专家的信任研究:以我国十省公众对专家的信任度调查为例/王娟著.—北京:中国社会科学出版社,2016.12

(中国社会科学博士论文文库)

ISBN 978-7-5161-5648-3

Ⅰ.①气… Ⅱ.①王… Ⅲ.①社会关系—研究 Ⅳ.①C912.68

中国版本图书馆 CIP 数据核字(2016)第 308811 号

出 版 人	赵剑英
责任编辑	孙 萍
责任校对	胡新芳
责任印制	王 超

出　　版	中国社会科学出版社
社　　址	北京鼓楼西大街甲 158 号
邮　　编	100720
网　　址	http://www.csspw.cn
发 行 部	010-84083685
门 市 部	010-84029450
经　　销	新华书店及其他书店
印　　刷	北京君升印刷有限公司
装　　订	廊坊市广阳区广增装订厂
版　　次	2016 年 12 月第 1 版
印　　次	2016 年 12 月第 1 次印刷
开　　本	710×1000　1/16
印　　张	21
插　　页	2
字　　数	328 千字
定　　价	75.00 元

凡购买中国社会科学出版社图书,如有质量问题请与本社营销中心联系调换
电话:010-84083683
版权所有　侵权必究

《中国社会科学博士论文文库》编辑委员会

主　　任：李铁映
副 主 任：汝　信　江蓝生　陈佳贵
委　　员：(以姓氏笔画为序)
　　　　　王洛林　王家福　王缉思
　　　　　冯广裕　任继愈　江蓝生
　　　　　汝　信　刘庆柱　刘树成
　　　　　李茂生　李铁映　杨　义
　　　　　何秉孟　邹东涛　余永定
　　　　　沈家煊　张树相　陈佳贵
　　　　　陈祖武　武　寅　郝时远
　　　　　信春鹰　黄宝生　黄浩涛
总 编 辑：赵剑英
学术秘书：冯广裕

总 序

在胡绳同志倡导和主持下，中国社会科学院组成编委会，从全国每年毕业并通过答辩的社会科学博士论文中遴选优秀者纳入《中国社会科学博士论文文库》，由中国社会科学出版社正式出版，这项工作已持续了12年。这12年所出版的论文，代表了这一时期中国社会科学各学科博士学位论文水平，较好地实现了本文库编辑出版的初衷。

编辑出版博士文库，既是培养社会科学各学科学术带头人的有效举措，又是一种重要的文化积累，很有意义。在到中国社会科学院之前，我就曾饶有兴趣地看过文库中的部分论文，到社科院以后，也一直关注和支持文库的出版。新旧世纪之交，原编委会主任胡绳同志仙逝，社科院希望我主持文库编委会的工作，我同意了。社会科学博士都是青年社会科学研究人员，青年是国家的未来，青年社科学者是我们社会科学的未来，我们有责任支持他们更快地成长。

每一个时代总有属于它们自己的问题，"问题就是时代的声音"（马克思语）。坚持理论联系实际，注意研究带全局性的战略问题，是我们党的优良传统。我希望包括博士在内的青年社会科学工作者继承和发扬这一优良传统，密切关注、深入研究21世纪初中国面临的重大时代问题。离开了时代性，脱离了社会潮流，社会科学研究的价值就要受到影响。我是鼓励青年人成名成家的，这是党的需要、国家的需要、人民的需要。但问题在于，什么是名呢？名，就是他的价值得到了社会的承认。如果没有得到社会、人民的承认，他的价值又表现在哪里呢？所以说，价值就在于对社会重大问题的回答和解决。一旦回答了时代性的重大问题，就必然会对社会产生巨大而深刻的影响，你也因此而实现了自己的价值。在这方面年轻的博士有很大的优势：精力旺盛，思维敏捷，勤于学习，勇于创新。但青年学者要多向老一辈学者学习，博士尤其要很好地向导师学习，在导师的指导下，发挥自己的优势，研究重大问题，就有可能出好的成果，实现自己的价值。过去12年入选文库的论文，也说明了这一点。

什么是当前时代的重大问题呢？纵观当今世界，无外乎两种社会制度，一种是资本主义制度，一种是社会主义制度。所有的世界观问题、政治问题、理论问题都离不开对这两大制度的基本看法。对于社会主义，马克思主义者和资本主义世界的学者都有很多的研究和论述；对于资本主义，马克思主义者和资本主义世界的学者也有过很多研究和论述。面对这些众说纷纭的思潮和学说，我们应该如何认识？从基本倾向看，资本主义国家的学者、政治家论证的是资本主义的合理性和长期存在的"必然性"；中国的马克思主义者，中国的社会科学工作者，当然要向世界、向社会讲清楚，中国坚持走自己的路一定能实现现代化，中华民族一定能通过社会主义来实现全面的振兴。中国的问题只能由中国人用自己的理论来解决，让外国人来解决中国的问题，是行不通的。也许有的同志会说，马克思主义也是外来的。但是，要知道，马克思主义只是在中国化了以后才解决中国的问题的。如果没有马克思主义的普遍原理与中国革命和建设的实际相结合而形成的毛泽东思想、邓小平理论，马克思主义同样不能解决中国的问题。教条主义是不行的，东教条不行，西教条也不行，什么教条都不行。把学问、理论当教条，本身就是反科学的。

在21世纪，人类所面对的最重大的问题仍然是两大制度问题：这两大制度的前途、命运如何？资本主义会如何变化？社会主义怎么发展？中国特色的社会主义怎么发展？中国学者无论是研究资本主义，还是研究社会主义，最终总是要落脚到解决中国的现实与未来问题。我看中国的未来就是如何保持长期的稳定和发展。只要能长期稳定，就能长期发展；只要能长期发展，中国的社会主义现代化就能实现。

什么是21世纪的重大理论问题？我看还是马克思主义的发展问

题。我们的理论是为中国的发展服务的，绝不是相反。解决中国问题的关键，取决于我们能否更好地坚持和发展马克思主义，特别是发展马克思主义。不能发展马克思主义也就不能坚持马克思主义。一切不发展的、僵化的东西都是坚持不住的，也不可能坚持住。坚持马克思主义，就是要随着实践，随着社会、经济各方面的发展，不断地发展马克思主义。马克思主义没有穷尽真理，也没有包揽一切答案。它所提供给我们的，更多的是认识世界、改造世界的世界观、方法论、价值观，是立场，是方法。我们必须学会运用科学的世界观来认识社会的发展，在实践中不断地丰富和发展马克思主义，只有发展马克思主义才能真正坚持马克思主义。我们年轻的社会科学博士们要以坚持和发展马克思主义为己任，在这方面多出精品力作。我们将优先出版这种成果。

2001 年 8 月 8 日于北戴河

摘　要

自然科学家早已提出，气候变化将会对自然生态系统和人类生存造成重大而深远的影响。近年来频频发生的旱涝灾害、极端天气、飓风暴雪等，给人类生存、社会发展、动植物繁衍、生态环境、能源安全带来了巨大且无法挽救的损失，不仅证实了自然科学家的预言，也给全人类敲响了警钟。面对气候变化给人类带来的种种威胁，国际社会组织了一系列研究气候变化的活动，无论从政策角度还是学术研究方面都展开了实质性探索工作，并于1988年成立政府间气候变化专门委员会（Intergovernmental Panel on Climate Change，简称 IPCC）。该组织成立至今已经发表了五次 IPCC 气候评估报告，这表明气候变化问题已经成为一个事关各国政治和经济利益的重大问题。

然而在气候变化的风险治理中，决策者和专家一直站在探讨气候问题的最高舞台上，公众没有介入的权利。但是作为社会责任的履行者及气候变化的利益相关者之一，公众又必须要服从决策者和专家的决策。专家并不是经过公众选举产生的，其在民主政治中的不同角色决定了专家为决策者提供决策可能存在选择偏向性，此时公众对基于专家理论的决策是否服从和执行就受到合法性的质疑，公众对专家参与制定的政策的担忧和疑虑以及对于专家的信任成为决策过程中的一个重要议题。

本书首先综述了前人对于公众信任度的理论探索、模型组建和实证研究，分析了已有调研中影响公众信任度的因素。为了了解在我国特殊国情和文化背景下中国公众对专家的信任度，本书以我国十个省随机抽取的部分公众作为调查对象，以 SVS 模型和 TCC 模型为依据，运用定量研究的方法，调查了我国公众对专家的信任度以及公众对气候变化的风险感知、公众风险沟通状况、公众的文化价值、气候变化的事件可信性、风险治理中的公众态度等，并且运用 AMOS、SPSS、STATA 等统计软件构建了公众对专家信任的结构方程模型，进一步分析了风险感知因素、风险沟通因素、文化价值因素、事件可信性因素、风险治理因素和城乡差异因素对公众信任度的影响，以及各因素之间的相互影响。

研究结果显示，公众对专家的信任受到风险沟通、价值一致性、事件可信性、风险治理的正相关影响。其中，价值一致性是影响公众对专家信任的核心因素；而风险感知在其他因素的共同作用下，对信任的影响极弱甚至消失；在我国的社会文化背景下，公众对专家的信任还受到城乡差异的影响，居住在城市的居民比居住在农村的居民更加信任专家。在此调查结果的基础上，本书针对影响公众对专家信任的因素进行进一步讨论与分析，为促进风险治理中公众与专家的沟通、提高公众对专家的信任度、提升我国的气候风险治理效率提供依据。

关键词：气候变化风险；风险治理；公众对专家的信任；价值一致性

Abstract

Natural scientists have long suggested that climate change would have significant and far-reaching impacts on natural ecosystems and human survival. In recent years, the frequent occurrence of droughts and floods, extreme weather, hurricanes, blizzards, etc. have brought tremendous and irretrievable loss to human survival, social development, plant and animal breeding, environment and energy security, which not only confirms the natural scientists' predictions also sounds a warning to all mankind. Facing the threat which climate change brought to humanity, the international community organized a series of activities on climate change, and launched substantial exploration works both from policy and academic research, what's more, the Intergovernmental Panel on Climate Change (IPCC) was established in 1988, so far the IPCC has published five IPCC climate assessment reports, which indicate that climate change has become a major issue related to the political and economic interests.

However, policy-makers and experts have been exploring the issues of climate risk governance on the highest stage, while the public has no right to intervene. But as one of stakeholders in climate change and those who fulfill the social responsibility, the public must obey the decision makers and experts. Nevertheless, experts are not elected by the public, their decisions may show selection bias due to their different roles in democracy. Public whether to obey the expert-decision will be questioned by legitimacy, so the public worries and doubts to expert decisions and the public trust in experts become an important issue.

This study first reviews the previous theoretical research of public trust, the model formation and empirical study, and analyzes the factors affecting public trust in the existing research. In order to measure the public trust in experts in Chinese special circumstances and cultural background, the paper make a public survey in China's ten provinces based on the SVS model and the TCC model, using the quantitative research method to survey the public trust in experts, public risk perception of climate change, public risk communication conditions, cultural value of the public, the credibility of climate change events and public attitudes to risk management, then build the equation model of the public trust in experts by statistical software such as AMOS, SPSS, STATA, further analyze the effects of the factors of the risk perception, risk communication, cultural value, the event credibility, risk governance and urban-rural difference on public trust, and discuss the interactions between all these factors.

The results show that the public trustin experts is positively related to the risk communication, value similarity, event credibility and risk governance, among which, value similarity is the core factor; In the interaction of other factors, little or no impact of risk perception on public trust is found; In our country's social and cultural background, the public trust in experts is also affected by urban-rural gap, residents living in urban areas have more confidence in the experts than those living in rural areas. On the basis of the survey results, this paper make further discussion and analysis on the factors affecting public trust in experts to provide basis for facilitating communication between the public and experts in risk management, improving public trust in experts and raising the efficiency of China's climate risk governance.

Key Words: Climate Change Risk; Risk Governance; Public Trust in Experts; Value Similarity

目 录

第一章 引言 ……………………………………………………… (1)
  第一节 研究背景与意义 ……………………………………… (1)
    一 理论背景 ……………………………………………… (1)
    二 现实背景 ……………………………………………… (2)
    三 研究意义 ……………………………………………… (3)
  第二节 文献综述 ……………………………………………… (4)
    一 全球气候变化 ………………………………………… (4)
    二 风险治理 ……………………………………………… (7)
    三 公众对专家的信任 …………………………………… (9)
    四 问题的提出 …………………………………………… (20)
  第三节 研究内容和方法 ……………………………………… (21)
    一 研究内容 ……………………………………………… (21)
    二 研究方法 ……………………………………………… (22)

第二章 信任在风险治理中的作用 ……………………………… (25)
  第一节 信任对风险治理的影响 ……………………………… (25)
    一 信任影响风险感知 …………………………………… (26)
    二 信任影响风险沟通 …………………………………… (32)
    三 信任影响风险治理 …………………………………… (37)
  第二节 风险治理中各国公众对专家的信任 ………………… (39)
    一 风险治理中的公众参与 ……………………………… (39)
    二 各国公众对专家的信任 ……………………………… (40)

第三节　气候变化风险 …………………………………… (44)
第四节　小结 ……………………………………………… (46)

第三章　风险治理中信任相关理论和模型的建立与发展 ……… (47)
第一节　信任的相关理论研究 …………………………… (47)
　　一　公众与专家的风险感知差异 …………………… (47)
　　二　信任相关的风险文化理论 ……………………… (56)
第二节　信任理论模型的建立与发展 …………………… (59)
　　一　SVS 模型 ………………………………………… (59)
　　二　TCC 模型 ………………………………………… (68)
　　三　SVS 模型和 TCC 模型在风险管理中的作用与启示 … (76)
第三节　关于公众对专家信任的影响因素的经验型研究 …… (78)
　　一　影响公众对专家信任的因素 …………………… (78)
　　二　本书主要考察的变量 …………………………… (87)
第四节　小结 ……………………………………………… (87)

第四章　全球气候变化治理中公众对专家的信任度调查 ……… (89)
第一节　调查目的和调查变量 …………………………… (89)
　　一　调查目的 ………………………………………… (89)
　　二　调查变量 ………………………………………… (89)
第二节　研究假设 ………………………………………… (90)
　　一　公众的风险感知越高越不信任专家 …………… (90)
　　二　风险沟通越顺畅，公众对专家的信任度越高 … (91)
　　三　价值的相似性程度越大，公众对专家的
　　　　信任度越高 ……………………………………… (92)
　　四　事件的可信度越高，公众对专家的信任度越高 …… (92)
　　五　风险治理的评价越高，公众对专家的信任度越高 …… (93)
　　六　居住在城市比居住在农村的公众更加信任专家 …… (93)
第三节　研究方法 ………………………………………… (94)
　　一　抽样方案 ………………………………………… (94)
　　二　抽样步骤 ………………………………………… (94)

第四节　调查的基本情况 ……………………………………… (95)
　　第五节　调查结果分析 …………………………………………… (99)
　　　一　可信度检测 ………………………………………………… (99)
　　　二　气候变化知识的知晓度 …………………………………… (108)
　　　三　气候变化风险的担忧度 …………………………………… (122)
　　　四　风险沟通状况 ……………………………………………… (133)
　　　五　文化价值的测量 …………………………………………… (136)
　　　六　信任度的测量 ……………………………………………… (147)
　　　七　风险治理的评价与建议 …………………………………… (165)
　　　八　个人信息的考察 …………………………………………… (179)
　　第六节　小结 ……………………………………………………… (185)

第五章　影响中国公众对专家信任的因素 ………………………… (190)
　　第一节　影响公众对专家信任的因素假设 …………………… (190)
　　　一　社会基础变量 ……………………………………………… (190)
　　　二　认知心理变量 ……………………………………………… (193)
　　第二节　回归模型 ………………………………………………… (195)
　　　一　相关性分析和回归分析 …………………………………… (195)
　　　二　影响因素的确定 …………………………………………… (222)
　　第三节　因果关系模型 …………………………………………… (226)
　　　一　因果关系的概念模型 ……………………………………… (226)
　　　二　因果模型的验证性分析 …………………………………… (227)
　　　三　因果模型的讨论 …………………………………………… (230)
　　第四节　信任相关模型的验证 …………………………………… (234)
　　　一　SVS 模型的验证 …………………………………………… (234)
　　　二　TCC 模型的验证 …………………………………………… (238)
　　第五节　公众对专家信任的综合模型 …………………………… (244)
　　第六节　小结 ……………………………………………………… (248)

第六章　关于影响信任因素的讨论 ………………………………… (249)
　　第一节　信任在特定的背景下对风险感知有一定的影响 …… (249)

第二节　风险感知影响公众对专家的信任，
　　　　但不是唯一因素 ………………………………（251）
第三节　显著价值一致性是影响信任的核心因素 ……（251）
第四节　信任影响信心的建立 ……………………………（252）
第五节　公众对专家的信任影响风险沟通 ………………（253）
第六节　信任影响公众的风险决策和风险治理 …………（254）
第七节　社会基础变量对信任的影响 ……………………（254）
　　一　总体分析 ………………………………………（254）
　　二　个案分析 ………………………………………（256）
第八节　民族和宗教对信任的影响 ………………………（258）
第九节　中国公众对专家的信任 …………………………（261）

结　语 ……………………………………………………（263）

附　录 ……………………………………………………（265）
　附录1　调查问卷样本区域分配表 ……………………（265）
　附录2　全球气候变化治理中我国公众对专家的
　　　　　信任度调查问卷 ……………………………（268）

参考文献 …………………………………………………（276）

索　引 ……………………………………………………（289）

在校期间所获科研成果 …………………………………（292）

致　谢 ……………………………………………………（293）

Contents

Chapter 1: Introduction ·· (1)
   Section 1: The Research Background and the Significance ············ (1)
      A Theoretical Background ··· (1)
      Real Background ·· (2)
      Research Significance ·· (3)
   Section 2: Literature Review ·· (4)
      The Global Climate Change ······································ (4)
      Risk Management ·· (7)
      Public Trust in Experts ··· (9)
      Problems ·· (20)
   Section 3: Research Content and Method ····························· (21)
      The Research Contents ··· (21)
      The Research Methods ··· (22)

Chapter 2: The Role of Trust in Risk Governance ················ (25)
   Section 1: The Influence of Trust in Risk Governance ············· (25)
      Trust Affects Risk Perception ··································· (26)
      Trust Affects Risk Communication ····························· (32)
      Trust Affects Risk Management ································ (37)
   Section 2: Public Trust in Experts from Different Countries in
              Risk Governance ··· (39)
      The Public Participation in Risk Governance ················ (39)

Public Trust in Experts from Different Countries ………… (40)
　Section 3：Risk of Climate Change ……………………………… (44)
　Section 4：Summary ……………………………………………… (46)

**Chapter 3：Trust Model Establishment and Development
　　　　　in Risk Governance** ……………………………… (47)
　Section 1：The Relevant Theoretical Research of Trust …………… (47)
　　Risk Perception Difference of Public and Experts ………… (47)
　　Risk Culture Theory Related Trust ……………………………… (56)
　Section 2：The Establishment and Development of Trust
　　　　　Theory Model ……………………………………………… (59)
　　SVS Model ……………………………………………………… (59)
　　TCC Model ……………………………………………………… (68)
　　The Role and Enlightenment of SVS Model and TCC
　　　Model in the Risk Management ……………………………… (76)
　Section 3：A Study on the Influence Factors of Public Trust in
　　　　　Experts Factors of Public Trust in Experts …………… (78)
　　The Factors Influencing the Public Trust the Experts … (78)
　　The Main Variables ……………………………………………… (87)
　Section 4：Summary ……………………………………………… (87)

**Chapter 4：The Trust Survey of Chinese Public to Expert
　　　　　in Global Climate Change** ……………………… (89)
　Section 1：Investigation Purpose and the Variables …………… (89)
　　The Purpose of Investigation ………………………………… (89)
　　Investigate Variables …………………………………………… (89)
　Section 2：Hypothesis …………………………………………… (90)
　　The Higher Risk Perception, the More Mistrust ………… (90)
　　The Communication More Smoothly, the Higher
　　　Trust for the Public to Experts ……………………………… (91)
　　With the More Similarity of Value, the Greater
　　　the Public Trust in Experts ………………………………… (92)

  The Higher the Credibility of the Events, the
    Higher the Public Trust in Experts ……………… (92)
  The Higher Evaluation of Risk Management,
    the Higher Public Trust in Experts ……………… (93)
  Public Living in Cities more Trust in Experts
    Than in Rural ……………………………………… (93)
Section 3: Methods ……………………………………………… (94)
  A Sampling Plan ……………………………………… (94)
  A Sampling Step ……………………………………… (94)
Section 4: The Basic Condition of Survey ……………………… (95)
Section 5: Survey Results Analysis ……………………………… (99)
  A Reliability Test ……………………………………… (99)
  The Popularity of the Knowledge of Climate Change … (108)
  The Concerns of Climate Change Risks ……………… (122)
  Risk Communication ………………………………… (133)
  Measuring of Cultural Value ………………………… (136)
  Measuring of Confidence …………………………… (147)
  Evaluation and Recommendation of Risk
    Management …………………………………… (165)
  Personal Information ………………………………… (179)
Section 6: Summary …………………………………………… (185)

Chapter 5: Factors Affecting the Chinese Public Trust in Experts ……………………………… (190)

Section 1: Assumption Factors of Public Trust in the Experts … (190)
  Social Basis Variables ………………………………… (190)
  Cognitive Psychological Variables …………………… (193)
Section 2: The Regression Model ……………………………… (195)
  Correlation Analysis and Regression Analysis ………… (195)
  The Determination of Factors ………………………… (222)
Section 3: Causality Model …………………………………… (226)
  A Conceptual Model of Causal Relationship …………… (226)

　　　　Confirmatory Analysis of Causal Model ………………（227）
　　　　Discussion Causal Model ………………………………（230）
　　Section 4：Validation of Trust Related Model …………………（234）
　　　　Validation of SVS Model ………………………………（234）
　　　　Validation of TCC Model ………………………………（238）
　　Section 5：Composite Model of the Public Trust in Experts ……（244）
　　Section 6：Summary ……………………………………………（248）

Chapter 6：Discussion about the Factors
　　　　　　Affecting Trust ………………………………………（249）
　　Section 1：Trust have Certain Effects on Risk Perception
　　　　　　in the Specific Context ……………………………（249）
　　Section 2：Risk Perception Influence Public Trust in Experts
　　　　　　but not the only Factor ……………………………（251）
　　Section 3：Salient Value Similarity is the Core Factors
　　　　　　that Affect Trust ……………………………………（251）
　　Section 4：Trust Affects the Establishment of Confidence ………（252）
　　Section 5：Public Trust in Experts Affect Risk Communication …（253）
　　Section 6：Trust Influence Public Risk Decision and Risk
　　　　　　Management …………………………………………（254）
　　Section 7：The Influence of Social Variables to Trust ……………（254）
　　　　Overall Analysis …………………………………………（254）
　　　　Case Analysis ……………………………………………（256）
　　Section 8：The Influence Ethnic and Religious Influence
　　　　　　on Trust ………………………………………………（258）
　　Section 9：The Chinese Public Trust in Experts …………………（261）

Summary ……………………………………………………………（263）

The Appendix ………………………………………………………（265）
　　Appendix 1：The Table of Regional Distribution Questionnaire
　　　　　　Sample …………………………………………（265）

Appendix 2: A Questionnaire of Public Trust in Expert in Global
　　　　　　Climate Change Governance ·························· (268)

References ·· (276)

Index ·· (289)

**Achievements during the Period of School Scientific
　　Research** ··· (292)

Thanks ··· (293)

图表目录

表 3—1　风险认知的系统分类 …………………………………（48）
表 4—1　有效样本基本情况及分布 ……………………………（97）
表 4—2　信度统计 ………………………………………………（101）
表 4—3　KMO 和 Bartlett 的测试 ………………………………（103）
表 4—4　变量共同度 ……………………………………………（103）
表 4—5　方差解释表格 …………………………………………（104）
表 4—6　因子与原始变量的相关性统计 ………………………（106）
表 4—7　百分比的描述语规范 …………………………………（108）
表 4—8　公众对气候变化概念的了解 …………………………（109）
表 4—9　公众对气候变化概念的了解与区域的关系 …………（110）
表 4—10　公众对气候变化概念的了解与职业的关系 …………（110）
表 4—11　回答"否"的人群的职业分布 ………………………（112）
表 4—12　公众对气候变化概念的了解与城乡的关系 …………（113）
表 4—13　回答"否"的人群的城乡分布 ………………………（114）
表 4—14　公众感知的气候变化的影响 …………………………（115）
表 4—15　公众认为导致气候变化的原因 ………………………（116）
表 4—16　公众对气候变化基本知识的回答情况 ………………（118）
表 4—17　公众对气候变化知识的答对率的指数综合评价等级 …（120）
表 4—18　公众对气候变化基本知识的答题准确率 ……………（120）
表 4—19　公众感知的气候变化的严重性 ………………………（123）
表 4—20　公众感知的气候变化的严重性与影响的相关性分析 …（123）
表 4—21　公众对气候变化的担忧 ………………………………（124）

表 4—22	公众感知的危害程度	(125)
表 4—23	公众感知的危害程度的描述性统计	(127)
表 4—24	公众认为自己对气候变化知识的了解程度	(128)
表 4—25	公众对气候变化的了解描述性统计	(129)
表 4—26	公众与周围人谈论气候变化问题的频率	(129)
表 4—27	公众获取信息的主要渠道	(131)
表 4—28	公众最信任的获取信息的主要渠道	(132)
表 4—29	其他群体向公众组织调研或宣传的情况	(134)
表 4—30	公众主动沟通的方式	(134)
表 4—31	公众过去一年参加风险沟通的情况	(136)
表 4—32	个人文化主义变量的描述性统计	(137)
表 4—33	个人文化主义分类统计	(138)
表 4—34	公众对各类风险的感知	(139)
表 4—35	公众对气候变化相关风险事件的经验	(140)
表 4—36	公众感知与公众经验的相关性	(141)
表 4—37	公众感知与公众经验的回归分析	(142)
表 4—38	公众对不同群体的文化价值一致性的评价得分情况	(142)
表 4—39	公众对不同群体的文化价值一致性的评价百分比	(144)
表 4—40	公众、企业的价值一致性与感知风险的相关性	(145)
表 4—41	公众、企业的价值一致性与感知风险的回归分析	(145)
表 4—42	公众与专家价值一致性的程度	(146)
表 4—43	公众对气候变化事件的信任度	(148)
表 4—44	公众对气候变化引起的风险信息的信任度	(148)
表 4—45	公众对专家提供的气候变化信息的信任度	(149)
表 4—46	公众对专家提供的气候变化原因的看法	(150)
表 4—47	公众对信息传播的及时性的看法	(151)
表 4—48	信息传播及时性的描述性统计	(152)
表 4—49	公众对已获得的信息量的评价	(152)
表 4—50	信息量掌握程度的描述性统计	(153)
表 4—51	公众对获得更多信息的迫切程度	(154)
表 4—52	公众获得信息迫切程度的描述性统计	(155)
表 4—53	公众关于气候变化风险知识的答对率统计	(155)

表号	标题	页码
表4—54	公众对风险沟通的参与态度	(156)
表4—55	知识、风险沟通和信息量的相关性	(156)
表4—56	公众对社会各种群体的信任度的描述性统计	(157)
表4—57	公众对社会各种群体的信任度的百分比	(158)
表4—58	公众对专家的信任度	(159)
表4—59	信任与文化的相关性	(160)
表4—60	信任与文化的回归分析	(160)
表4—61	公众对风险治理的评价的描述性统计	(161)
表4—62	公众对专家的信任和对风险治理的评价的方差分析	(162)
表4—63	公众对风险治理的评价和支持度的描述性统计	(162)
表4—64	公众对风险治理的评价和支持度	(163)
表4—65	风险治理评价与支持度的相关性	(164)
表4—66	风险治理评价与支持度的回归分析	(165)
表4—67	公众参与气候变化活动的意愿	(166)
表4—68	公众想要了解的气候变化信息	(166)
表4—69	公众感知的利益	(168)
表4—70	公众感知的风险	(169)
表4—71	感知风险与感知利益、风险知识的相关性	(170)
表4—72	感知风险与感知利益、风险知识的回归分析	(171)
表4—73	学历与知识、感知风险的相关性	(173)
表4—74	公众对气候变化风险治理的有效性的评价	(173)
表4—75	公众认为最有效的政府管理的决策	(175)
表4—76	公众为风险治理付出努力的意愿	(176)
表4—77	公众认为最有效减缓气候变化的措施	(177)
表4—78	性别	(180)
表4—79	年龄	(180)
表4—80	学历	(181)
表4—81	职业	(181)
表4—82	月收入	(182)
表4—83	民族	(183)
表4—84	宗教信仰	(184)
表4—85	居住省市	(184)

表 4—86　居住地性质……………………………………………（185）
表 5—1　公众对专家的信任与风险感知因子的相关性分析 ………（196）
表 5—2　影响公众对专家的信任的风险感知因子的回归分析 ……（197）
表 5—3　信任对其风险感知影响因子的回归分析 …………………（199）
表 5—4　公众对专家的信任与风险沟通因子的相关性分析
　　　　（风险沟通现状） ………………………………………（199）
表 5—5　公众对专家的信任与风险沟通因子的相关性分析 ………（201）
表 5—6　影响公众对专家的信任的风险沟通因子的回归分析 ……（201）
表 5—7　信任对其风险沟通影响因子的回归分析 …………………（204）
表 5—8　公众对专家的信任与价值因子的相关性分析 ……………（205）
表 5—9　影响公众对专家的信任的价值因子的回归分析 …………（206）
表 5—10　信任对其价值影响因子的回归分析……………………（208）
表 5—11　公众对专家的信任与事件可信性因子的相关性分析……（209）
表 5—12　影响公众对专家的信任的事件可信性因子的
　　　　　回归分析 ………………………………………………（211）
表 5—13　信任对其事件可信性影响因子的回归分析……………（213）
表 5—14　公众对专家的信任与风险治理因子的相关性分析………（214）
表 5—15　影响公众对专家的信任的风险治理因子的回归分析……（216）
表 5—16　信任对其风险治理影响因子的回归分析………………（219）
表 5—17　公众对专家的信任与社会学因子的相关性分析…………（220）
表 5—18　影响公众对专家的信任的社会学因子的回归分析………（222）
表 5—19　信任对其影响因子的回归分析 1 ………………………（223）
表 5—20　信任对其影响因子的回归分析 2 ………………………（225）
表 5—21　信任与价值一致、事件可信、风险沟通等的
　　　　　回归分析 ………………………………………………（228）
表 5—22　价值一致与事件可信性的回归分析……………………（228）
表 5—23　风险治理与信任、风险沟通、信心的回归分析…………（229）
表 5—24　信心与信任的回归分析…………………………………（229）
表 5—25　价值与个人文化主义、事件文化的回归分析……………（230）
表 5—26　价值一致性与事件文化的回归分析……………………（230）
表 5—27　个人文化主义、感知利益、感知风险与价值
　　　　　一致性的关系…………………………………………（236）

表 5—28	价值一致性与感知风险的回归分析		(236)
表 5—29	感知利益与价值一致性的回归分析		(237)
表 5—30	感知风险与价值一致性的回归分析		(237)
表 5—31	风险治理的评价与事件文化的回归分析		(240)
表 5—32	风险治理评价与风险感知、知识知晓度、感知的知识、感知风险的回归分析		(241)
表 5—33	风险感知与知识的知晓度、感知知识、感知利益、感知风险的回归分析		(242)
表 5—34	风险感知与知识的知晓度、感知知识、感知风险的回归分析		(243)
表 5—35	风险沟通与信任的回归分析		(245)
表 5—36	风险沟通与担忧的回归分析		(246)
表 5—37	信息获取与担忧的回归分析		(246)
表 5—38	知识的知晓度与担忧的回归分析		(247)
表 6—1	城乡差异和学历的回归分析		(256)
表 6—2	学历和月收入的回归分析		(257)
表 6—3	民族与信任度的相关性		(258)
表 6—4	民族与居住省市的相关性		(259)
表 6—5	宗教信仰与信任度的相关性		(260)
表 6—6	除无神论者外的宗教信仰与信任度的相关性		(260)
图 1—1	本书逻辑结构		(23)
图 2—1	风险、风险因素、风险事故与损失的关系		(26)
图 2—2	专家决定模型		(33)
图 2—3	抉择主义模型		(34)
图 2—4	协同演化模型		(35)
图 2—5	美国、英国、德国、瑞典的信任度和共识度		(44)
图 3—1	格/群模式下社会组织的四种文化类型		(58)
图 3—2	基于文化价值的社会信任模型		(62)
图 3—3	基于价值相似的信任模型		(65)
图 3—4	基于公众健康和信息政策价值的社会信任模型		(66)
图 3—5	关于森林野火管理的社会信任和显著价值相似模型		(68)

图3—6　信任、信心与协作的框架（模型1）……………………（69）
图3—7　幅度变化曲线…………………………………………（70）
图3—8　风险感知与信任的框架（模型2）……………………（72）
图3—9　TCC模型的改进模型（模型3）………………………（75）
图4—1　信任、风险治理及影响信任因素的综合模型…………（91）
图4—2　碎石图…………………………………………………（106）
图4—3　公众对气候变化概念的了解……………………………（109）
图4—4　回答"否"的人群的职业分布…………………………（112）
图4—5　回答"否"的人群的城乡分布…………………………（114）
图4—6　公众感知的气候变化的影响……………………………（115）
图4—7　公众认为导致气候变化的原因…………………………（117）
图4—8　公众对气候变化基本知识的回答情况…………………（119）
图4—9　公众对气候变化基本知识的答题准确率………………（121）
图4—10　公众对气候变化的了解程度……………………………（122）
图4—11　公众感知的气候变化的严重性…………………………（123）
图4—12　公众对气候变化的担忧…………………………………（124）
图4—13　公众感知的危害程度……………………………………（126）
图4—14　公众感知的危害程度的描述性统计……………………（127）
图4—15　公众认为自己对气候变化知识的了解程度……………（128）
图4—16　公众与周围人谈论气候变化问题的频率………………（130）
图4—17　公众获取信息的主要渠道………………………………（132）
图4—18　公众最信任的获取信息的主要渠道……………………（133）
图4—19　公众主动沟通的方式……………………………………（135）
图4—20　公众过去一年参加风险沟通的情况……………………（136）
图4—21　个人文化主义变量的描述性统计………………………（138）
图4—22　个人文化主义分类统计…………………………………（138）
图4—23　公众对各类风险的感知…………………………………（140）
图4—24　公众对气候变化相关风险事件的经验…………………（141）
图4—25　公众对不同群体的文化价值一致性的评价……………（146）
图4—26　公众与专家价值一致性的程度…………………………（147）
图4—27　公众对专家提供的气候变化信息的信任度……………（149）
图4—28　公众对专家提供的气候变化原因的看法………………（150）

图 4—29　公众对信息传播的及时性的看法 …………………… (151)
图 4—30　公众对已获得的信息量的评价 …………………… (153)
图 4—31　公众对获得更多信息的迫切程度 ………………… (154)
图 4—32　公众对专家的信任度 ……………………………… (159)
图 4—33　公众想要了解的气候变化信息 …………………… (167)
图 4—34　公众感知的利益 …………………………………… (168)
图 4—35　公众感知的风险 …………………………………… (170)
图 4—36　公众对气候变化风险治理的有效性的评价 ……… (174)
图 4—37　公众认为最有效的政府管理的决策 ……………… (175)
图 4—38　公众为风险治理付出努力的意愿 ………………… (176)
图 4—39　公众认为最有效减缓气候变化的措施 …………… (178)
图 5—1　影响公众对专家信任的概念模型 ………………… (227)
图 5—2　影响公众对专家信任的路径分析模型 …………… (231)
图 5—3　SVS 模型 1 ………………………………………… (235)
图 5—4　SVS 模型 2 ………………………………………… (235)
图 5—5　SVS 综合模型 ……………………………………… (235)
图 5—6　SVS 修正模型 ……………………………………… (238)
图 5—7　TCC 模型的补充模型（加入知识和风险感知）… (239)
图 5—8　SVS 和 TCC 综合模型 …………………………… (239)
图 5—9　SVS 和 TCC 综合模型的路径分析 ……………… (240)
图 5—10　SVS 与 TCC 综合模型的修正模型 ……………… (244)
图 5—11　公众对专家信任的综合模型 ……………………… (245)
图 5—12　信任综合模型的修正模型 ………………………… (247)
图 6—1　风险感知与信任的框架（模型 2） ………………… (250)
图 6—2　城乡差异、学历、月收入和信任的路径分析 …… (258)

The Chart Directory

Table 3. 1 Classification of Risk Cognitive System ……………… (48)
Table 4. 1 Basic Situation Distribution of Effective Samples …………… (97)
Table 4. 2 Reliability Statistics ……………………………………… (101)
Table 4. 3 KMO and Bartlett's Test ……………………………… (103)
Table 4. 4 Variables Together ……………………………………… (103)
Table 4. 5 Variance Explained form ……………………………… (104)
Table 4. 6 Factor and the Original Variables Correlation Statistics …… (106)
Table 4. 7 Description Language Specification of Percentage ………… (108)
Table 4. 8 The Public Understanding of the Concept of Climate Change ……………………………………………………… (109)
Table 4. 9 The Relationship Between Public Understanding of the Concept of Climate Change and Regional ………………… (110)
Table 4. 10 The Relationship between the Public Understanding of the Concept of Climate Change and Professional ……… (110)
Table 4. 11 Professional Distribution of the Crowd Who Answer "no" ………………………………………………… (112)
Table 4. 12 The Relationship Between the Public Understanding of the Climate Change Concept and Urban and Rural Areas …… (113)
Table 4. 13 Population Distribution Between Urban and Rural Areas Who Answer "no" …………………………………………… (114)
Table 4. 14 The Public Perception of the Impact of Climate Change … (115)
Table 4. 15 The Cause of Climate Change That Public Think ……… (116)

Table 4. 16 The Public Basic Knowledge of Climate Change ……………（118）
Table 4. 17 The Right Rate Index Comprehensive Evaluation of the Level of Public Knowledge about Climate Change ………（120）
Table 4. 18 Solving Accuracy of the Public Basic Knowledge about Climate Change ……………………………………（120）
Table 4. 19 The Seriousness of the Public Perception of Climate Change ……………………………………………………（123）
Table 4. 20 The Correlation of the Seriousness of the Public Perception of Climate Change and Impact ………………………（123）
Table 4. 21 Public Concern about Climate Change ……………………（124）
Table 4. 22 The Harm of Public Perception ……………………………（125）
Table 4. 23 Descriptive Statistics of the Harm of the Public Perception ……………………………………………………（127）
Table 4. 24 The Understanding of the Knowledge of Climate Change ……（128）
Table 4. 25 Descriptive Statistics of the Public Understanding of the Climate Change ……………………………………（129）
Table 4. 26 The Frequency of the Issue of Climate Change Which the Public and the People Around you to Talk About ………（129）
Table 4. 27 The Main Channel to the Public Access to Information …（131）
Table 4. 28 The Public Trust Channel of Obtaining Information ………（132）
Table 4. 29 The Research Which Other Organization or Propaganda to the Public ……………………………………………（134）
Table 4. 30 The Public Active Way of Communication ………………（134）
Table 4. 31 Public Participate in Risk Communication Over the Past Year ……………………………………………………（136）
Table 4. 32 Personal Cultural Variables of Descriptive Statistics ……（137）
Table 4. 33 Personal Cultural Classification Statistics ………………（138）
Table 4. 34 The Public Perception of all Kinds of Risks ………………（139）
Table 4. 35 Public Experience Related to Climate Change Risk Events ……………………………………………………（140）
Table 4. 36 The Relationship of Perception and Experience of the Public ………………………………………………（141）

Table 4. 37 The Regression Analysis of Public Perception and
Public Experience ………………………………………… (142)
Table 4. 38 The Evaluation Score of Public Value for the Culture
of Different Groups ……………………………………… (142)
Table 4. 39 The Evaluation Percentage of Public Value for the
Culture of Different Groups …………………………… (144)
Table 4. 40 The Correlation Between Value of the Public, the
Enterprise Consistency Perceived Risk ………………… (145)
Table 4. 41 The Regression Analysis Between Value of the Public,
the Enterprise Consistency Perceived Risk …………… (145)
Table 4. 42 The Degree of Public and Experts Value Consistency …… (146)
Table 4. 43 Public Trust of Climate Change ……………………………… (148)
Table 4. 44 The Public Trust of Risk Information Caused by Climate
Change ……………………………………………………… (148)
Table 4. 45 The Public Trust of Information on Climate Change
Provided by Experts ……………………………………… (149)
Table 4. 46 The Public Opinion of Reasons of Climate Change
Provided by Experts ……………………………………… (150)
Table 4. 47 The Public Opinion of Timeliness of Information
Transmission ………………………………………………… (151)
Table 4. 48 Descriptive Statistics of Information Transmission
Timeliness …………………………………………………… (152)
Table 4. 49 The Public Evaluation of Gainned Information …………… (152)
Table 4. 50 Descriptive Statistics of the Amount of Information ……… (153)
Table 4. 51 The Public Pressing for More Information ………………… (154)
Table 4. 52 Descriptive Statistics of the Public Pressing for
More Information ………………………………………… (155)
Table 4. 53 Rright Rate Statistics of the Public About Climate
Change Risk ………………………………………………… (155)
Table 4. 54 The Public Attitude Toward the Participation of
Risk Communication ……………………………………… (156)

Table 4.55 The Correlation of Knowledge, Risk Communication and Information …… (156)
Table 4.56 Descriptive Statistics for Trust of the Various Groups …… (157)
Table 4.57 Percentage for Confidence of the Various Groups …… (158)
Table 4.58 The Public Trust of Experts …… (159)
Table 4.59 The Correlation Between Trust and Culture …… (160)
Table 4.60 The Regression Analysis of Trust and Culture …… (160)
Table 4.61 Public Descriptive Statistics for the Evaluation of Risk Management …… (161)
Table 4.62 Variance of the Public Trust in Experts and Evaluation of Risk Management …… (162)
Table 4.63 Descriptive Statistics of the Evaluation of Risk Management and Public Support …… (162)
Table 4.64 Public Evaluation and Support for Risk Management …… (163)
Table 4.65 Correlation Between Risk Management Evaluation and Support …… (164)
Table 4.66 Regression Analysis of Risk Management Evaluation and Support …… (165)
Table 4.67 The Activities of the Public to Participate in Climate Change …… (166)
Table 4.68 The Information of Climate Change Which the Public Wants to Know …… (166)
Table 4.69 The Interests of the Public Perception …… (168)
Table 4.70 The Risk of the Public Perception …… (169)
Table 4.71 The Correlation of Perceived Risk, Perceived Benefits and Risk Knowledge …… (170)
Table 4.72 The Regression of Perceived Risk Perceived Interests and Analysis of Risk Knowledge …… (171)
Table 4.73 Correlation with the Knowledge, Perceived Risk and Degreee …… (173)
Table 4.74 Public Evaluation of the Effectiveness of Risk Management …… (173)

Table 4. 75 The Most Effective Government Management Decisions
          That the Public Think .... (175)
Table 4. 76 The Public Willingness to Risk Management .... (176)
Table 4. 77 The Most Effective Measures to Slow Climate Change
          the Public Think .... (177)
Table 4. 78 Gender .... (180)
Table 4. 79 Age .... (180)
Table 4. 80 Degree .... (181)
Table 4. 81 Profession .... (181)
Table 4. 82 Income .... (182)
Table 4. 83 Nation .... (183)
Table 4. 84 Religious beliefs .... (184)
Table 4. 85 Provinces and cities to live .... (184)
Table 4. 86 Residence properties .... (185)
Table 5. 1 Correlation Analysis of the Public Trust in Experts and
          Risk Perception Factor .... (196)
Table 5. 2 Regression Analysis of Risk Perception Factors Which
          Effect Public Trust in Experts .... (197)
Table 5. 3 Regression Analysis of Trust to Risk Perception Factors ... (199)
Table 5. 4 Correlation Analysis Between the Public Trust in Experts
          and Risk Communication (Risk Communication Status) ... (199)
Table 5. 5 Correlation Analysis Between the Public Trust in Experts
          and Risk Communication .... (201)
Table 5. 6 Regression Analysis of Risk Communication Factor of
          Public Trust in Experts .... (201)
Table 5. 7 Regression Analysis of Trust to Risk Communication
          Factor .... (204)
Table 5. 8 Correlation Analysis of the Public Trust in Experts
          and Value Factor .... (205)
Table 5. 9 Regression Analysis of the Value Factor of Public
          Trust in Experts .... (206)
Table 5. 10 Regression Analysis of Trust to Value Factor .... (208)

Table 5.11 Correlation Analysis of the Public Trust in Experts and Event Credibility Factor ……………………… (209)

Table 5.12 Regression Analysis of Events Credibility Factor Which Effects Public Trust in Experts …………………… (211)

Table 5.13 Regression Analysis of Trust to Its Event Credibility Factor ……………………………………………………… (213)

Table 5.14 Correlation Analysis of the Public Trust in Experts and Risk Governance Factors ……………………………… (214)

Table 5.15 Regression Analysis of Risk Governance Factors Effect Public Trust in Experts ……………………………… (216)

Table 5.16 Regression Analysis of Trust On Its Risk Management Factors ……………………………………………… (219)

Table 5.17 Correlation Analysis Between the Public Trust in Experts and Sociology Factor …………………………… (220)

Table 5.18 Regression Analysis of Sociology Factor to Public Trust in Experts ……………………………………………… (222)

Table 5.19 Regression Analysis of Trust to Its Impact Factor 1 ……… (223)

Table 5.20 Regression Analysis of Trust to Its Impact Factor 2 ……… (225)

Table 5.21 Regression Analysis of Trust and Value Consistent, Events Credible, Risk Communication ………………… (228)

Table 5.22 Regression Analysis of Value Consistent With e Vents Creditability ………………………………………… (228)

Table 5.23 Regression Analysis of Risk Governance and Trust, Risk Communication, Confidence ……………………… (229)

Table 5.24 The Regression Analysis of Confidence and Trust ……… (229)

Table 5.25 Regression Analysis of Personal Culture Values and Events Culture ……………………………………… (230)

Table 5.26 Regression Analysis of Value Consistency and Events Culture ………………………………………………… (230)

Table 5.27 The Relationship of Personal Culture, Perceived Benefits, Perceived Risk and Value Consistency ……………… (236)

Table 5. 28 Regression Analysis of Value Consistency and
Perceived Risk ·· (236)

Table 5. 29 Interests and Value Perception Consistency of
Regression Analysis ·· (237)

Table 5. 30 Regression Analysis of Perceived Risk and Value
Consistency ·· (237)

Table 5. 31 Regression Analysis of Risk Management Evaluation
and Events Culture ·· (240)

Table 5. 32 Regression Analysis of Risk Management Evaluation and
Risk Perception, Knowledge Level, Perceptive
Knowledge, Perceived Risk ···································· (241)

Table 5. 33 Regression Analysis of the Risk Perception and Knowledge
Level, Perceptive Knowledge, Perceived Benefits and
Perceived Risk ·· (242)

Table 5. 34 Regression Analysis of the Risk Perception and Knowledge
Level, Perceptive Knowledge and Perceived Risk ·········· (243)

Table 5. 35 The Regression Analysis of Risk Communication
and Trust ·· (245)

Table 5. 36 Regression Analysis of Risk Communication
and Concern ·· (246)

Table 5. 37 Regression Analysis of Information Acquisition
and Concern ·· (246)

Table 5. 38 Regression Analysis of the Knowledge Level
and Concern ·· (247)

Table 6. 1 Regression Analysis of the Urban and Rural
Differences and Degree ··· (256)

Table 6. 2 Regression Analysis of Degree and Monthly Income ········ (257)

Table 6. 3 The Correlation Between Nationality and Trust ············· (258)

Table 6. 4 The Correlation Between Nationality and Living Provinces ··· (259)

Table 6. 5 The Correlation Between the Religious Beliefs and Trust ··· (260)

Table 6. 6 Religious Except Atheists ·· (260)

Figure 1.1 Logic Structure Diagram of Thesis ………………… (23)
Figure 2.1 Diagram of Risk, Risk Factors, Risk Accidents
  and Loss ………………………………………………… (26)
Figure 2.2 Expert Decision Model ……………………………… (33)
Figure 2.3 Choice Model ………………………………………… (34)
Figure 2.4 Co-evolution Model ………………………………… (35)
Figure 2.5 Trust and Consensus of the United States, Britain,
  Germany, Sweden's Degree ………………………… (44)
Figure 3.1 Social Organization of Four Types Cultural Mode
  of G/Group ……………………………………………… (58)
Figure 3.2 The Social Trust Model Based On Cultural Values ………… (62)
Figure 3.3 The Trust Model Based on Similar Value ……………… (65)
Figure 3.4 Social Trust Model Based on Public Health and
  Information Policy Value ……………………………… (66)
Figure 3.5 Wildfires Control Social Trust and Significant Value
  Similar Models ………………………………………… (68)
Figure 3.6 Trust, Confidence and Cooperation Framework
  (Model 1) ……………………………………………… (69)
Figure 3.7 Magnitude Change Curve …………………………… (70)
Figure 3.8 The Framework of Risk Perception and Trust
  (Model 2) ……………………………………………… (72)
Figure 3.9 Improved Model of TCC Model …………………… (75)
Figure 4.1 Trust, Risk Management and Integrated Model
  Influencing the Trust ………………………………… (91)
Figure 4.2 Gravel Diagram ……………………………………… (106)
Figure 4.3 Public Understanding of the Climate Change ……… (109)
Figure 4.4 The Professional Distribution of the Crowd
  Who Answer "no" …………………………………… (112)
Figure 4.5 Population Distribution Between Urban and
  Rural Areas Who Answer "no" …………………… (114)
Figure 4.6 Public Perception of the Impacts of Climate Change …… (115)
Figure 4.7 The Cause of Climate Change That the Public Think …… (117)

Figure 4. 8 Public Answer to Basic Knowledge of Climate Change ……(119)
Figure 4. 9 Solving Accuracy of the Public About Climate
　　　　　Change Basic Knowledge ……………………………(121)
Figure 4. 10 The Public Understanding of Climate Change ……………(122)
Figure 4. 11 The Seriousness of the Public Perception of
　　　　　Climate Change ……………………………………(123)
Figure 4. 12 Public Concern About Climate Change ………………(124)
Figure 4. 13 The Harm of Public Perception ……………………(126)
Figure 4. 14 Descriptive Statistics of the Harm of the Public
　　　　　Perception ……………………………………………(127)
Figure 4. 15 The Understanding of the Knowledge of Climate
　　　　　Change ……………………………………………(128)
Figure4. 16 The Frequency of Talking About the Issue of Climate
　　　　　Change With the Surrounding People ………………(130)
Figure 4. 17 The Main Channel to Access Information ……………(132)
Figure 4. 18 The Public Trust Channel of Obtaining Information ……(133)
Figure 4. 19 The Public Active Way of Communication ……………(135)
Figure 4. 20 Public Participate In Risk Communication Over the
　　　　　Past Year ……………………………………………(136)
Figure 4. 21 Descriptive Statistics of Personal Cultural Variables ……(138)
Figure 4. 22 Personal Cultural Classification Statistics ………………(138)
Figure 4. 23 The Public Perception of All Kinds of Risks ……………(140)
Figure 4. 24 Public Experience Related to Climate Change
　　　　　Risk Events ……………………………………………(141)
Figure 4. 25 Public Evaluation of Cultural Value Consistent
　　　　　of Different Groups …………………………………(146)
Figure 4. 26 The Degree of Consistency Between Public
　　　　　and Experts ……………………………………………(147)
Figure 4. 27 The Public Trust of Information on Climate Change
　　　　　Provided By Experts …………………………………(149)
Figure 4. 28 The Public Opinion of Reasons of Climate Change
　　　　　Provided By Experts …………………………………(150)

Figure 4. 29 The Public Opinion of Timeliness of Information Transmission ……………………………………… (151)
Figure 4. 30 The Public Evaluation of Gainned Information ………… (153)
Figure 4. 31 The Public Pressing For More Information ……………… (154)
Figure 4. 32 The Public Trust of Experts ……………………………… (159)
Figure 4. 33 The Information of Climate Change Which Public Wants to Know ……………………………………… (167)
Figure 4. 34 The Public Perceived Interests ………………………… (168)
Figure 4. 35 The Public Perceived Risk ……………………………… (170)
Figure 4. 36 The Evaluation of the Effectiveness of Risk Management … (174)
Figure 4. 37 The Most Effective Government Management Decisions That the Public Think ……………………… (175)
Figure 4. 38 The Public Willingness to Risk Management Effort …… (176)
Figure 4. 39 The Most Effective Measures to Slow Climate Change That the Public Think ……………………… (178)
Figure 5. 1 Concept Model of Influencing Public Trust in Expert …… (227)
Figure 5. 2 Path Analysis Model of Influencing Public Trust in Expert ……………………………………… (231)
Figure 5. 3 SVS Model 1 ……………………………………………… (235)
Figure 5. 4 SVS Model 2 ……………………………………………… (235)
Figure 5. 5 SVS Integrated Model …………………………………… (235)
Figure 5. 6 SVS Correction Model …………………………………… (238)
Figure 5. 7 Supplementary Model of TCC Model (Knowledge and Risk Perception Joined) ……………………………… (239)
Figure 5. 8 Composite Model of SVS and TCC ……………………… (239)
Figure 5. 9 Path Analysis of Composite Model of SVS and TCC ……… (240)
Figure 5. 10 Correction Model of Composite Model of SVS and TCC … (244)
Figure 5. 11 Integrated Model of Public Trust in Expert ……………… (245)
Figure 5. 12 Correction Model of Comprehensive Trust Model ……… (247)
Figure 6. 1 The Framework of Risk Perception and Trust (Model 2) … (250)
Figure 6. 2 Path Analysis of Differences Between Urban and Rural Areas, Education, Income and Trust ……………… (258)

第一章

引　言

第一节　研究背景与意义

一　理论背景

学术界对信任问题的关注可谓由来已久，且已成为社会学、心理学、经济学、管理学等诸多学科研究的焦点。风险治理中的信任最早起源于科技决策过程。科技决策的制定和执行过程，尤其是与科学技术相关的科技决策，是一个多主体构成、多因素互相影响的复杂的网络过程，包括科学技术本身的决策和以科学技术为基础的决策。科技决策的过程中备受关注的是科技决策模式的变更。

科技决策过程最初的模式起源于公共决策模式：公众选举决策者——决策者对公众负责的简单线性模式。决策者由公众选举产生，完全代表广大公众的利益，所以国家公共决策的制定和实施过程因决策者和公众的价值高度一致而相对顺畅。

随着科技进步对国家发展的重要性日益显著，科技决策成为公共决策的一个重要方面。当决策者的专业知识不足以满足制定政策的需要时，专家加入到决策过程中，试图为政府和决策者提供专业知识和科技评估的服务。此时科技决策模式发展到第二阶段，即专家协助决策者做决策——公众服从决策的复杂模式。政府和国际组织作为政策制定者，更倾向于专家的观点，即从事件发生的概率和可能性后果上理解风险，根据技术专家的概率统计可以量化指标，从而做出相关决策。

然而，新技术的研发和应用不可避免地引发了一系列的风险事件，如核风险、食品安全问题、气候变化风险等。风险事件频频发生并带来了严重后果，但此时专家对风险的认知已不能准确解释风险事件，因为风险认知还受到政治、经济、文化、社会发展等其他因素的影响，如果只考虑个人效用最大化，风险是不能被正确认知、评估并赋予决策的，这也使政府在做出决策时不得不考虑公众的风险认知因素。此时科技决策模式发展到第三阶段，即决策者和专家共同制定政策——部分公众参与决策的利益相关者模式。

科技决策模式的更替体现出：第一，科学家介入政治决策过程并不是偶然的，决策者需要拥有知识基础和专业经验的科学家的辅助；第二，部分公众参与决策制定也是必然趋势，同时公众对于决策者和专家的信任随着社会、政治和经济的发展而产生了微妙的变化。本书的研究重点在于第二个方面，即对科技决策中公众对专家的信任的探索。

公众作为社会责任的履行者及气候变化的利益相关者之一，在应对气候变化中担任着重要角色。作为国家的公民，公众对气候政策（例如：制度、法规、税收、补贴等方面）的支持和反对深受公众对全球气候变化的认知程度影响；作为消费者，公众对风险的判断常常依据成本—收益来衡量；作为社会成员，公众随时随地在接受着媒体的信息传播与普及，是风险沟通的重要成员；作为公民组织的成员，公众同时也在参与着国际社会风险治理的各种活动。公众在社会中以不同角色存在，对气候变化中专家的信任必然会受到各种社会因素的影响。

同时，在科技决策的模式变更与发展过程中，由于专家并不是通过民主合法的公众选举或决议产生，因此专家对公众没有任何承诺和责任，但是公众必须服从和执行基于专家意见形成的政策制度。然而专家在民主政治中的不同角色决定了专家为决策者提供决策可能存在选择的偏向性，或者偏向客观知识的可能性选择，或者偏向利益集团的收益，当专家扮演后者的角色时，公众对基于专家理论的决策是否服从和执行就受到合法性的质疑，公众对专家参与制定的政策的担忧和疑虑以及对于专家的信任成为决策过程中的一个重要议题。

二 现实背景

随着科学和工程技术的不断进步，人类也在不停地探索科学理论、研发新技术。但随着各种新技术的出现，由此引发的科技风险事件频频发生，引起了广大公众的高度关注。公众在享受着新技术带来的便利与获得利益的同时，也必须承担新技术带来的风险，并可能遭遇因不合理运用新技术而引起的重大事故的侵袭，比如三哩岛核电站事件（Three Miles Island Nuclear Generating Station，简称 TMI，1979）、疯牛病事件（Bovine Spongiform Encephalopathy，简称 BSE，1985）、切尔诺贝利核电站事件（Chernobyl Disaster，1986）、转基因事件（Genetically Modified Organisms，简称 GMO，20 世纪 90 年代末至今）等。在这些事实面前，公众表现出对风险事件的极度恐慌，对专家的言论不再信任，对科学的权威性产生怀疑，甚至导致公众对科学敬而远之。公众不再像从前那样完全接受政府、专家和媒体传播的科技知识和决策信息，而是越来越担心科学自身的客观性及其造成的后果，公众对专家及相关机构的信任直接影响着公众对一项新技术的感知和可接受性，进而影响新技术的应用和经济的发展。

气候变化是全人类共同面对的重大风险之一，尤其近几年来，全球已经经历并且正在遭受气候变化引起的毁灭性的灾害。气候变化带来的风险事件频繁发生，如极端天气、海平面上升、台风肆虐、热浪频袭、旱涝此起彼伏等，这些深度触及农业与粮食安全、水资源安全、能源安全、生态安全、公共卫生安全，对世界各国社会经济已经产生并将继续产生重大而深远的影响，甚至危及人类社会的生存。气候变化带给自然环境和人类社会的巨大风险，需要世界各国和社会各方携手共同应对。政府、企业、媒体、民间组织、公众都是应对气候变化风险的主要力量，在减缓和适应气候变化中发挥着重要作用。

三　研究意义

气候变化风险的治理与公众对气候变化专家的信任密切相关，这需要公众对专家提供的建议和建立在这些建议基础上的政策制度充满信心。只有这样才能有利于进行风险沟通，有利于有效处理存在的危险和风险事件，有利于促进应对未来技术风险、经济风险、环境风险等方面的政策制定和实施。

本书在气候变化的风险治理背景下研究公众对专家的信任，有以下几点意义：第一，本书中的风险治理是科技决策之一，研究风险治理有助于分析在科技决策过程中公众对专家的信任受哪些因素的影响，从而探讨如何能够提高公众对作为决策者的专家的信任，保证风险治理中决策的制定和实施顺利进行；第二，气候变化的风险治理与其他风险不同，如何在这一特定的风险背景下分析公众的信任问题,需要深入分析气候变化风险的特点和内涵,以及气候变化本身的背景文化,这对于当前气候变化风险的治理具有实践意义;第三,研究中国公众对专家的信任问题,通过分析中国特有的社会文化建构,了解影响公众对专家信任的社会文化因素,有助于在社会群体的文化层面理解决策过程的困境,进一步从影响信任的根源因素着手,有助于解决中国特有文化背景下的风险治理问题;第四,通过分析中国公众对气候变化专家的信任,可以在中国的社会背景下验证信任的 SVS 模型和 TCC 模型,并且根据实证调查的结果进一步修正和完善信任模型的内容。

第二节 文献综述

一 全球气候变化

(一)气候变化的概念与治理

全球气候变化正在深刻影响着人类的生存和发展,是当今社会面临的重要而紧迫的问题。气候变化是指统计学意义上的气候平均状态发生巨大改变或者持续较长一段时间(典型的为 10 年或更长)的气候变动。通俗地说,气候变化是指气候平均值和离差值两者中的一个或两者同时随时间出现了统计意义上的显著变化。平均值的升降,表明气候平均状态的变化;离差值增大,表明气候状态不稳定性增加,气候异常明显。[①]

气候变化问题首次引起国际社会的关注是在 1979 年 2 月,在世界气象组织(World Meteorological Organization,简称 WMO)的发起下于日内瓦召开了第一届世界气候大会。该会议号召各国政府:预见和防止可能对人类福利不利的潜在的人为气候变化。会议的召开引起了越来越多的国家和人民对全球气候变化的关注。国际气候权威组织——政府间气候变化专门委员会(Intergovernmental Panel on Climate Change,简称 IPCC)对气候变化做出的前四次评估报告中指出:从 1960 年至 2000 年的不到半个世纪的时间里,气温上升了 0.4℃,与之前相比平均每年上升速度提高了 2.5 倍,并进一步指明全球变暖很有可能是人为原因造成的。现有的预测表明,未来 50—100 年全球气温升高还将持续,而这一增温对于全球自然

---

① 彭黎明:《气候变化公众风险认知》,博士学位论文,武汉大学,2011 年。

生态系统和人类社会来说可能会造成难以弥补的危害。

全球气候变化属于国际环境问题，仅依靠单个国家是无法进行有效控制的，因此必须依靠各国共同的行动。国际社会自20世纪70年代以来一直致力于寻找如何缓解全球气候变化的方案，并且随着时间的推移不断发生新的变化。进入80年代后，有关气候变化问题的国际议程越来越频繁，20世纪80年代初至今总共召开气候变化相关会议上百余次，尤其是丹麦哥本哈根世界气候大会（2009年12月9日）和墨西哥坎昆世界气候大会（2010年11月29日）的召开在全球范围内引起了极为广泛的关注，说明世界各国政府和人民都对全球气候变化日益重视。另外，国际社会还针对气候变化制定了一系列政策措施，其中最突出的是如下两部：一是《联合国气候变化框架公约》，它初步构成了国际气候合作机制的框架，是国际社会针对如何应对气候变化问题的重大探索；二是《京都议定书》，它对全球范围内减缓温室气体排放具有重要的历史意义。

中国也在认识和缓解全球气候变化方面做出了巨大的努力。虽然我国正处于工业和经济发展的关键时期，急需大量的能源供应来推动工业化进程，但是工业化发展带来的负面效应（空气污染、人类疾病增加、植被覆盖率减少等）层出不穷，已经严重影响到了公众的身体健康和生态环境，甚至可能直接危害动植物后代生存。面对这样的发展现状，我国一方面保持以积极的态度支持国际合作，认真履行《联合国气候变化框架公约》和《京都议定书》的义务，积极参与气候变化领域的国际技术交流与合作，为国际节能减排工作做出了一定贡献；另一方面，在国内先后发布了《中国应对气候变化国家方案》和《中国应对气候变化的政策与行动》（年度报告）白皮书，成立了国家应对气候变化领导小组，颁布了一系列法律法规和措施应对气候变化，为建设环境友好型社会不懈努力。

（二）气候变化问题的研究

国际社会对气候变化问题的研究大致始于20世纪80年代，不仅在政治和外交领域大力开展国际合作，同时也在自然科学和社会科学领域开展研究。[①] 1979年，世界气候大会的召开揭开了全球气候变化研究的序幕。1988年政府间气候变化专门委员会（IPCC）成立，到目前已编写了五次气候变化评估报告，为政府决策和科学研究提供了基本依据。《京都议定

---

① 林云华：《国际气候合作与排放权交易制度研究》，中国经济出版社2007年版，第1—2页。

书》的生效是国际气候谈判与合作取得的重大突破，它不仅明确提出了工业化国家的碳排放量，而且通过清洁发展机制将发展中国家纳入了减排的国际行动中，这对各国政府关于气候变化的决策起到关键作用。同时，科学家们也对气候变化问题进行了科学数据上的求证与探索，结果显示导致全球气候变化的主要原因是温室气体的不合理排放，所以科学家普遍认为减排是减缓气候变化的根本措施。

国外关于气候变化的研究比较多，分别从气候变化产生的原因、影响、应对气候变化的措施等角度对气候变化进行阐述。考伊（Cowie）分析了气候变化产生的原因和影响，综述了促进可持续发展的相关会议和政策，同时总结了美国、英国、中国和印度的二氧化碳排放量的相关数据以及各国能源政策调整的信息。[①] 舍恩胡贝尔（Schellnhuber）等分析了气候变化对不同部门、不同地区以及全球造成的影响。一是对自然生态系统的影响：全球气候变化会导致海平面升高、冰川退缩、湖泊水位下降、湖泊面积萎缩等；[②] 二是对人类生存的威胁：气候变化将使农业生产不稳定，导致地表径流、旱涝灾害频率增加等灾害。布洛尔斯（Blowers）等强调了气候变化对人类健康、生态环境、政治、经济、生活方式产生影响的不确定性，以及政府在采取应对方案方面的不确定性，这与气候变化本身的不确定性特点相关，他认为人类应当采取预防性措施减缓气候变化的速度和程度，并学会适应气候变化。[③] 斯特恩（Stern）等通过各种技术来评估气候变化给经济发展带来的损失和风险，评估结果从成本—收益角度进行分析，他认为如果尽早采取有效应对措施来减少温室气体排放，虽然有一定的成本，但其带来的收益将远远大于未采取任何行动的后果。气候变化带来的效应必然会影响经济发展，可以通过提高能源效率、新技术代替旧技术等途径减少温室气体排放。[④] 巴西利（Basili）等指出，发展中国家和发达国家在国际气候合作谈判中的焦点问题之一是发展中国家优先关注公平，而发达国家优先关注经济效率。他认为，《京都议定书》不仅为各

---

① Cowie J., *Climate Change: Biological and Human Aspects*, Cambridge University Press, 2013.
② Schellnhuber H. J., and Cramer W. P., eds., *Avoiding Dangerous Climate Change*, Cambridge University Press, 2006.
③ Blowers A., and Hinchliffe S., eds. *Environmental Responses*, Wiley, 2003.
④ Stern N., ed., *The Economics of Climate Change: The Stern Review*, Cambridge University Press, 2007.

国使用大气这种全球公共物品提供了排放交易权的机会，还为构建一个可持续发展的未来世界提供了可能性。①

与国外相比，中国关于气候变化的专著出现得较晚，数量有限。科技部从20世纪80年代开始，开展了关于气候变化的重大课题研究，从不同角度探究气候变化问题。② 90年代以来关于气候变化的专著日渐增多，如《中国科学技术蓝皮书》（1990）、许小峰主编的《气候变化应对战略研究》（2006）、《气候变化国家评估报告》编写委员会编著的《气候变化国家评估报告》（2007）、崔大鹏的《国际气候合作的政治经济学分析》、庄贵阳和陈迎的《国际气候制度与中国》、中国气象局编写的《气候变化与生态环境研讨会文集》、潘家华的《减缓气候变化的经济分析》等。尽管中国的气候变化研究已取得了很多进步，但是跨学科研究的成果和创新的成果不多，同时政策执行的力度和效果也并不明显。③

在本书中，全球气候变化、气候变化、气候变暖、全球变暖均表示同一含义。

二 风险治理

风险治理（risk governance）是一种针对自然风险和技术风险做出决策的系统途径。它以合作、参与、减缓和可持续发展理论为基础，与其他公共政策和私人政策融为一体，以期达到更有效的风险管理。④ 国际风险治理委员会（International Risk Governance Council，简称IRGC）对风险治理的定义更为精确：面对风险时，决策者行使权力及政策被制定和执行的行为、过程、依据的传统惯例，包括相关执行机构。好的风险管理要依据的原则有风险识别、风险评估、风险沟通，它包含问责制、参与度和公开透明等标准，以及风险相关决策制定和执行的框架。⑤ 决策制定和执行过

---

① Basili M., Franzini M., Vercelli A., eds., *Environment, Inequality and Collective Action*, Routledge, 2005.
② 《气候变化国家评估报告》编写委员会编著：《气候变化国家评估报告》，科学出版社2007年版，第2页。
③ 代丽华：《气候变化——国际气候合作机制和中国应对气候变化的对策》，华东师范大学出版社2009年版。
④ Renn O., *Risk Governance: Coping with Uncertainty in a Complex World*, Earthscan, 2008.
⑤ "International Risk Governance Council", Summary Information. Geneva, 2011. http://www.irgc.org/IMG/pdf/irgc_summaryinformation_2011.pdf.

程，尤其是与科学技术相关的科技公共决策，是一个多主体构成、多因素互相影响的复杂的网络过程，包括科学技术本身的决策和以科学技术为基础的决策。

随着技术风险事件频频发生，风险治理日益引起政府和非政府组织重视的同时，关于风险治理的理论研究也越来越引起学术界密切关注。罗夫斯特（Löfstedt）鉴别了风险治理的四种典型的途径：政策制度（political regulation）、公众审议（public deliberation）、技术或科学方法（technocratic/scientific approaches）和经济理性（economic rationality）。① 罗夫斯特从网络视角对风险治理进行了分析，他认为所有风险治理的途径都需要政治合法性才能有效实施，并且这些途径的实现都有可能加强或减弱公众的信任。当前风险治理的研究主要集中于两个方面：政策制度和公众审议。政策最初是由专家观点和有效的决策构成的，在专家治理体制中，"作为手段而非目的的科学和技术，对目标确定和价值选择的问题先天乏力"②。但在伦理价值判断上，公众原则上并不比科学家缺少话语权，"即使最好的专家的技术知识在包含价值和原则的问题中也不是决定性的，而任何关于可接受风险的决策都必须适用价值问题"③。然而在政策制定的过程中，专家和公众的价值不一致导致政府和决策者不得不考虑公众的感知和参与等因素。社会和政治的变化使得公众要求参与决策的愿望日趋迫切，在美国和欧洲尤为显著，公众审议在欧洲的影响最为突出，美国的相关机构也大规模兴起。

风险治理中关于信任的定义涉及范围广泛，哈丁（Hardin）认为信任的定义主要集中于三个方面：信任是前瞻性的；信任涉及不同群体间的利益关系；信任牵涉到与某个体相关的问题。④ 公众作为一个社会的人，只有当专家或机构能够服务于公众的利益时，公众才会相信他们，并且愿意承担专家偏见可能带来的一切后果。公众对未来的适应性和脆弱性直接关系到公众对专家的信任，除非信任者对当前不确定的问题愿意冒险，否则公众不会信任专家或决策者及他们的论断。

---

① Löfstedt R., *Risk Management in Post-TrustSocieties*, Basingstoke: Palgrave, 2005, pp. 15, 106.
② 李醒民：《论技治主义》，《哈尔滨工业大学学报》2005 年第 6 期。
③ Weale A., "Science Advice, Democratic Responsiveness and Public Policy", *Science and Public Policy*, Vol. 28, No. 6, 2001, pp. 414, 418, 414.
④ Hardin R., *Trust and Trust Worthiness*, New York, Russell Sage Foundation, 2002.

三 公众对专家的信任

(一) 信任的定义和分类

关于信任的定义,在理性选择、决策行为和认知判断等方面都有阐述,但本书重点强调在风险治理中的信任概念,这也一直是心理学和社会学研究的共同话题。1900年,德国社会学家齐美尔在《货币哲学》一书中首次提出了信任的概念,自此以后,各专业领域的学者们都纷纷投入到关于信任概念的研究中,研究范围逐渐扩大,涉及心理学、社会学、经济学、人类学等多学科视角。尤其近几年在风险领域中,信任研究的重要性日益显著。① 通常认为不确定性和损失是风险的重要构成因素②,在信任互动过程中,当一方表现出信任倾向时,对方是否做出回应行为取决于对方的个人意愿,任何个体都不能控制或强迫自己认为可信的合作伙伴满足个人期望。③ 因此,不确定性和一定概率的损失也不可避免地成为信任的主要构成,信任的风险内涵得到众多研究者的认可。

在谈到风险的信任定义中,学者的观点大致可以分为四类:第一类,研究者倾向于把信任和风险等同起来,认为信任是一种纯粹的冒险,是对自己道德判断的冒险行为。例如,卡罗和贾琦(Currall & Judge)将信任定义为"在风险条件下与另一个人相关的个体行为"④。第二类,研究者将信任视为风险的子集,认为信任是个人所承担的风险之一。舍恩科尔(Sehlenker)、赫尔姆和泰代斯基(Helm & Tedeschi)等则认为,信任是在特定风险情境中,相信从另一方接收到的关于不确定环境的情况和他们合作结果的信息。⑤ 第三类,研究者将风险视为信任的大环境,强调风险情境的影响。Bhattacharya等人认为,信任是在不确定性的互动中,认为

---

① Dirks K. T., Ferrin D. L., "Trust in Leadership: Meta-analytic Findings and Implications for Research and Practice", *Journal of Applied Psychology*, Vol. 87, No. 4, 2002, pp. 611-628.

② Kahneman D., Tversky A., "Prospect Theory: An Analysis of Decision Under Risk", *Econometrica: Journal of the Econometric Society*, 1979, pp. 263-291.

③ Mayer R. C., Davis J. H., Schoorman F. D., "An Integrative Model of Organizational Trust", *Academy of Management Review*, Vol. 20, No. 3, 1995, pp. 709-734.

④ Currall S. C., Judge T. A., "Measuring Trust Between Organizational Boundary Role Persons", *Organizational Behavior and Human Decision Processes*, Vol. 64, No. 2, 1995, pp. 151-170.

⑤ Schlenker B. R., Helm B., Tedeschi J. T., "The Effects of Personality and Situational Variables on Behavioral Trust", *Journal of Personality and Social Psychology*, Vol. 25, No. 3, 1973, p. 419.

对方会采取期望的行为，使信任方收到期望的积极结果。① 第四类，研究者从风险承担角度界定信任：在另一个体或组织不能被控制和监管时，信任主体虽意识到可能失望，但仍不愿放弃有关利益，甘冒受攻击的风险接受的状态。在这里，个体承担风险的意愿并非空穴来风，而是通过对风险度的分析之后做出的理性选择。正如卢曼（Luhmann）所说，信任是"对产生风险的外部条件的一种纯粹的内心估价"②，这里，风险被视为本人利益目标和他人的信任资本之间的函数，即当个人的利益目标较低（如并未期望他人给予极高回报），而他人的信任资本较高（如过去的交往经验）时，个体感知到的风险程度较低，更倾向于接受风险，选择信任。

关于信任的定义，最具有代表性的是丹妮丝·卢梭和贝拉（Bellaby）在信任价值角度对信任的界定。丹妮丝·卢梭认为，信任就是信任者对好收益的一种意愿或期望，信任者因依赖有相似目的或价值的被信者而易受伤害。③ 贝拉认为，信任就是依靠另一个机构来传达个人的兴趣爱好，暗指所依赖的人或机构不会因为被依赖而从中获利，最终达到信任者与被信任者的价值和目的的统一。④ 信任又分为一般信任和社会信任。社会信任（social trust）又称群体内（within-group）的信任，是指人际间通过重复的相互接触后产生的信任，社会信任是最高级、狭隘、封闭的，是最受限制的一种信任。一般信任（general trust）又称群体间（across-group）的信任，是指信任的产生并没有经过相互接触的过程，一般信任是信任中最放松自由的形式。⑤ 本书中讨论的主要是社会信任。社会信任，在实践中指个体委托与其有相似价值的其他人、组织或机构去完成特定的任务，这些任务是巨大且复杂的，对于缺乏技术培训的个体来说很难独立完成，尤其对于特定的风险管理工作来说个体没有足够的时间和专业能力来应对某

---

① Bhattacharya R., Devinney T. M., Pillutla M. M., "A Formal Model of Trust Based on Outcomes", *Academy of Management Review*, Vol. 23, No. 3, 1998, pp. 459-472.

② Luhmann N., *Communication and Social Order: Risk: A Sociological Theory*, Transaction Publishers, 1993.

③ Rousseau D. M., Sitkin S. B., Burt R. S., et al., "Not so Different After All: A Cross-discipline View of Trust", *Academy of Management Review*, Vol. 23, No. 3, 1998, pp. 393-404.

④ Bellaby P., "Concepts and Methods in the Study of Trust", *TSEC Trust Symposium*, Oxford, June 2006.

⑤ Becker L. C., "Trust as Noncognitive Security about Motives", *Ethics*, Vol. 107, No. 1, 1996, pp. 43-61.

些事务，大部分人都会委托专业人员或专业机构来完成，那么这时就需要社会信任。社会信任在现代社会发挥了重要作用，但是只有在近几十年才引起风险管理组织的重视。关于社会信任的讨论起源于政府机构或其他独立机构的政策执行的失败，表现为公众反对某些政策而不愿意配合执行相关措施，其根源在于公众对政府、管理者和专家的不信任。社会信任在风险感知、风险沟通和风险管理领域都发挥了重要作用。

公众对专家的信任是社会信任中的一种，这里把国家作为一个群体，公众与专家在群体内是有密切接触的。公众对专家的信任与公众对政府、对媒体、对朋友、对亲人的信任不同。作为群体来说，政府是公务部门，是一个国家的政治和权力机构，公众对政府的信任含有对权威的敬畏之意；媒体是沟通政府、专家和公众的通道，媒体的报道有实时性和可能放大性，公众对媒体的信任常有质疑。作为个体来说，亲人和朋友是公众至亲至近的人，公众对他们的信任也会相应高一些。而作为专家这一群体来说，公众可能相信专家，因为专家从事的是科学问题研究和技术工程探索，专家传递的是科学技术知识；而公众也可能不信任专家，因为现如今的专家的社会身份不只是科学家，可能还担任着政府决策者、企业咨询家等角色，所以公众不能判断专家的言论是否还是客观的。

专家（experts），是指各种行业领域掌握专业知识的人。在本书中，专家的含义包含三种类型：第一类在科学界领域，指专业领域内的科学家和其他专业的科学家都称之为专家；第二类在政界、商业界、媒界领域，这些领域内作科学研究和技术研究的专业人员称之为专家；第三类在普通大众中，对所指专业有一定知识和相关研究的人员也称为专家。公众（lay-people），指一般的普通大众，等同于"general public"，所掌握的专业知识有限，对风险事件存在一定的不确定性恐慌或担忧。在本书中，除了上述解释的专家之外都称之为公众。

（二）信任和信心的区别

通常认为信心是独立于信任而存在的。信心如同信念（belief），即给予经验或证据，由经验得出未来可能会发生某些事件。信心有其特定的衡量标准，而信任是自由的。信任展示了人们用自由的方式去共享价值，不管它们是否有某些特殊的活动；信心预示了人们必须按照预期的方式行动，是以绩效（performance）的判断为基础的。

然而，独立存在的信任与信心的分析只是在群体组织内的考虑，并没有考虑群体间的其他影响因素。信任与信心二者间定义的区别与联系起源于卢曼的研究，他认为信心是建立在信任的基础上的。[①] 厄尔和茨维特科维奇[②]以及塞利格曼[③]进一步延伸和阐明了卢曼的观点，他们认为任何关于信心的判断都预先假定了信任的存在和信任度，其他学者的理论也支持了此观点。也就是说，关于信心的描述是基于产生信任的群体或团体的判断；同时任何信任的判断都预先假设了信心的判断，即群体组织已经预告了判断结果。简言之，关于信心和信任的预言不能与群体或组织分开，二者相互依存。

然而，既然信任和信心与群体相关，并且只以群体内部为判断对象，如果没有注意到独立群体间的关系，可能会忽略了群体间存在的其他影响因素。例如，地球绕着太阳转并不是存在一种信任关系，唯一的解释是将"地球绕着太阳转"作为一种特殊的群体内的组员关系。当然，如果发现并证明还有其他多种解释和测试结果，证明不只是基于地球与太阳的关联导致"地球绕着太阳转"，这将是一个突破性的发现。

（三）信任的测量

信任的测量方法是伴随着信任理论的不断发展而发展变化的。在信任问题研究的早期，由于信任概念没有取得一致，开发出来的信任测量工具也没有得到广泛的认可。直到20世纪六七十年代，具有较为深远影响力的信任测量工具才开始出现。早期的信任测量工具主要是以心理学量表为主，在这方面罗特[④]等心理学家做出许多贡献。

80年代，随着博弈论越来越多地受到人们的关注，学者们通过考察双方合作行为出现的多寡对信任水平进行测量。麦克格拉斯等人运用可信度指标测量了媒体的可信度。通过调查全国成年人对16个方面的相关问题的解答，运用5点量表法测量公众对报纸的可信度，研究人员发现此研究构成的可信度指数（12个）对于测量可信度问题，尤其是新闻报道中的诚信问题很重要。12个可信度测量指数为：公平（fairness）、偏见

[①] Luhmann N., *Trust and Power: Two Works by Niklas Luhmann*, Chichester: Wiley, 1979.

[②] Earle T. C., Cvetkovich G., Cvetkovich, *Social Trust: Toward a Cosmopolitan Society*, Greenwood Publishing Group, 1995, pp. 105-106.

[③] Seligman A. B., "Role Complexity, Risk, and the Emergence of Trust", *BUL Rev*, Vol. 81, 2001, p. 619.

[④] Couch L. L., "Jones W H. Measuring Levels of Trust", *Journal of Research in Personality*, Vol. 31, No. 3, 1997, pp. 319-336.

(bias)、完整性(completeness)、精确度(accuracy)、尊重隐私(respect for privacy)、符合公众偏好(watch for people's interests)、群体关注度(concern for community)、事实与观点的分离(separation of facts and opinions)、信任(trust)、公众利益关注度(concern for public interest)、真实性(factual)、技能(level of training)。① 梅耶也做了类似的测量媒体可信度指数的工作,他认为可信度指数包括对可信度来源的"相信度"(believability)和可信度来源的"偏爱度"(lovability)或群体联系度,基于此,梅耶总结出5种可信度指标:可信度来源是否是公平的、无偏见的、完整的、准确的、可被信任的。另外,梅耶还提出独立的群体联系指数(the separate community affiliation index):个人利益、社会福祉、爱国主义和社会公共利益。②

到了90年代,维斯特试图通过麦克格拉斯和梅耶的研究结果总结出一个标准可信度指数用于跨语境的研究。结果显示,麦克格拉斯的指数可以测量多种维度下的可信度;③ 梅耶的研究成果之一(包含5个可信度指数的可信度量表)显示了实验型效度与项目可信度强相关。研究也证明,梅耶的5个可信度指数可以适合于风险研究背景。④

综上,学者们对信任的测量从心理学角度的个体测量演化到现在对群体的测量,更多地注重对社区、语境等文化背景的分析。总结前人的研究,在实证调查中,信任主要体现为以下几个方面:社会群体内成员关系(in-group membership);道德、品行、美德(morality);仁慈、善行(benevolence);完整、正直、诚实、廉正(integrity);推理性(inferred traits);意图、目的、意向(intentions);公平、美好、清晰、顺利(fairness);关心、照顾、有同情心的(caring)等。这些都是我们考察共享价值的重要因素。另外,对于陌生人的信任还可能受到一般信任(general trust)或信任倾向(trust disposition)的影响。

---

① Gaziano C., McGrath K., "Measuring the Concept of Credibility", *Journalism Quarterly*, Vol. 63, No. 3, 1986, pp. 451-462.

② Meyer P., "Defining and Measuring Credibility of Newspapers: Developing an Index", *Journalism & Mass Communication Quarterly*, Vol. 65, No. 3, 1988, pp. 567-574.

③ West M. D., "Validating a Scale for the Measurement of Credibility: A Covariance Structure Modeling Approach", *Journalism Quarterly*, Vol. 71, No. 1, 1994, pp. 159-168.

④ McComas K. A., Trumbo C. W., "Source Credibility in Environmental Health-Risk Controversies: Application of Meyer's Credibility Index", *Risk Analysis*, Vol. 21, No. 3, 2001, pp. 467-480.

（四）关于信任的理论研究

信任的理论研究起源于公众与专家的风险感知差异。由于公众对于风险的感知受到除专业知识之外的很多社会因素的影响，导致公众对风险的感知与专家有很大不同，并由此产生对专家的不信任。根据保罗·斯洛维奇的理论，信任与风险感知强相关，即信任是风险感知的重要决定因素，同时风险感知在一定情况下影响信任。与斯洛维奇相反，斯卓伯格（Sjöberg）认为信任与风险感知没有相关性，并且通过抽象方法证明二者的相关性系数确实没有统计学意义。斯洛维奇和斯卓伯格关于信任与风险感知的争论一直持续到现在。

纵观信任的研究历史，传统的社会信任是指在一种纯粹的、单一的、能够被标准化和理性规则所控制的风险情况下，公众共同认为一个人或一个机构是值得信任的，愿意将自己的意愿寄托于被信任者来完成。但是，传统的社会信任是针对个体文化价值考量的，主要是对个体的能力和责任的判断，是以脱离群体的独立个体为考察对象，并且对其判断的结果也反馈于独立个体。随着社会的复杂化和文化的多元化，现在的社会信任不能只是基于个体的文化价值，更多时候是建立在群体价值之上的。

现代社会信任很大程度上区别于传统的社会信任的理解，社会信任模型的提出很好地解释了两者的差异。厄尔和茨维特科维奇于1995年提出了文化价值与社会信任的理论模型（Salient Value Similarity，简称SVS模型，以下称模型一），此模型是以道格拉斯和维尔达夫斯基的风险文化价值为基础的。道格拉斯为了观测个体在特定风险事件中所持有的文化价值观，将文化价值分为三个维度：等级主义、个体主义、平均主义，通过问卷调查的结果将持有不同价值观的人们划分到各个维度中，后来道格拉斯又引入了第四个维度——宿命论。[①] 运用厄尔和茨维特科维奇提出的SVS模型，西格里斯特于2000年运用问卷调查方法分析了受访对象对农药、核电、人工甜味剂的认知，探索了社会信任对感知风险和感知利益的重要性，并证明了价值相似性对社会信任的正作用，在模型一的基础上明确引入了价值相似性的概念（模型二）。[②] 为了进一步证明显著价值相似性对

[①] Douglas M., Wildavsky A. B., *Risk and Culture: An Essay on the Selection of Technological and Environmental Dangers*, University of California Press, 1983.

[②] Siegrist M., Cvetkovich G., Roth C., "Salient value Similarity, Social Trust, and Risk/benefit Perception", *Risk analysis*, Vol. 20, No. 3, 2000, pp. 353-362.

社会信任的影响,西格里斯特、茨维特科维奇等人于 2001 年针对癌症地理集群的公众健康问题进行了实践调研,① 在模型二基础上将相似的价值因素具体化形成模型三。随后,瓦斯克(Vaske)等人于 2006 年通过电子邮件的方式对居住在荒野城市——科罗拉多州(Colorado)的 532 名居民进行了信任度调研,对模型三做了进一步完善。②

厄尔和西格里斯特试图寻找一种能够把本质不同的信任和信心全部包括的模型,既能解释二者的区别,又能说明二者的联系。③ 他们提出了信任、信心与协作(Trust, Confidence and Cooperation,简称 TCC)模型,应用于解释个人、机构之间关于信任、信心与合作的各个方面。TCC 合作模型假设信任是建立在社会关系、共同的价值观基础上的。共同的价值观可以通过多种方式测量,除了包含上一节中信任的测量因素之外,还有目的一致性、行为一致性、立场一致性、观念一致性、共识程度等。TCC 合作模型中,信心主要是基于机构过去的绩效,绩效决定了对未来是否有信心。绩效的考量方式也有很多种途径,实证研究的调查指标有:熟悉度(familiarity);证据(evidence);规则(regulations);制度/程序(rules/procedures);合同(contracts);记录/统计(record-keeping/accounting);社会角色(social roles);能力(ability);经验(experience);控制能力(control competence);标准(standards)等。与信任一样,当表示对未来不确定性的判断时,对过去绩效能力的判断(信心)也会受到一般信心的影响。信任和信心的组合可以通过多种途径导向合作(本部分在第三章中有进一步阐述)。

国内关于信任的理论研究比较少。最早涉及信任理论的是心理学界的代表人谢晓非和徐联仓,他们运用涟漪效应和事故—信号理论揭示了科技事件的报道都有潜在的制造更深、更大的涟漪的可能,信息的收集与传播对人们认知状态存在严重干扰,应更多地注重高层级风险管理,对潜在的受害者进行更好的保护,增强信息源和传播者的可信度;同时,他们还初

---

① Siegrist M., Cvetkovich G. T., Gutscher H., "Shared Values, Social Trust, and the Perception of Geographic Cancer Clusters", *Risk Analysis*, Vol. 21, No. 6, 2001, pp. 1047-1054.

② Vaske J. J., Absher J. D., Bright A. D., "Salient Value Similarity, Social Trust and Attitudes Toward Wildland Fire Management Strategies", *Human Ecology Review*, Vol. 14, No. 2, 2007, pp. 217-226.

③ Earle T. C., Siegrist M., Gutscher H., "Trust, Risk Perception and the TCC Model of Cooperation", *Trust in Risk Management: Uncertainty and Scepticism in the Public Mind*, 2010, pp. 1-50.

步揭示了公众和专家在风险感知方面存在偏差,而引起偏差的原因是:专家由于掌握风险的专业知识可以从理性角度分析风险并给予专业评估和应对措施,但公众缺乏相关专业知识进而对风险的判断和认知容易受到生活经验的导向。① 李腾从社会学的视角分析了社会生活中的陌生人如何成为关系亲密的朋友,在涉及委托人和受托人的社会关系中,人们通过对信任的基本估计以及对可能获得利益与可能损失的权衡和计算来决定他们可能采取的行动,同时他们的行动又反过来影响着人际间的互动。② 雷明等人提出信任的研究方法可以划分为两类:相关因素分析和博弈分析,通过回顾和总结两种研究方法下所做的重要工作,提出了两个需要进一步研究的问题:利他的演化以及利他在非亲属之间的演化利他、互利、信任的动态模型。③ 孙伟正等人从哲学角度分析了信任的相关研究,研究者认为从本体论来看,信任是由人生的可信性经历所积累的个体属性,是关系的一种性质,同时又是作为文化规则而出现的一种整体的社会属性;从认识论的角度看,信任是人与社会可信性实践的产物;从价值论角度看,信任是使人类社会富于活力的激励因子;从人类学的角度看,信任是人作为矛盾复合体的各种可信性倾向或判断的综合。④

(五) 关于信任的实践研究

关于价值相似性的信任实践研究不是很多,以信任理论模型为基础的具有代表性的调研有:西格里斯特于2000年运用问卷调查的方法对苏黎世大学 (University of Zürich) 的学生做了一项关于信任的调查,调查发放问卷600份,受访对象主要在核电 (250人)、农药 (247人) 和人工甜味剂 (247人) 三种不同风险中对专家的信任度进行打分,结果显示共享价值决定了公众对机构和专家的社会信任,个体之间的信任基于相似的价值观,支持了社会信任的价值相似性理论⑤;2001年,西格里斯特又一次调查了苏黎世大学的334名学生 (226名女性,108名男性),调查内

---

① 谢晓非、徐联仓:《公众在风险认知中的偏差》,《心理学动态》1996年第2期。
② 李腾:《陌生人之间信任关系的建构——一种社会心理学的分析视角》,《农业科技与信息》2008年第18期。
③ 胡宜朝、雷明:《信任的研究方法综述》,《山西财经大学学报》2005年第6期。
④ 孙伟正、赵建芳:《信任研究的哲学思考——基于不同学科视角的分析》,《石家庄学院学报》2006年第2期。
⑤ Siegrist M., Cvetkovich G., Roth C., "Salient Value Similarity, Social Trust, and Risk/benefit Perception", *Risk analysis*, Vol. 20, No. 3, 2000, pp. 353-362.

容是影响癌症集群认知的因素以及公众如何感知癌症集群。在癌症集群中，价值包括公众健康和信息政策，研究结果进一步体现了共享价值是社会信任的基础。当一个人或机构的行为影响到他人的价值时，信任就需要建立起来，当政府的决策影响到公众时，公众就要考虑是否要信任政府或专家，而这决定于政府和专家的价值观是否与公众的价值观相同[1]；瓦斯克等人于2006年通过电子邮件的方式对居住在荒野城市——科罗拉多州的532名居民进行了调研，研究结果显示，居住者与美国森林服务管理者有同样的价值观，公众充分信任管理机构并承认规制焚烧（prescribed burns：控制森林中火的使用）和机械疏伐（mechanical thinning：通过物理方法来减少树木生长率，如迁移或砍伐）的有效性，社会信任主导着SVS模型和对待规制焚烧与机械疏伐态度之间的关系——随着价值相似性的增加，对机构的社会信任就增加，社会信任增加，对规制焚烧与机械疏伐的措施的支持就会增加。[2]

对于影响公众对专家信任的社会学因素的研究，主要集中于性别、年龄、学历和职业的测量。关于性别差异对风险认知的影响最早源于弗里恩、斯洛维奇等的一个研究：针对美国1512人对25个危险项目的风险态度进行调查。研究结果是：25个危险项目中，白人男性感知风险评级始终远远低于其他三组（白人女性、非白人男性和非白人女性）。[3] 这不仅说明男性比女性风险认知低，同时也说明风险认知受种族影响，白种人社会地位高于非白种人，相应的风险认知要低于非白种人。科恩等人于1995年针对376个青少年和160个父母进行风险认知的试验调查，结果显示，青少年对健康风险的认知逐渐减弱，并且低于成年人。这也导致青少年对疾病和伤害的预防能力要低于他们的父母。[4] 亚伯拉罕森等人对伦敦和诺维奇（Norwich）73位72—94岁的老年人进行访谈，研究结果体

---

[1] Siegrist M., Cvetkovich G. T., Gutscher H., "Shared Values, Social Trust, and the Perception of Geographic Cancer Clusters", *Risk Analysis*, Vol. 21, No. 6, 2001, pp. 1047-1054.

[2] Vaske J. J., Absher J. D., Bright A. D., "Salient Value Similarity, Social Trust and Attitudes Toward Wildland Fire Management Strategies", *Human Ecology Review*, Vol. 14, No. 2, 2007, pp. 217-226.

[3] Flynn J., Slovic P., Mertz C. K., "Gender, Race, and Perception of Environmental Health Risks", *Risk analysis*, Vol. 14, No. 6, 1994, pp. 1101-1108.

[4] Cohn L. D., Macfarlane S., Yanez C., et al., "Risk-perception: Differences between Adolescents and Adults", *Health Psychology*, Vol. 14, No. 3, 1995, pp. 217-222.

现了老年人、受政府救济者等脆弱人群对政府并不是完全信任。① 凯尔斯泰特于2008年通过电话采访的形式,对年龄在18—90岁(平均47岁)的1093人进行调查,研究表明受教育程度越高的人对专家信任度越高,风险感知越低;相反则对专家信任度越低,风险感知越高。② 李尔(Lear)对加利福尼亚大学的30位大学生进行了深度访谈,并做了159份问卷调查(学生和校园工作人员),目的是调查学生对艾滋病的健康风险认知。结果表明,大多数被访者并不信任朋友关于艾滋病的相关的言论,对朋友的信任的缺失也同样出现在其他普遍事件中,这是大学生年龄段有别于其他年龄段的一个特点。③

公众对专家的信任受职业的影响尤其显著,相关研究较多。卡斯帕森在2001年运用SARF方法测验得出,信任专家和企业的那些人对新技术更积极肯定,信任机构和经营管理者的人比缺乏信任的人风险感知低。④ 斯洛维奇利用心理范式方法测量人们认知特定风险的程度。他们得出的结论之一是:信任是一个影响认知和信息沟通的关键变量,就同一项新技术的风险,外行的判断不同于专家们的判断;外行对专家或专家描述的风险的判断是以对信息源的信任程度为前提的,并随不同的群体和不同的问题而变化,这与人们的职业和社会地位相关。斯洛维奇于1987年针对30个从事不同职业的人关于22项技术问题做风险认知的调查,调查结果显示,企业家等越富有的人对风险的担忧度越大,越不信任政府和专家。⑤ 诺顿和黎曼依据国际市场调查公司(MORI)于2004年对英国关于公众对气候变化的风险认知所做的调查结果做相关分析,结果显示公众对风险的认知

---

① Abrahamson V., Wolf J., Lorenzoni I., et al., "Perceptions of Heatwave Risks to Health: Interview-based Study of Older People in London and Norwich, UK", *Journal of Public Health*, Vol. 31, No. 1, 2009, pp. 119-126.

② Kellstedt P. M., Zahran S., Vedlitz A., "Personal Efficacy, the Information Environment, and Attitudes toward Global Warming and Climate Change in the United States", *Risk Analysis*, Vol. 28, No. 1, 2008, pp. 113-126.

③ Lear D., "Sexual Communication in the Age of AIDS: The Construction of Risk and Trust Among Young Adults", *Social Science & Medicine*, Vol. 41, No. 9, 1995, pp. 1311-1323.

④ Kasperson R. E., Kasperson J. X., *Climate Change, Vulnerability, and Social Justice*, Stockholm: Stockholm Environment Institute, 2001, p. 4.

⑤ Slovic P., "Perception of Risk", *Science*, Vol. 236, No. 4799, 1987, pp. 280-285.

因社会地位不同而不同。① 韦斯菲尔德等人对德国 1355 名大学生以问卷调查的方式研究专业和职业对风险认知的影响，结果显示，不同的专业学习会很大程度上影响学生对技术风险的认知，有些学生以后会成为决策者，他们的风险感知和对专家的信任会直接影响政策的制定，而想要进入企业的学生对风险的认知程度和信任也会影响企业合作和企业间合作，这就涉及公众对决策者的信任和企业间的信任。②

国内也做了一些相关的调研，主要是心理学、经济学和法律等领域。心理学方面的研究包括：谢晓非和徐联仓关于 28 个风险项目对 847 人做了风险认知调查，结果显示，管理人员、员工样本与教师、学生以及学生干部样本之间存在明显差别。具体表现为管理人员与员工明显比其他样本更高地估计了上述风险项目的风险程度。③ 郑也夫等人做了关于中国人际信任关系的一项研究，侧重于从组织关系着手，分析企业组织中上下属之间的信任关系，通过信任建构过程中的个案来研究信任的建立机制，比较研究了特殊信任与普遍信任的关系与区别，探索了中国人信任的结构与特征信任的基础，总结了当前中国的信任危机。④ 经济学方面的研究有：王绍光等人通过对中国 4 个城市的居民关于信任的影响因素的调查，分析得出居民的居住时间、网络规模、性别、年龄、受教育程度、对生活水平的评价与预期、参加集体体育活动的频率、读报数量、社会地位、阶层、就业状况和收入水平等都会在一定程度上影响公众的信任。⑤ 张维迎和柯荣住委托"中国企业家调查系统"2000 年对全国进行问卷调查，该调查向 15000 多家企业发出问卷，调查涉及全国 31 个省、自治区和直辖市的企业和企业领导人，重点从经济绩效角度考量信任的来源要素，研究者运用数据资料揭示了信任受到文化、交往、产权、社团参与水平以及经济发展水平等因素的影响。⑥ 法律方面的研究包括：彭泗清从法律角度对在京大

---

① Norton A., Leaman J., "The Day After Tomorrow: Public Opinion on Climate Change", *MORI Social Research Institute*, London, 2004.
② Weisenfeld U., Ott I., "Academic Discipline and Risk Perception of Technologies: An Empirical Study", *Research Policy*, Vol. 40, No. 3, 2011, pp. 487-499.
③ 谢晓非、徐联仓：《公众风险认知调查》，《心理科学》2002 年第 6 期。
④ 郑也夫等：《中国社会中的信任》，中国城市出版社 2003 年版。
⑤ 王绍光、刘欣：《信任的基础：一种理性的解释》，《社会学研究》1999 年第 3 期。
⑥ 张维迎、柯荣住：《信任及其解释：来自中国的跨省调查分析》，《经济研究》2002 年第 10 期。

学生和在京工作人员进行关于人际间信任建立方法的调查，结果表明，在中国社会中人们可以通过一定的方法来增加他人的可信程度，并发展与外人之间的相互信任关系，比如关系运作是建立和增强信任的重要机制，关系运作不仅包括利用关系网或请客送礼等工具性色彩较强的方法，而且还有相互尊重、交流思想感情等情感性色彩较强的方法。①

四 问题的提出

综上，国外学者在信任相关理论模型方面做出了杰出贡献。信任的研究最早起源于公众与专家的风险感知差异，在已有研究中，斯洛维奇对于信任和风险感知的关系进行了深入探索，证明信任与风险感知强相关，但是斯卓伯格的研究却认为信任对风险感知没有影响，至今这一争论仅在国外引起一些学者关注，在中国还没有得到实际验证；SVS 模型和 TCC 模型的建立和发展解释了信任、风险感知和风险治理的关系，为后人的研究奠定了坚实的理论基础，但是学者们并没有从实践中证明模型的可行性和完善性，单从模型到模型的发展和变更无法充分验证其对实际社会的指导作用，当前迫切需要更多关于信任实证研究来证明信任对风险治理的影响和影响信任的因素；国内关于信任的研究并不多，尤其是理论研究非常缺乏，而已有的实践研究也主要集中于心理学、经济学和法律等领域。国内外有关信任的研究方法大致有一个共同的模式：首先找出影响信任的因素，进而在实证研究的基础之上尽可能合理地假设这些影响因素对信任的影响方式（这些影响方式是通过函数来表示的），然后通过分析所假定的特定函数，从理论上解释信任。我们暂且不考虑演绎和归纳以及其他数学方法本身存在的缺陷，本书只集中于论述社会文化建构因素对信任的影响。

本书在全球气候变化的背景下，引用 SVS 模型和 TCC 模型，分析影响中国公众对专家信任的社会文化建构因素。本书主要有三个目的：第一，调查中国公众对专家的信任度以及信任与风险感知的相关性，以证实长久以来存在的信任与风险感知相关性的争论，并进一步充实信任理论；第二，验证 SVS 模型和 TCC 模型的实操性，进一步补充完善模型架构；第三，调查气候变化背景下的中国公众对专家的信任，从社会文化角度做

---

① 彭泗清：《信任的建立机制：关系运作与法制手段》，《社会学研究》1999 年第 2 期。

实践调研，有助于更好地分析社会文化背景因素对公众信任的影响，进而为气候变化风险治理提供一些数据支持。

第三节 研究内容和方法

一 研究内容

本书以气候变化为背景，探讨在气候变化风险治理中公众对专家的信任。通过总结信任在风险治理中的重要作用和国外公众对专家的信任状况，在已有的理论模型基础上，结合我国特有国情，运用问卷调查的方式调查了气候变化风险治理中公众对专家的信任，验证并拓展了已有的 SVS 模型和 TCC 模型，同时探讨影响公众对专家信任的因素，为提高风险治理效果提供数据支持。本书主要内容及逻辑结构如下：

第一章，阐述了研究课题的背景和意义，并从全球气候变化、风险治理、公众对专家的信任三个方面对国内外研究现状进行综述，指明了当下信任研究的不足之处。本书认为，国外的研究者已经提出了显著价值相似性的模型来判断信任，并且提出信任、信心和协作的关系模型，但是这些模型没有足够的实验型研究来证实，仅从几个调研中无法确定这两个模型有普遍适用性。而国内的学者对信任的研究主要集中于数学模型和函数方程的推理验证，关于信任的实验型研究少之又少。以往的研究不足以说明中国公众对专家的信任状况和影响信任的因素，因此有必要通过全国性的调研工作来了解中国公众对专家的信任度，找出影响信任的因素，并探讨适合研究中国公众对专家的信任的理论模型。

第二章，首先说明信任的重要性，尤其是信任对风险感知、风险沟通、风险治理等方面的影响非常重要；然后分析国外公众对专家的信任及不同的信任度导致风险治理的不同方式；最后引出气候变化风险的定义和特点，分析气候变化风险作为不确定性风险与其他风险有哪些不同，为后续分析中国公众对专家的信任问题提供借鉴和铺垫。

第三章，论述了信任的相关理论和模型的建立和发展。信任的相关理论主要有风险感知差异理论和风险文化理论。公众对专家的信任的影响因素最初源于风险感知的不同，专家习惯于从风险发生的概率和危害程度评价风险，而公众更多地依赖于感觉、情感和生活经验等要素，但是风险感知差异并不是影响公众对专家信任的唯一因素。风险文化理论论述了文化主义的分类，公众的价值观因文化类型的不同而不同，价值观不同引起了专家与公众的分歧，因此出现公众对专家的不信任。在研究相关理论的同时，研究者提出了显著价值相似模型（SVS模型）和信任、信心与协作模型（TCC模型），模型在针对不同风险事件的研究中得以应用并有所改进。根据模型及相关理论，研究者做了一些调研，提出了可能影响信任的因素。根据国外相关理论模型和实践研究，结合我国的文化特点，确立本书需要考察的变量。

第四章、第五章主要进行问卷调查的数据分析、模型验证和结果的讨论。根据调查数据的描述性统计、相关性分析、回归模型分析、因果模型分析等，总结影响公众对专家信任的主要因素。通过数据定量分析验证SVS模型和TCC模型的可行性，并做进一步改进，最后获得适合我国公众对专家信任的理论综合模型。

第六章，前文对信任的相关理论、模型进行了综述，从我国公众对专家的信任相关调查中总结影响信任的因素。在此基础上，本章对于调查结果中的相关性因素进行进一步讨论，分析调查结果当中存在的一些实质性问题，探索矛盾问题产生的原因，追溯这些问题背后可能存在的社会文化根源，提出下一步研究值得探讨的问题。

本书逻辑结构如图1—1所示。

二　研究方法

（一）文献研究法

本书广泛收集国内外关于气候变化风险治理和公众信任方面的资料、论文、著作、研究报告、统计资料等，对已有的相关信息进行研究总结，尤其集中收集一些较为前沿和最新的研究成果，为开展文献综述、理论回顾及研究设计等奠定坚实的基础。

（二）定量研究法

定量研究法是指运用社会学统计方法和手段，通过随机或非随机的调查方式收集相关调查数据，利用相关软件进行数据处理和统计分析，以获取相关研究结论的一种方法。本书的定量研究方法主要是问卷调查法，通过对全国10个省的普通公众的问卷调查，获取有关在气候变化风险的背景下公众对专家的信任的基本资料。

章节	内容	方法	要点
第一章	引言	信息研究法	
第二章	信任在风险治理中的作用	比较分析法	1.信任对风险治理的影响 2.风险治理中各国公众对专家的信任 3.气候变化风险
第三章	风险治理中信任相关理论和模型的建立与发展	信息研究法	1.信任的相关理论研究 2.信任理论模型的建立与发展 3.关于公众对专家信任的影响因素的经验型研究
第四章、第五章	全球气候变化治理中公众对专家的信任度调查与影响因素分析	问卷调查法 统计分析法	1.全球气候变化治理中公众对专家的信任度调查 2.影响中国公众对专家信任的因素
第六章	关于影响信任因素的讨论	比较分析法	交叉分析影响因素的相互作用，探索问题背后的社会文化因素

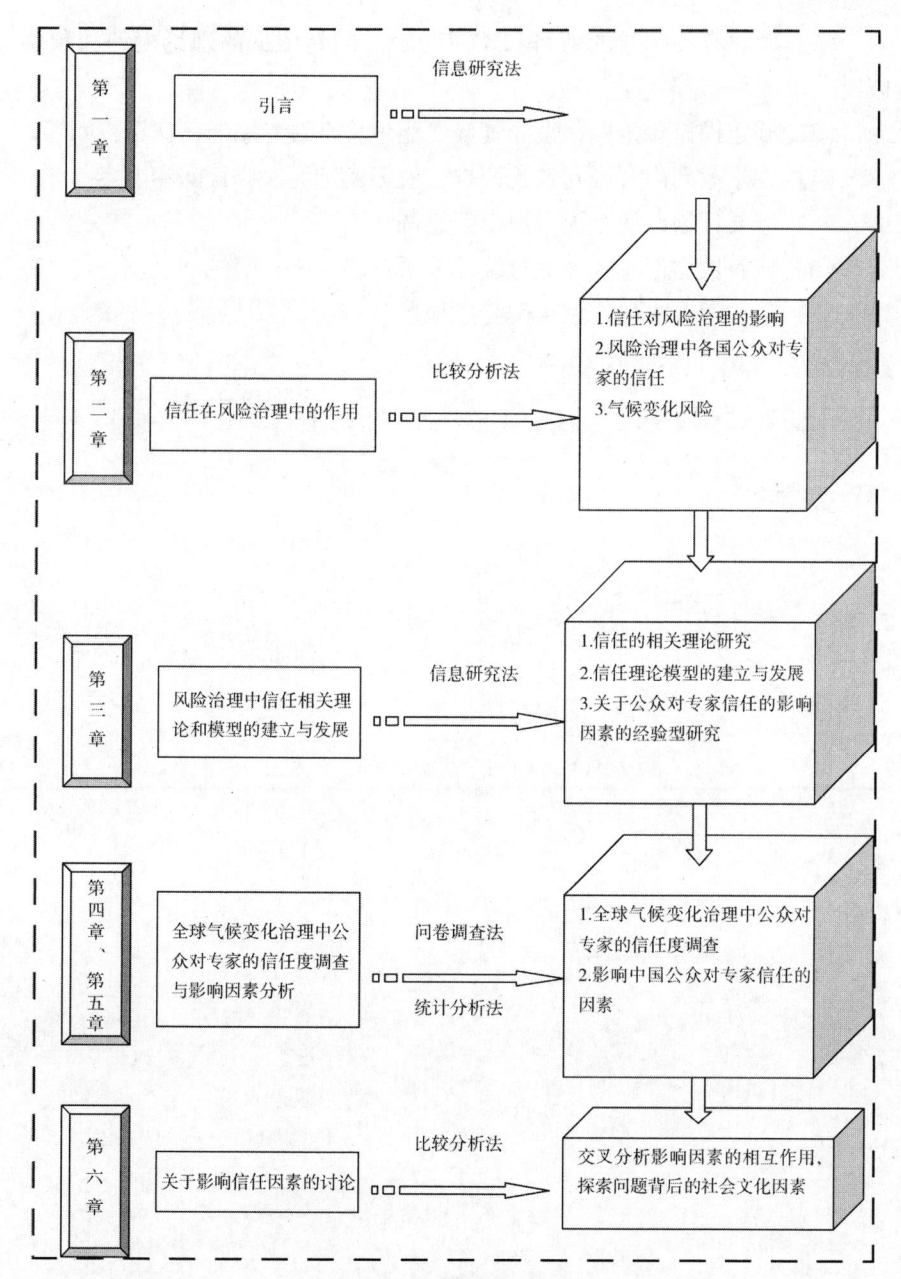

图1—1　本书逻辑结构

问卷调查的主要步骤如下：

（1）开展文献收集和案例研究，提出研究思路。

(2) 收集有关问卷的项目和调研，确定问卷依据的理论模型和预期假设。

(3) 确定操作化指标，设计气候变化中公众对专家的信任调查问卷。

(4) 在小范围内开展问卷式调查，根据反馈再次修订问卷内容。

(5) 开展计划性的全国大规模问卷调查。

(6) 调查数据汇总，并进行统计分析。

(7) 形成调查报告，总结研究成果。

第二章

信任在风险治理中的作用

过去20多年（以1991年最早提出信任的核心作用为准计算）的研究中，关于探索信任在风险管理中的作用以及信任、风险感知与协作关系的理论和实证研究越来越多，信任在风险治理中对于风险感知和风险沟通的作用也越来越显著。已有研究表明，各国公众对专家的信任度差异导致各国风险治理的方式不同，尤其在气候变化风险治理中，因气候变化风险的特有属性导致其对于信任的影响体现出不同特点，进而影响风险治理。

第一节 信任对风险治理的影响

风险是由多种要素构成的，包括风险因素、风险事故和损失。风险因素主要是指足以引起或增加风险事故发生的可能条件，以及风险事故发生时致使损失扩大的条件，通常分为实质性风险因素、道德风险因素和心理风险因素，也有学者把风险因素分为自然风险因素、道德与心理风险因素和社会风险因素。风险事故则主要是指直接造成损失或后果的偶发事件、意外事件，我们也可以把它称为损失的直接原因或外在原因。损失则通常分为直接损失（有形或实质损失）和间接损失（无形损失）。风险因素、风险事故、损失三大要素共同作用，决定风险的存在、发生与发展（见图2—1）。

风险的形成因素、风险事故特点和风险后果的严重性构成了风险治理研究的重要内容。在心理学和社会学研究中，以上三要素的考察主要通过风险感知、风险沟通和风险治理的公众感知度来测量。研究公众对专家的信任，首先要明确信任在风险感知、风险沟通和风险治理中的重要作用。

```
            不确定性
   ┌────┐   ┌──────┐   ┌──────┐   ┌────┐
   │ 风险│ → │风险因素│ → │风险事故│ → │ 损失│
   └────┘   └──────┘   └──────┘   └────┘
            不确定性
```

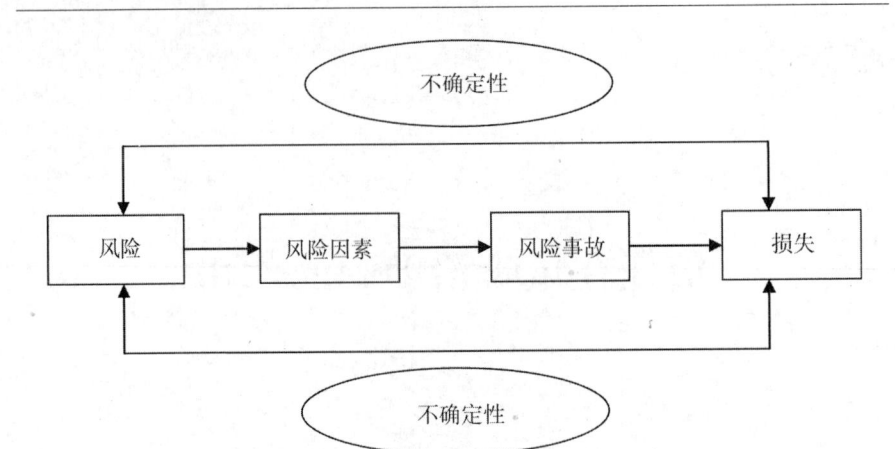

图 2—1　风险、风险因素、风险事故与损失的关系

一　信任影响风险感知

(一) 信任与风险感知的理论研究

关于信任的大部分理论研究是基于过去十几年各领域的学者们对风险感知和信任的关系的研究。学者们对此进行了鉴别，试图提出一个更广阔的领域来解释这些问题。这个目的至今还没有实现，研究者在关于信任的基本问题上（比如命名、鉴别和测量方法上）还没有达成一致。有些学者也曾通过关键词来进行研究，包括风险感知、信任、风险、感知风险、风险判断、信心、可信度、协作等，当然也会有学者优先参考早期的研究结论来做定义。由于缺乏概念上的一致性，所以不可能通过任何一个信任的概念作标准来判断某项研究是否是关于信任的研究。西格里斯特等人针对 45 篇信任相关的研究论文进行分析，结果显示，各种各样的标志、定义和测量方法在很大程度上存在差异。[①]

信任的特点体现在它依赖于信息的客观性和竞争力，一些学者证明了信任是信任者与被信者之间重要价值的共享关系。例如，在关于公众反对建立核废料储存库案例的信任角色研究中，皮乔卡和穆斯卡德（Pijawka & Mushkatel）鉴别了三种形式的被信任者/委托人（trustees）：联邦机构（federal institutions）、联邦办事处（federal agencies）、州和地方机构（state and local institutions）。学者们发现公众对联邦机构或办事处的信任

---

① Siegrist M., Earle T. C., Gutscher H., et al., *Trust in Risk Management: Uncertainty and Skepticism in the Public Mind*, Earthscan, 2010.

与风险感知负相关;而公众对州和地方机构的信任与风险感知正相关。①这些研究结果显示,信任受决策一致性影响,反过来,信任也影响着风险决策。被信任者面对同一风险时,联邦机构和联邦办事处工作人员认为风险相对较小;而州和地方机构工作人员认为风险相对较大。格鲁休斯和米勒在关于有害垃圾处理厂的建设研究中也提出了类似的观点:信任政府和媒体的受访者(支持工程)比信任技术专家(反对工程)的风险感知要低。②更确切地说,支持垃圾处理工程建设的人风险感知较低,作为反对工程建设的环保代表人的风险感知比较高。这些研究认为,信任在风险管理中的角色不像最早期的理论学者所说的那么简单和直接,它既包括信任与风险感知的关系,也包括影响信任的因素,尤其体现在信任者与被信任者之间的价值一致性程度。

  近期的研究主要考量风险感知与信任的文化背景因素。在这些研究中最突出的是斯洛维奇和斯卓伯格的研究。有趣的是,这两名研究者对风险感知和信任之间的关系持相反的论点。根据斯洛维奇的理论,在某些情况下信任是风险感知的重要决定因素,风险感知在一定情况下影响信任;同时风险感知是多方面的,包括个人因素和文化背景因素等。③斯洛维奇明确表示在他的心理学范式中没有特定的影响信任的因素:"并没有一致的有特点的可描述风险的因素。"④ 斯洛维奇的心理测量模型是一个具体测量感知风险的方法,能有效测量在特殊背景下的特殊人群的风险感知。斯洛维奇、弗里恩等人于1991年对影响公众信任的因素做了调查,结论显示,信任很容易被破坏且很难重新被建立,也很少有数据能证明如何改变人们的信任度。⑤ 当需要测量公众内心信任度的改变状况时,这种信任的测量指标是难以衡量的。西格里斯特的研究也表明信

---

① Mushkatel A. H., Pijawka K. D., Institutional Trust, Information, and Risk Perceptions; *Report of Findings of the Las Vegas Metropolitan Area Survey*, Nevada Nuclear Waste Project Office, Carson City, NV (United States), June 29—July 1, 1992.

② Groothuis P. A., Miller G., "The Role of Social Distrust in Risk-benefit Analysis: A Study of the Siting of a Hazardous Waste Disposal Facility", *Journal of Risk and Uncertainty*, Vol. 15, No. 3, 1997, pp. 241-257.

③ Slovic P., Flynn J. H., Layman M., "Perceived Risk, Trust, and the Politics of Nuclear Waste", *Science*, Vol. 254, No. 5038, 1991, pp. 1603-1607.

④ Slovic P. E., *The Perception of Risk*, Earthscan Publications, 2000, p. 395.

⑤ Slovic P., Flynn J. H., Layman M., "Perceived Risk, Trust, and the Politics of Nuclear Waste", *Science*, Vol. 254, No. 5038, 1991, pp. 1603-1607.

任与风险感知强相关，但是此结论也只是基于李克特量表法，而不适用于普遍量表。①

与斯洛维奇相反，斯卓伯格采用了抽象的方法测量风险感知，目的是鉴别一系列影响风险感知的因素，这些因素可以解释大多数人在大多数时间里对风险感知的判断。② 斯卓伯格的理论基于一种具体的小范围的影响信任的因素调查方法（如新—旧的、恐惧的、接触人的数量等），③ 他的研究结果已经鉴别了一系列因素，比如他认为"改造自然"④ 严重地影响了风险感知，而其他大量的因素几乎没有对风险感知造成影响。斯卓伯格的重要发现即信任并没有对风险感知造成突出影响。相比较得知，斯洛维奇基于背景考虑下的方法认为信任在特定情况下对风险感知有很大影响，而斯卓伯格的抽象的普遍性的方法描述了信任在任何情况下对风险感知几乎都没有影响，信任与风险感知之间的相关系数只有0.3（相关系数绝对值越接近于1，说明相关性越好）。斯卓伯格质疑了社会信任对风险感知的重要性，他解释说瑞典关于人们对核废料的认知的数据也可以看出信任和风险感知之间的关系很弱，因此他认为社会信任的重要性可能并没有想象中那样凸显。⑤ 通过本书的经验型研究，希望获得一些关于风险感知和信任的关系的新发现，以进一步厘清学者们的争论。

（二）信任与风险感知的实践研究

为了详细探究风险感知与信任之间的关系，前人通过总结相关经验型研究来试图做出解释。通过检验大量不同的关于风险感知和信任的研究，发现研究者的数据收集主要集中于两个方面：受访者说了什么和被要求做什么。这种以受访者为中心的经验型调查方法主要有四个标准：判断的目标（机构或个体）；目标真实性（实在的或抽象的）；判断的类型（特性或等级）；判断指向（道德的或性能的）。

---

① Siegrist M., Cvetkovich G., Roth C., "Salient Value Similarity, Social Trust, and Risk/Benefit Perception", *Risk Analysis*, Vol. 20, No. 3, 2000, pp. 353-362.

② Sjöberg L., "On Estimation of Nonlinear Grey - and Black - box Models: How to Obtain Alternative Initializations", *Submitted to Automatica*, 1999.

③ Sjöberg L., "Factors in Risk Perception", *Risk Analysis*, Vol. 20, No. 1, 2000, pp. 1-12.

④ Sjöberg L., "Perceived Risk and Tampering with Nature", *Journal of Risk Research*, Vol. 3, No. 4, 2000, pp. 353-367.

⑤ Sjöberg L., Drottz-Sjöberg B. M., "Fairness, Risk and Risk Tolerance in the Siting of a Nuclear Waste Repository", *Journal of Risk Research*, Vol. 4, No. 1, 2001, pp. 75-101.

第一，判断的目标（type of target）。对于目标的判断与最近的心理学研究的最大的区别就是是否把目标看作机构或对象。① 把目标看作机构的观点是一种基于行为控制的理念，主要指愿望和目标。基于目标的行为是以信念、愿望和意图为基础的。假定信任机构，那么个体就能信任任何实体，包括有信仰、愿望和意图的人类与非人类。在一系列研究中，判断的目标都是机构。例如，当受访者被告知对危险废物处理设施的开发者和检测设施安全的政府机构进行等级划分时，伊彼塔（Ibitayo）和皮乔卡指出决策者和机构的行为都是由他们各自的信念、愿望和意图决定的，因为他们想要探索一种情感中立的方法来分析"是否可以用经验来解释特殊个体和机构的行为"②。弗罗伊登堡（Freudenburg）通过询问他的受访者来判断他们对"当前科学与技术建立安全的有效的核废料处理设施的能力"、"美国的私企发展成本—受益、建立安全处理场址的能力"、"国家政府管理核废料设施系统的能力"的信任，结果显示，当受访者的注意力集中于受访目标时，弗罗伊登堡认为公众对未来行为的判断应依据对过去行为的积累和审视。③

第二，目标的真实性（tangibility of target）。目标可以是一个具体的实体，也可以是一个抽象的对象。作为一个具体的实体，受访者可以根据自己的知识和经验来做出判断。海恩（Hine）等人的研究是要求受访者对加拿大原子能控制局做出信任度判断，④ 受访者可能对受访目标有足够的专业知识，也可能没有，但是他们必须明确目标是什么。然而对于抽象的目标，受访者必须基于对目标的熟悉度和与之相类似的任何具体事物的了解才能做出判断。普里斯特（Priest）对抽象事物如媒体、工业、政府、农民、教堂、科学家、医生等做了相关研究，结果证明，公众对于抽象目

---

① Malle B. F., "Folk Explanations of Intentional Action", *Intentions and Intentionality: Foundations of Social Cognition*, 2001, pp. 265-286.

② Ibitayo O. O., Pijawka K. D., "Reversing NIMBY: An Assessment of State Strategies for Siting Hazardous-waste Facilities", *Environment and Planning C. Government & Policy*, Vol. 17, No. 4, 1999, pp. 379-389.

③ Freudenburg W. R., "Risk and Recreancy: Weber, the Division of Labor, and the Rationality of Risk Perceptions", *Social Forces*, Vol. 71, No. 4, 1993, pp. 909-932.

④ Hine D. W., Summers C., Prystupa M., et al., "Public Opposition to a Proposed Nuclear Waste Repository in Canada: An Investigation of Cultural and Economic Effects", *Risk Analysis*, Vol. 17, No. 3, 1997, pp. 293-302.

标的判断可能会由于对具体目标概念的缺失而影响公众判断。[①]

第三，判断的类型（type of judgement）。研究信任和风险感知关系的方法就是检验研究者呈现给被访者的任务。在检验某项研究时，这种方法的优点在于它是中立的、客观的、可以跨学科的。受访者的观点可以从以下几个方面得出：受访者说了什么？受访者被告知去做什么？针对这些问题，研究者主要采用数据收集的方法获得结论，公众的回答也是较为直接的。例如，受访者会被告知采用什么样的判定方法。初步做法是给受访者两种判断方式：属性（attribute）和等级（rating）。利用属性判断时，受访者将被要求说出一个或多个标志信任（或信任价值）的特性词语。比如，对气候变化的定义进行调查时，受访者会被问及"你听到气候变化会联想到哪些词语"，受访者会说"海平面上升"、"气温升高"等特性词语。与属性判断相反，等级判断几乎无变化，即使在研究问卷中没有给受访者相应的等级选项，受访者仍然会被要求说出"与核废料相关的信任等级"[②]。例如克也（Katsuya）的研究中，对于问题"政府应对公众公开关于核能的信息"[③]，受访者被要求说出他们认为的答案的级别（共7个等级），这个问题的目标是政府，公众判断的依据就是他们认为的政府核能信息的公开度。在特性判断的研究中，目标和特性随时会有巨大的变化，会随着研究背景不同而不同。

第四，判断指向（referent of judgement），尤其关于道德（morality）信息和绩效（performance）信息有所区别。指向性判断和目标性判断紧密相关，道德信息主要是衡量机构，绩效信息主要描述个体。道德信息与绩效信息的差异已经长期用于心理学研究，[④] 但是在风险管理的信任研究中却忽视了这两种信息，经常会出现信息不对称：比如信任容易被摧毁但却

[①] Priest S. H., "Misplaced Faith Communication Variables as Predictors of Encouragement for Biotechnology Development", *Science Communication*, Vol. 23, No. 2, 2001, pp. 97–110.

[②] Bassett G. W., Jenkins Smith H. C., Silva C., "On-Site Storage of High Level Nuclear Waste: Attitudes and Perceptions of Local Residents", *Risk Analysis*, Vol. 16, No. 3, 1996, pp. 309–319.

[③] Katsuya T., "Difference in the Formation of Attitude Toward Nuclear Power", *Political Psychology*, Vol. 23, No. 1, 2002, pp. 191–203.

[④] Rosenberg S., Nelson C., Vivekananthan P. S., "A Multidimensional Approach to the Structure of Personality Impressions", *Journal of Personality and Social Psychology*, Vol. 9, No. 4, 1968, p. 283.

很难重建，[1] 在消极信息和积极信息中，前者的社会影响力要远大于后者。虽然道德信息和绩效信息被赋予了同等的重量，但大量研究证明道德信息试图支配和控制绩效信息。所以，与不对称理论相反，在某种程度上积极的道德信息可能会压倒消极的绩效信息，信任可能就会容易建立而不易失去。当然，指向性判断只适用于属性判断而非用于等级判断。例如博尔和康纳（Bord & O'Connor）的调查研究中，当问及受访者"对工业影响健康的担忧的认知"时就是运用了道德信息[2]；而威廉姆森和密特（Williams & Hammitt）的调查中，受访者的问题是"如果符合国家标准，是否相信水果和蔬菜的农药残留是安全的"，这时则运用了绩效信息。[3]

当我们将这些分类标准运用于研究中时，关于信任和风险感知的三个主要的类型就出现了：第一种是公众基于具体机构的价值的判断；第二种是受访者需要将抽象的或具体的机构分等级；第三种类型很少出现，即受访者需要对个体的能力和绩效做出判断。研究中可能出现大量的变量来测量风险感知或协作。尽管关于信任和风险感知的研究在数量和类型上都较少，但是结果显示信任与风险感知之间的关系是受某些因素影响的，而且大多数研究还没有涉及影响因素的研究。本书的模型展示了两个影响因素——知识和价值一致性，这两个因素可以用来解释信任和风险感知的关系，并且根据背景不同而多变。据模型研究可知，当知识不足时信任对风险感知的影响成为核心力量，同时知识本身也直接影响信任。在风险治理的现实社会中，信任和风险感知的相关性永远摆脱不了社会关系的网络，而判断信任和风险感知的关系的终极依据是共享价值。

（三）信任与风险感知之间的关系

当不考虑研究类型时，信任与风险感知的关系存在多变性。一些学者发现风险感知与信任强相关，另一些学者发现二者弱相关，在信任与协作之间也发现了类似的多样性关系。简言之，风险感知与信任的关系不能简

---

[1] Slovic P., "Perceived Risk, Trust, and Democracy", *Risk Analysis*, Vol. 13, No. 6, 1993, pp. 675-682.

[2] Bord R. J., O'Connor R. E., "Determinants of Risk Perceptions of a Hazardous Waste Site", *Risk Analysis*, Vol. 12, No. 3, 1992, pp. 411-416.

[3] Williams P. R. D., Hammitt J. K., "Perceived Risks of Conventional and Organic Produce: Pesticides, Pathogens, and Natural Toxins", *Risk Analysis*, Vol. 21, No. 2, 2001, pp. 319-330.

单说像斯洛维奇所说的那样强相关,或是像斯卓伯格所描述的那样弱相关或不相关,风险感知与信任的关系应视具体的背景情况而定。

尽管已有大量关于信任与风险感知的争论和理论研究集中于二者之间强度关系的验证,对经验型研究的回顾显示出信任与风险感知之间的关系是复杂的且与特定背景相关。信任与风险感知之间的关系是强还是弱、积极或是消极,都依赖于特定背景因素,其中两个主要的背景因素就是知识和价值一致性。

为了进一步明晰信任与风险感知的关系,根据前人关于信任和信心、道德信息与绩效信息的区分,厄尔和西格里斯特展示了信任与风险感知的核心关系,信任与风险感知的协作模型揭示了通向协作的两种途径:一种是信任,一种是风险感知。① 信任取决于受访者的风险相关价值和受访者赋予被访目标的价值之间的判断。风险感知不仅取决于受访者的知识,还取决于受访者对受访目标的信任:第一,信任直接影响风险感知;第二,信任通过作用于知识影响风险感知。总之,信任影响下的风险感知被彻底嵌入社会价值中。

二 信任影响风险沟通

风险沟通(risk communication)迄今尚无统一定义。有一部分学者认为风险沟通就是与其他个体就有关风险的知识、认知、态度和行为进行交流。② 另外一部分学者认为风险沟通是在风险评估者、风险管理者和其他相关组织间交换信息和看法的交互过程。③ 世界卫生组织(World Health Organization,简称 WHO)认为风险沟通是构成风险管理完整体系的不可分割的部分,是任何卫生和环境部门包括从地方到国际各级层次日常工作的一部分,是 WHO 最主要的职责。④ WHO 提出了风险沟通在风险决策理

---

① Earle T. C., Siegrist M., "Morality Information, Performance Information, and the Distinction Between Trust and Confidence", *Journal of Applied Social Psychology*, Vol. 36, No. 2, 2006, pp. 383–416.

② Edwards A., "Risk Communication-making Evidence Part of Patient Choices", *Shared Decision-making in Health Care: Achieving Evidence-based Patient Choice*, 2009, p. 135.

③ WHO, "Risk Communication", Retrieved, from http://www.who.int/foodsafety/micro/risk communication/en/2009-06-07.

④ WHO, *Risk Perception and Communication*, Denmark: WHO Regional Office for Europe, Vol. 1, 2006, pp. 6–8.

论发展过程中的重要角色和作用，通过分析决策依据的逐步演化可以分析风险沟通在风险决策不同阶段的作用。

（一）风险沟通的理论模型

风险沟通最初模式是专家决定模型（technocratic model），这是最早且最简单的模型（见图2—2）。根据该模型，政策的制定完全依据专业科学，只要有完整的专业知识和理解力就足以做出决策。所以这一阶段的特点主要体现为政府与专家之间的沟通，风险的社会、经济、文化影响因素以及公众的认知通常被忽略。[①]

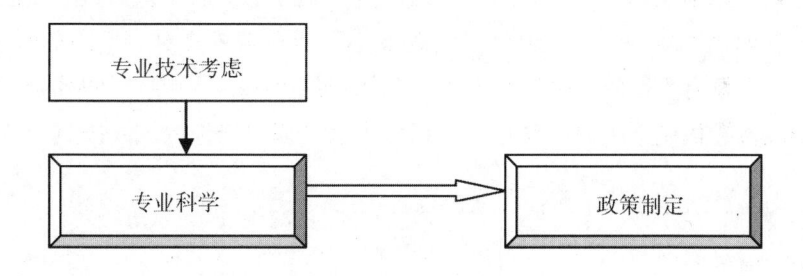

图 2—2　专家决定模型

随着科学和技术的逐渐发展，虽然科技给人类带来了众多福利，但是公众对于科学技术的认识是有限的。尤其在风险治理的过程中，公众对风险事件的认识并不依赖于科学知识，更多的是以自身经验和心理感知来评价风险治理。即使用科学技术相关知识来解释风险，有很多地方也是难以用科学来阐述清楚的，一方面由于事件的来由、发展和后果往往是不确定的，另一方面由于科学的发展还不足以解释所有面临的风险问题。所以，只依赖于科学技术专业知识来解释风险问题是远远不够的，更不能只依据专业技术来进行果断决策，因为在社会发展中还有许多非科技因素影响风险决策。基于以上分析，专家决定模型已经不足以解释某些问题，所以提出抉择主义模型（decisionist model）（见图2—3）。该模型中，专业技术考虑——风险评估（risk assessment）路径成为风险决策的重要组成部分之一；非专业技术考虑——风险管理（risk management）路径则是风险决策的另一重要组成部分，二者缺一不可，必须同时考虑才有可能促成风险

[①] 李素梅：《风险认知和风险沟通研究进展》，《中国公共卫生管理》2010年第3期。

沟通。该模型比专家决定模型的进步在于它提出风险决策不仅依靠专业技术因素，更要考虑非专业技术，如政治、经济、文化等影响因素。抉择主义模型的特点是从风险管理的角度将风险的技术与非技术影响因素同时纳入了风险决策，但风险沟通只是作为一个下游策略出现在该模型中。

在抉择主义模型中，专家和公众普遍认为科学技术的评估和测量是理性的、客观的，而公众的认知和判断被认为是主观的、无根据的。在这一阶段，社会风险管理和决策趋向于纠正和教育公众。直到 20 世纪 90 年代初期，一些学者的研究证实虽然专家的专业知识成为风险评估的重要理论基础，专家也是最具有权威的决策团体，但是基于专家知识的风险评估和风险管理在很多时候达不到预期的效果。原因在于风险对于不同的国家、种族、人群有不同的含义，我们理解和研究风险都必须在特定的社会、文化、经济、体制下去研究分析，进而做出适合当时当地的风险决策。[①]

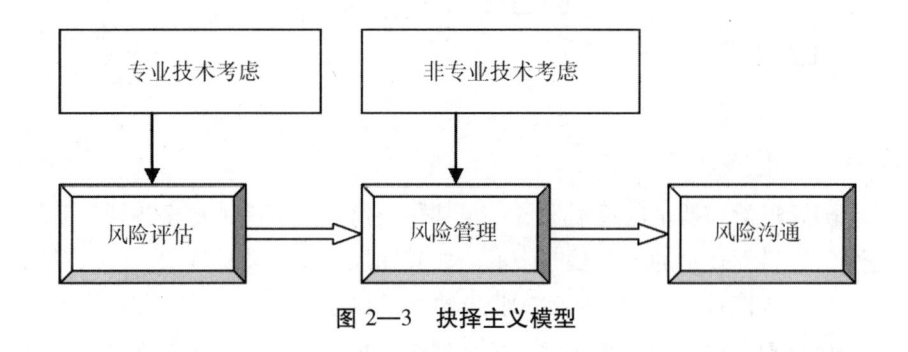

图 2—3 抉择主义模型

前人的研究揭示了大量风险感知相关研究的基本发现和进展，其中最重要的是专家对于公众风险感知的态度有根本转变。过去，专家认为公众对风险的看法是错误的、无依据的，把自己所期待的结果与现实的偏差归咎于公众的无知和愚昧。现在，专家逐渐通过观察和实验开始研究公众究竟关注和担心的是什么及其形成原因，专家意识到公众对风险的反应常常是有道理的，专家和公众的认知差异只是文化不同而已。为了了解公众的意愿和认知状况，专家和公众需要建立双向沟通和交流。因此协同演化模型（co-evolutionary model）取代了抉择主义模型（见图 2—4）。该模型

---

① Bennett P., Calman K., *Risk Communication and Public Health*, Oxford: Oxford University Press, 1999, pp. 3-7, 20-65.

中风险沟通发挥了极其重要的作用,它不仅参与了风险决策的各个阶段,还与风险认知、风险评估、风险管理构成闭合回路,这个回路的影响因素既包括科学技术知识、非专业知识,还包括公众的风险感知因素,通过对这些因素全方面考量后做出可行性和可接受性良好的风险决策。

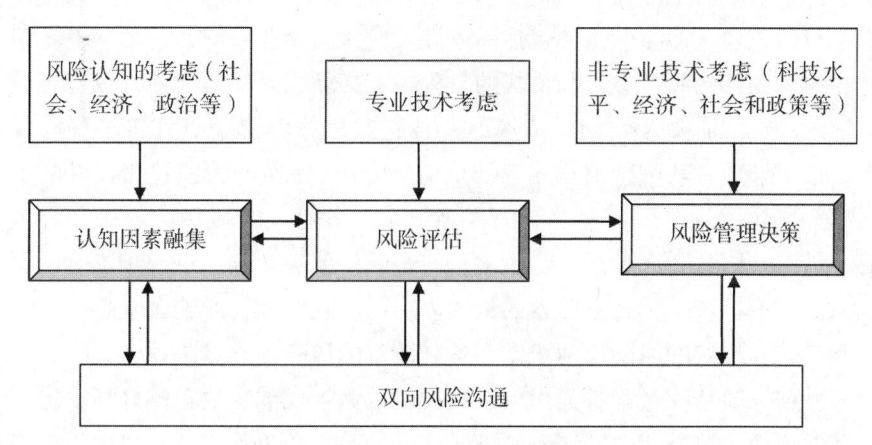

图 2—4 协同演化模型

(二)风险沟通与风险治理

风险沟通贯穿于风险治理的整个过程中,二者相互影响且呈正相关关系。风险治理与风险沟通的有效性需要很多方面支持,包括风险沟通的方式、沟通内容、沟通的主体、风险相关政策等。

风险沟通的方式要确立双向过程。从风险沟通的模型发展可以看出,沟通已不再停留在专家为主体单向地把知识填塞给公众的过程,更多地注重专家与公众的双向互动过程。另外,由于公众的风险感知受社会环境的影响,所以在考察公众的行为或决策时,不得不考虑文化背景因素。现代的风险沟通方式强调了解公众的意愿,促进各主体间的互动交流。

风险沟通的内容要真实有效。风险沟通和决策主要以信息为基础,尤其基于可获得的科学和技术信息,因此信息的形成和有效表达这些信息仍然是必不可少的。[①] 当然,信息本身的可信度有待考量,我们暂且认为信息可靠,那么研究的重点在于信息的传播过程以及传播信息的专家和媒体

---

① Bennett P., Coles D., McDonald A., *Risk Communication as a Decision Making Process*, *In Risk Communication and Public Health*, Oxford: Oxford University Press, 1999, pp. 207-221.

是否可信。在风险沟通中,传播过程可能会受到传播主体的主观意识干扰,信息本身会带有某些倾向,同时传播过程中也可能受到其他各种因素的影响,所以专家和媒体要保证信息被客观、真实地公布,并尽量保证向公众的传播过程顺畅而不受干扰。

风险沟通的主体即共同参与沟通的利益相关者。风险沟通本身就是一个参与的过程,参与的主体包括决策者、专家、企业、媒体、公众等。利益相关者在共同面对决策和挑战的过程中,必须相互协作才能有效进行风险治理,这就需要有效的风险沟通,各利益相关者要理解和接纳不同观点,最终形成一致的价值观才有助于促成合作。[1] 另外,利益相关者的价值观和风险感知受不同的文化背景所影响,如社会、政治、经济、心理等,被这些因素共同影响下的风险感知影响价值观,并会进一步影响风险沟通。了解社会文化背景因素的具体内容以及它们如何影响公众感知,将有利于建立有效的风险沟通机制,达到满意的风险治理效果。[2]

任何风险治理过程都是由一系列相关政策构成的,决策的好坏决定了治理的成败,风险相关政策有其不同于其他政策的决策特性。风险管理部门或相关的决策部门首先应该了解一项决策具有的特性以及如何做出适宜和明晰的决策,执行人员同样需要了解每一项决策的特性以便对特定风险事件的行动有一个清晰的认识,以更好地配合执行决策。[3] 作为风险沟通的基础,风险治理决策应该具有明确的目的性、清晰的策略和可操作的程序。决策者应该清楚,风险沟通不是消除危机和平息公众愤怒的工具,如果控制好风险沟通的进程,它将是风险决策过程的最重要的内容。因此,政府及决策相关部门要通过风险沟通去管理风险、制定方针政策、采取预防措施以降低风险影响,从而保证风险治理过程合法有效地进行。

风险沟通理论从最初的专家决定模型到抉择主义模型再到协同演化模型的转变,体现了风险沟通不仅要考虑科学技术专业因素,而且要考虑非技术专业因素,那就涉及社会文化中的众多构成要素。风险沟通不能只

---

[1] Green E., Simon D., Short S. D., Duarte-Davidson R., Leonard S., Levy, "Public and Professional Perceptions of Environmental and Health Risks", In Bennett P: *Risk Communication and Public Health*, Oxford: Oxford University Press, 1999, pp. 51-64.

[2] Frewer L. J., "Public Risk Perceptions and Risk Communication", In Bennett P: *Risk Communication and Public Health*, New York: Oxford, 1999, pp. 20-32.

[3] Chartier J., Gabler S., "Risk Communication and Government: Theory and Application for the Canadian Food Inspection Agency", *Canadian Food Inspection Agency*, 2001.

是专家与政府的单向沟通，更要注重风险感知、风险评估和风险管理的双向沟通交流。学者们提出了加强风险沟通的一些方法和措施，为消除专家和公众对风险感知上的差异、弥补技术风险评估和公众认知之间的鸿沟、解决风险冲突问题有重要贡献，并且有助于决策部门做出清晰且有操作性的策略。

三 信任影响风险治理

20世纪90年代，随着国际社会信息化的加速发展，政治、经济、文化等各方面的全球化已经成为不可避免的现实和趋势。伴随着信息技术的冲击，这种全球性依存关系正在影响和改变着国际政治过程和经济文化关系，并将引导历史向着未曾预料的方向发展。未来不确定性、各种信息和观点的多元化、各种风险事件后果的不可逆转性，导致公众对现实社会的恐慌急速升高，对决策者和专家的信任度一再降低。风险治理在应对公众反应的过程中遇到前所未有的障碍。

基于风险治理中存在的不足和迫切需要解决的风险问题，2003年国际社会专门成立了一个NGO组织——国际风险治理协会（International Risk Governance Council，简称IRGC）。IRGC被定义为旨在化解科学、技术进步、决策者和公众之间代沟的一个国际型的独立机构，也是促进风险治理策略相关设计与执行有效进行的催化剂，主要集中处理存在的系统风险（如政府赤字等），目的是为决策者提供解决方案或建议[1]，尤其关注国际风险。

随着风险治理日益引起政府组织和非政府组织的重视，关于风险治理的理论研究也越来越引起学术界密切关注。当前风险治理的研究主要集中于两个方面：政策制度和公众参与。政策最初是由专家观点和有效的决策构成的，在专家治理体制中，"作为手段而非目的的科学和技术，对目标确定和价值选择的问题先天乏力"。[2] 但在伦理价值判断上，公众原则上并不比科学家缺少话语权，"最好的技术专家及其专业知识在包含价值和原则的问题中也不是决定性的，任何关于可接受风险的决策都必须适用价

---

[1] "International Risk Governance Council", Summary Information. Geneva, 2011. http://www.irgc.org/IMG/pdf/irgc_summaryinformation_2011.pdf.

[2] 李醒民：《论技治主义》，《哈尔滨工业大学学报》2005年第6期。

值问题"①。政治制度的形成不得不考虑公众参与，而公众信任是公众判断是否参与风险治理的重要因素。

　　信任在风险治理过程中发挥着重要作用。首先，信任可以直接影响风险治理的过程和效果。当公众信任专家和决策者时，公众对于决策者的支持和配合会有助于进行风险应对和治理；当公众不信任专家和决策者时，公众由于不信任而引起的焦虑和恐慌情绪会随之增加，公众的风险感知敏感度也会相应提升，这时有可能引起公众大规模的抗议行动，严重的后果将直接导致治理过程中断，甚至风险治理的失败。其次，信任可以间接影响风险治理。因为信任与风险感知、风险沟通、风险治理评价和公众的信心直接相关，而这些因素都会影响风险的治理，所以信任可以作用于其他因素间接影响风险治理。信任对风险治理的直接的和间接的作用，都证明了信任对风险治理产生了不可忽视的影响。

　　风险治理中关于信任的定义涉及范围广泛，主要集中于三个方面：信任是前瞻性的；信任涉及不同群体间的利益关系；信任牵涉到与某个体相关的问题。② 公众作为一个社会的人，只有当专家或机构能够服务于公众的利益时，公众才会相信他们，并且愿意承担专家偏见可能带来的一切后果。公众对未来的适应性和脆弱性很重要，因为除非信任者愿意冒险应对当前不确定性问题，否则公众不会信任专家或决策者及他们的论断。信任，关系到信任者是否预见其他组织的行为，并且预测到在解决问题过程中反常情况出现的可能性。风险治理中的信任与许多层面相关，对于官方机构、专家和个人而言，从私人的到非私人的角度都有涉及，现有的信任理论主要有以下两个方面：

　　第一，信任的标准化，即信任者和被信任者通过共享协议达成一种共同利益关系。③ 一些评论者强调信任是前瞻性的，尤其是在未来不确定的情况下可能出现各种问题，比如当环境形势改变时，信任者可能选择相信另一个利益群体。这个观点增强了被信任群体的危机感，并更有力地促使他们向信任者保证能给信任者赢取最好的利益。信任的标准化理论就是通

---

① Weale A., "Science Advice, Democratic Responsiveness and Public Policy", *Science and Public Policy*, Vol. 28, No. 6, 2001, pp. 414, 418.
② Hardin R., *Trust and Trust Worthiness*, New York, Russell Sage Foundation, 2002.
③ Siegrist M., Earle T. C., and Gutscher M., *Trust in Cooperative Risk Management*, London, Earthscan, 2007.

过假设一个标准来支持和保证被信任者的可信度。

第二，信任的实践理论，即人们通过信念获得信任。相关的测量包括跟踪记录、获取资源的能力、技能和知识、引导行动的激励因素，这些因素在信任的理性行为者模型中是很显著的。[1] 政治科学、社会学、社会心理学和心理学的传统研究工作都证实了信任的实践作用。[2] 并且，这些方法已经被泰勒-顾柏等提出的经验分析所证实。[3] 泰勒-顾柏认为信任依赖于两个方面：合理性和价值性。风险治理中，专家建议的合法性和有效性得以保证，才能获得公众对专家的信任，才能提升公众对基于专家意见基础上制定的政策的信任。[4]

第二节 风险治理中各国公众对专家的信任

公众对专家的信任度不同决定了风险治理的方式不同。风险治理的方式有很多种，公众参与是有效风险治理的方式之一，也是提高公众信任度的重要途径之一。

一 风险治理中的公众参与

风险治理主要包含两个内容：一是解决实际问题，即怎样有效地处理危机事件并确保此类事件不再发生，强调政府应该提供好的专家建议以建立公众的信任；二是合法性问题，即公众对专家政策建议的接纳，强调公众参与风险治理是建立信任的基础。在全球气候变化的问题上，公众表现出对专家及其撰写的评估报告的疑虑和茫然，对专家的不信任感日益加剧。其原因来自于两个方面：第一，科学家内部意见不统一。一部分专家认为气候变化是由于人类社会工业化的发展致使大量化石燃料的燃烧和人类不合理的生产生活造成的，这也是政府间气候变化专门委员会（IPCC）每5年发布一次的气候变化评估报告的观点；另一部分专家则认为气候变

---

[1] Gambetta D., "Can We Trust Trust", *Trust*: *Making and Breaking Cooperative Relations*, 2000, pp. 213-237.

[2] Moellering G., *Trust*, Amsterdam, Elsevier, 2006.

[3] Taylor-Gooby P., "Trust, Risk and Health Care Reform", *Health Risk & Society*, Vol. 8, No. 2, 2006, pp. 97-103.

[4] Rossi J., "Participation Run Amok: The Deliberative Costs of Mass Participation in Agency", *Decision-making*, North-western Law Review, Vol. 92, 1997, pp. 173-249.

化源于生态自身的发展变化，比如云、气溶胶、太阳辐射、冰冻圈变化等。2009年和2011年非政府国际气候变化研究组（NIPCC）出版了《气候变化再审视——NIPCC2009年报告》和《气候变化再审视——NIPCC2011年报告》，运用数据和模型证明全球温度在过去几十年中并没有明显变化，并指出IPCC报告中存在的纰漏。第二，参与气候变化政策制定和评估的人员大都是双重身份：政府人员和科学家。科学家介入政治决策是科学政治发展的必然趋势，但是专家在其中承担什么角色？应当起到怎样的作用？专家对政府负责和专家对公众负责本应该是可以统一的，但是从现实看来，专家的评估往往倾向于服务政府。广大公众在气候变化这样一个不确定性问题上没有发言权，但公众却是气候变化最直接的受害者。当政府和专家的建议无法起到预期的有效治理作用时或者专家内部意见不统一时，公众强烈要求参与公共决策，以期通过第二条路径建立公众的信任。

在现实社会中，随着全球公众要求参与公共决策的愿望日趋迫切，美国和欧洲的公众参与表现得尤为显著，公众审议在欧洲的影响最为突出，美国的相关机构也大规模兴起。关于公众审议的概念，来源于罗夫斯特对风险治理的解释。罗夫斯特认为风险治理有四种典型的途径：政策制度（political regulation）、公众审议（public deliberation）、技术或科学方法（technocratic/scientific approaches）和经济理性（economic rationality）。在风险治理的四种途径下，罗夫斯特认为公众审议是增强公众对专家信任度的最有效途径，它可能使公众进一步意识到它们所依赖的决策者或专家的知识或能力的有限性，并且可能给利益集团提供鼓动和拉拢支持者的机会，还有可能突出价值和利益的差异。

然而，决策者、专家和公众三大主体在科技政策制定和实施过程中担任不同的角色，这些主体内部和主体之间的关联性直接关系到决策能否顺利制定与实施。公众对专家的信任是两个主体之间的重要关联之一，对于风险治理过程中公众对专家的信任的研究成为学术界密切关注的议题。各国学者关于公众对专家的信任和公众参与决策的态度和途径做了相关分析。

二 各国公众对专家的信任

在全球气候变化治理的大背景下研究中国公众的信任问题，首先要了解其他国家的公众信任现状，这也为本书最后进行中国公众的信任度—共识度分析提供了解释依据。

（一）英国公众对专家的信任

英国是低信任度、低共识度的社会形态。英国希望通过风险规制来要求在工业生产和管理者（专门针对技术性事故进行治理处置的人员）之间保持传统上的一致，然而当前这种一致性遭到攻击，即公众对专家和政府官员的信心减弱时，预示了公众对风险决策的担忧也在增长。① 为此研究者也尝试着在英国引进共识论坛，首先国王基金组织在生物医药方面举办了一些论坛，其后是生物技术和生物科学研究委员会赞助了有关植物生物技术的论坛。但在科技界仍然存在着一种观念，那就是科学家永远认为他们要高于公众，总是想要告诉公众应该怎样理解科学，而很少去了解公众怎样看待科学。专家习惯于一种独白式而非对话式的沟通方式，这种方式进一步加剧了公众与专家之间的鸿沟。相反，在公众理解科学委员会看来，公众对科学的理解就是公众了解了多少科学"事实"②，而在调查中用来测试公众的题目仅仅反映了在调查人员心目中公众应该知道些什么。

无论是在疯牛病危机还是在切尔诺贝利核事故中，都可以看到公众对于政府和科学家的信任已经消失殆尽。在疯牛病的案例中，公众相信政府并采纳最有判断力的科学家们的意见，其实，公众很清楚研究委员会是被迫提供了部长们自己想听到的建议。在铯污染的案例中，当地农民很快就发现，政府派来的科学家们所提供的建议以及后来提供的赔偿根本就不符合饲养绵羊的实际情况。英国政府在应对核能污染风险管理的灾难性历史中，他们所能做的似乎只是给那些最危险的制度重新贴个标签——最开始是把温茨凯尔变成赛拉菲尔德③，现在人们普遍认为英国的核燃料也该走这条路了。④ 在处理 Brent Spa 储油池的重大案例中，环境利益集团通过鼓动公众舆论导致对初始决定进行修订，但是事实上，利益集团关于污染有极大风险的宣传是一种误导。一旦环境利益集团加入政府、专家的争论，

---

① Laffont J. J., Tirole J., "The Politics of Government Decision-making: A Theory of Regulatory Capture", *The Quarterly Journal of Economics*, Vol. 106, No. 4, 1991, pp. 1089-1127.

② Durant J. R., Evans G. A., Thomas G. P., "The Public Understanding of Science", *Nature*, Vol. 340, 1989, pp. 14-15.

③ 温茨凯尔核反应堆始建于 20 世纪 40 年代，是英国最早的核武器基地之一。1957 年，温茨凯尔核反应因火灾而导致核泄漏，这是切尔诺贝利核事故之前世界上最严重的核电站泄漏事故。1973 年温茨凯尔再处理厂再次发生事故，其后英国政府在温茨凯尔基地的原址上重新建立了赛拉菲尔德核基地。

④ ［英］芭芭拉·亚当、［英］乌尔里希·贝克、［英］约斯特·房·龙：《风险社会及其超越：社会理论的关键议题》，赵延东、马缨等译，北京出版社 2005 年版。

公众舆论便会更倾向于相信环境组织的观点而不信任政府专家的观点，政府将被迫退却。类似的观点也出现在英国的转基因大论战中，公众参与的目的是建立对转基因作物的共识，而事实上论战的过程却毁坏了公众对政策制定者的信心。[①]

（二）美国公众对专家的信任

在美国，公众信任度很低，共识度相对较高，政府认为风险治理不需要公众参与。专家认为，公众参与风险治理可能会带来难以预测的其他风险，这种溢出风险可能并不比原来的风险小，专家和决策者将面临更大的难题。所以，政府和专家经常使用成本—收益的方法来分析和处理风险，力争通过利益相关者之间的谈判达成一个满意的结果，而这个过程不需要公众的建议。

美国在应对风险事件的过程中，主要是从政治制度角度考虑加强公众共识和公众信任度。比如美国是最早举行共识会议的国家，源于20世纪70年代后期第一次对乳腺癌筛查的讨论，以期加强公众对专家的信任和共识度。但是在1960年到1990年间，选举者减少、家庭角色的逐渐降低致使公民之间的距离逐渐增大，公众的信任度一再降低。[②] 尤其在20世纪80年代，美国能源部建议建设一个核废料处理站用以处理核反应堆废料、核辐射材料、工业装置等，但是由于公众的反对致使协议至今未能达成，专家意识到公众的反对不只是来源于对核相关知识、风险感知、风险治理的评价等方面，更重要的是公众对专家和决策者的不信任，但是美国能源部似乎并没有意识到这个问题。直到1990年后，随着选举者增加、家庭角色越来越重要、经济强国地位的确立，美国在安全事故防范水平和应急能力等诸多方面走在了国际的前列。特别是"9·11"事件以来，美国政府迅速建立起国家应急反应系统，将指挥、响应、救治技术系统整合为国家综合应急联动技术体系，使整体防范重大事故的能力和应急处理能力有了质的提升。同时，在各种可能出现重大事故的领域充分利用现代信息通信技术，比如在煤矿开采中广泛采用计算机模拟、虚拟现实等技术，使美国的煤矿事故得到较好的控制。很显然，美国运用技术和科学的方法进行风险治理，为公众提供安全有保障的生活环境，很大程度上增强了公

[①] Taylor-Gooby P., "Social Divisions of Trust: Scepticism and Democracy in the GM Nation? Debate", *Journal of Risk Research*, Vol. 9, No. 1, 2006, pp. 75-95.

[②] Amitai E., "The New Golden Rule: Community and Morality in a Democratic Society", 1996.

众对专家和政府的信任。

（三）德国公众对专家的信任

不同于美国和英国的风险治理的观念，德国是高信任度和低共识度的国家。测量共识度最有效的方法就是必须同时达到公众高度信任和严格的政治制度。德国信任度高，但是共识度低，说明政治制度不够严格，要想提高公众的共识度，必须加强政治制度的严格性。例如在德国，最有争议的风险事件——建设垃圾焚化炉过程中，政府就是通过建立严格的制度——召开共识会议，经过公众认真审议建设项目的方案，并在公众共识达成一致后，建设项目才被同意通过。这个案例说明，公众信任专家和决策者但不代表共识度高，只有同时达到严格的政治管制和制度建设，才能保证达到公众高共识度，才能有效地进行风险治理，从而进一步加强公众对专家的信任。[1]

（四）瑞典公众对专家的信任

瑞典已形成一种高信任度、高共识度的社会形态，这种社会形态建立在公众与专家、决策者的利益达成一致共识的基础上，如果此时执行公众审议或公众参与反而会带来其他问题。例如，瑞典的一个核电站曾因小型事故而被迫强制关闭，决策者和企业已建立高度共识关系，这时只要双方达成协议就能保证各方面相关制度顺利执行而不发生冲突，但如果采用公众参与的方法，可能在参与过程中由于其他某些原因造成公众的担忧和疑虑，最终不能达成共识，那就阻碍了风险治理的进程，这样的公众审议是没有必要进行的。

从各国公众参与风险治理的过程来看，公众审议受控于更高信任度的德国比低信任度被迫参与审议的英国更成功（见图2—5）。在其他国家背景情况下（如美国和瑞典），政策制定者能够很成功地达成一致结果而不需要考虑公众参与，从而就不用考虑公众参与的时间不确定性以及花费和投资。所以，如果公众都认为决策者和专家是非常有能力的、可信任的并且对公众负责，那么公众对于参与决策的需求也就会相应降低。然而这些关于风险治理中的公众信任的研究中，学者们并没有提出国家背景文化的差异与重要性。

---

[1] Lijphart A., *Patterns of Democracy: Government Forms and Performance in Thirty-six Countries*, Yale University Press, 1999.

在实际案例中可以看出,现实社会中公众对专家的信任度很低,无论现行实施策略是什么,在开放环境下信任随时可能被再破坏的紧迫感日益凸显,这为政策制定者或利益谈判者在达成共识的过程中造成更大的困难。公众希望获得参与决策的权利,而价值和利益的冲突使得公众参与成为可能。

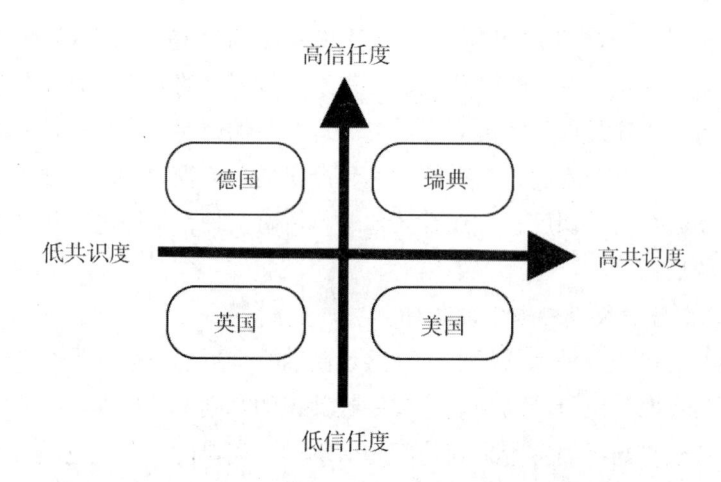

图 2—5　美国、英国、德国、瑞典的信任度和共识度

第三节　气候变化风险

气候变化风险由于其本身的不确定性特点,决定了气候变化这一特殊的事件文化背景对信任的影响呈现出有别于其他风险的显著特性。

气候变化风险不同于核风险、生物技术风险、医疗事故风险、食品安全等风险性问题,它是一种不确定性问题,并且有其独特的风险特征——长期性和全局性。什么是气候变化风险?目前学术界还没有相对统一的看法。有学者从自然科学的角度提出,气候变化风险是指气候系统变化对自然生态系统和人类社会经济系统造成影响的可能性,尤其是造成损失、伤害或毁灭等负面影响的可能性。[①] 还有人认为,气候变化风险是指个人或

---

① 张广利:《主客观风险社会理论相关研究文献概述》,《探求》2008 年第 1 期。

群体感知已受到或将受到气候变化影响或损失的可能性。① 上述定义既反映了气候变化对人类社会的客观影响和造成损失的可能性，又体现了个人或群体对影响或损失的可能性的一种主观意识，兼具客观主义和建构主义的双重意涵，揭示气候变化风险是人与自然相互影响、相互作用而形成的不确定性风险。

风险性问题，主要是指一种决策可能带来的后果可以被预测，并且每一种结果可以被赋予概率的问题，典型的风险性问题可以通过问题以往的存在形式或已有的潜在性质进行概率的分配。与风险性问题不同，不确定性问题因为缺乏对问题以往的存在形式或者已有的潜在性质的很好的理解而不能以概率来解释所有状态。不确定性一般有两种类型：一种是一般的不确定性，指可以预见一种决策的所有后果，但是无法赋予它们概率；另一种是根本不确定性问题，指无法预见一种决策的所有后果且无法赋予其概率。② 而全球气候变化就是难以预见全部可能的未来状态且无法赋予概率的根本不确定性问题。按照生态经济学的理论来看，地球是个封闭的自我循环的系统，气候子系统的承载力是有限的，人们也无法确定这个承载力的极限会在什么时候出现，无法估算当前全球气候状况离这个极限还有多远，更何况地球还在与外界空间不断地进行着物质和能量的交换，而且有史以来人类对周围环境的变化还具有很强的适应能力，正如进化论中所述的人类的存在在于他对自然的最大的适应性。因此，全球气候变化难以用对待风险性问题那样的方式进行概率分配。

风险性的形成是问题的性质所引起的，不确定性的形成则是对问题性质的认识不够完善造成的，引发两种问题的原因不同，两种问题所带来的影响不同，解决问题的方案也就不同。由此可知，气候变化风险的形成原因、对信任的影响、治理方案等都因其本身的特点而体现出与其他风险的差异，这也直接决定了本书的调查结果只适用于在气候变化风险背景下进行分析，同时这一论断也可以在显著价值相似模型（SVS 模型）中的事件文化测量中得以验证和解释。

---

① 彭黎明：《气候变化公众风险认知研究——基于广州城市居民的调查》，博士学位论文，武汉大学，2011 年。

② Perman R., Yue M., James M., et al., *Natural Resource and Environmental Economics*, Pearson Education, 2003, pp. 299, 445, 350.

第四节 小结

本章首先分析以往研究中信任对风险感知、风险沟通和风险治理起到哪些重要作用以及如何起作用；然后以信任度和共识度具有明显特征的英国、美国、德国和瑞典作为代表进行分析，得出低信任度—低共识度、低信任度—高共识度、高信任度—低共识度、高信任度—高共识度的不同国情背景下各国公众的表现，以及各国是如何通过信任度—共识度的关系来进行政治决策和风险治理；最后阐述气候变化风险的特点及其与其他风险的不同，尤其指出了气候变化风险是一种具有长期性和全局性的不确定风险，气候变化风险的专属特点决定了其对于信任的影响有所不同，研究气候变化的风险治理具有重要意义。不论是模型的演变还是理论的探索过程都证明了信任存在于风险形成和发展的整个过程中，信任是一种一直存在并将延续下去的社会化过程。这些归纳和分析为后文理论模型中参考要素的确定和实践调研的结论分析奠定了基础。

第三章

风险治理中信任相关理论和模型的建立与发展

第一节 信任的相关理论研究

自从受到研究者的关注以来,关于信任的理论研究一直在不断更新。其中,最为重要的理论之一就是信任研究的缘起,即公众与专家的风险感知差异。心理学家运用心理学量表测量和分析公众与专家的风险感知差异原因时,他们越来越感觉到影响公众与专家风险感知差异的因素不仅包括知识、生活经验、社会角色等个体因素,还有一个更为重要的影响因素——文化因素,在风险治理中体现为风险文化。本章将着重阐述信任的两个相关理论:公众与专家的风险感知差异理论和风险文化理论。

一 公众与专家的风险感知差异

(一) 风险感知

"risk perception"在很多文献中被解释为风险认知,斯洛维奇定义风险认知为"是用来描述人们对风险的态度和直觉判断的一个概念,它也包括人们对风险的一般评估和反应"。雷恩等在总结大量研究成果的基础上,运用风险认知的跨学科分类法,将风险认知的研究分为七个途径,包括精确计算途径(使用统计学)、毒理学和流行病学途径(包括生态毒理学等)、工程学途径(包括风险评估等)、经济学途径(包括风险效益比较等)、心理学途径(包括心理测量分析等)、风险的社会学理论和风险的文化理论(包括团体"格群"分析等)。[①] 具体如表3—1所示。

---

① Renn O., "Concepts of Risk: A Classification", *Social Theories of Risk*, S. Krimsky and DG Golding, 1992, pp. 53–79.

表 3—1　　　　　　　　　　风险认知的系统分类

	精确计算	毒理学和流行病学	工程学	经济学	心理学	社会学理论	文化理论
基本单位	预期值	模型	综合预期值	预期效用	主观预期值	感知的公平和权限	共同价值观
主要方法	推立法	实验统计学	事件和故障树形图分析	风险效益分析	心理测量分析	调查结构化分析	深度访谈
概念范围	普遍	健康与环境	安全建筑工程	普遍	个体认知	社会利益	文化群体
主要应用	保险	健康环境保护	工程安全	决策	决策和立法解决冲突，风险沟通		
一般功能	风险分担	早期预警，制定标准	完善系统	分配资源	个体评价	公平、公正、社会认可	文化特征
社会功能	评价			风险抑减和选择政策（应对不确定性）	政策立法		

笔者认为，风险认知更加侧重于专家的解释，但在调查公众对专家的信任的研究中，调查对象多为普通的公众，也许并没有专业的知识作为认知的依据，所以本书将"risk perception"解释为风险感知，更加侧重于公众对风险的真实感受和影响感知的情感要素。

风险感知包含了人们的信念、态度、判断和感觉，融入了社会、文化背景和价值观，以及人们面对潜在危险和利益的选择。[1] 勒普顿指出，对于风险的感知、理解和知识都是透过各种社会、文化和政治过程而被建构

---

[1] Pidgeon N., Hood C., Jones D., Turner B., Gibson R., "Risk Perception in Risk: Analysis, Perception and Management", *A Report of the Royal Society Study Group*, London, Archived Manuscript, 1992, p. 89.

形成的，对于风险的感知和理解也会随着行动者的社会位置和其所处的不同背景而有所差异。① 汉森和佛里沃等人进一步指出，所谓专家和公众的风险感知差异并非意味着公众缺乏风险知识，而只是缺乏与专家一致的共识基础而已。② 如此，就不能简单地将专家和公众在风险感知上的差异归结为知识和"理性"的欠缺，两者只是不同文化和社会的特定产物。奥康纳等人针对美国公众的风险观念、知识、行为意图的研究发现，影响风险判断的因素不仅有知识，还有政治、经济、环境、文化等。③ 了解这些因素的具体内容以及它们影响风险感知的过程，将有利于建立有效的风险沟通机制并促进其成功实施。④

(二) 专家与公众风险感知差异

在风险事件中，决策者、科学家、企业家、媒体、公众等不同的社会群体对风险的感知不同，尤其是专家和公众对于风险的感知存在很大差异。已有的研究成果表明，专家和公众在风险感知上的差异是所有研究中最为重要的一个。例如，20世纪70年代发生在美国拉夫运河的危险废物污染事件中，一些公众认为环境污染严重危害公众健康并影响后代发展，而专家则认为环境风险是安全的；中国的高铁事件中也存在类似的情况，公众认为高铁技术的应用给公众的人身财产安全带来巨大损失，而专家则认为高铁技术的应用收益大于风险。国内外风险事件都证明，专家和公众的风险感知确实存在一定的差异。

专家和公众的风险感知差异引起了决策者和学者们的广泛关注。心理学、社会学、人类学等相关领域的专家都针对各自国家不同类型的风险事件做了大量的研究。传统的研究认为，风险感知差异来源于专家和公众之间的知识差异。斯洛维奇提出知识的缺失模型，强调由于专家拥有相关专业知识，善于从风险发生的可能性概率和后果的严重性来评估风险，所以对于风险的判断更为精确；而大部分公众缺乏专业知识，更多的是以与公

---

① Lupton D., *Risk*, New York: Routledge, 1999, pp. 28–33.
② Hansen J., Holm L., Frewer L., et al., "Beyond the Knowledge Deficit: Recent Research into Lay and Expert Attitudes to Food Risks", *Appetite*, Vol. 41, No. 2, 2003, pp. 111–121.
③ O'Connor R. E., Bord R. J., Fisher A., "The Curious Impact of Knowledge about Climate Change on Risk Perceptions and Willingness to Sacrifice", *Risk Decision and Policy*, Vol. 3, No. 2, 1998, pp. 145–155.
④ Frewer L. J., "Public Risk Perceptions and Risk Communication", In Bennett P: *Risk Communication and Public Health*, New York: Oxford, 1999, pp. 20–32.

众生活密切相关的个人经验来判断风险。

(三) 影响专家与公众风险感知差异的因素

关于风险感知差异的影响因素研究成为学术界各领域探讨的核心议题。一些研究表明，知识确实是影响风险感知差异的一个因素，但并不是唯一因素，影响专家与公众风险感知差异还有更多其他因素。班尼顿等人关于知识缺失模型对于公众与专家风险感知差异的解释提出了异议，他们认为除了知识的影响外，价值观、生活经验、社会角色、风险感知中的偏见等都可能会影响风险感知。[1] 在前人研究的基础上，综述引起风险感知差异的各种影响因素，主要有以下几个方面：

1. 知识影响风险感知差异

专家与公众的风险感知差异是斯洛维奇于20世纪70年代运用心理模型探索风险感知的概念时提出的，研究发现专家主要从风险发生的概率和严重后果来衡量风险，而公众是从公共健康和危险程度来考虑风险。斯洛维奇等人针对三组公众群体对于不同技术的死亡率的估计做了调研，并将公众的估计与风险评估专家的估计进行了对比，研究者发现对于核能、农药等技术，公众估计的死亡率远高于真实风险的死亡率，而专家做出了与真实风险死亡率相接近的较精确的估计。究其原因可知，公众由于缺乏对风险知识的了解而感到恐慌，对于未知风险和恐惧风险等不熟悉的风险的估计就会超出真实风险。[2] 相反，人们认为风险较小的是熟悉的风险和可控的风险。伯吉斯等人由此判断，公众对可持续政策和技术政策的支持存在知识缺失的状态。[3] 因为缺乏知识，公众在日常生活中做出的判断可能是情感化的、自动的和快速的，而科学家掌握专业知识，他们做出的科学和技术评估则是慎重的、有意义的和理性的。[4] 以上研究表明，知识确实是影响风险感知差异的一个重要因素。

技术专家和公众对于风险感知的着眼点不同，专家注重风险的发生率

---

[1] Bennett P., Calman K., *Risk Communication and Public Health*, Oxford: Oxford University Press, 1999, pp. 3-7, 20-65.

[2] Slovic P., Fischhoff B., Lichtenstein S., "Rating the Risks", *Environment*, Vol. 21, No. 3, 1979, pp. 14-20, 36-39.

[3] Burgess J., Harrison C. M., Filius P., "Environmental Communication and the Cultural Politics of Environmental Citizenship", *Environment and Planning A*, Vol. 30, No. 8, 1998, pp. 1445-1460.

[4] Weber E., "What Shapes Perceptions of Climate Change? Wiley Interdisciplinary Reviews (WIREs) ", *Climate Change*, Vol. 1, 2010, pp. 332-342.

和后果严重性，而公众更关注风险的危害效应。曼德拉等人以评估 CO_2 存储装置在盐水含水层的作用的 CASSEM 项目为基础，通过对两个案例研究区的调查，比较了专家和公众对风险的看法。结果得出，在评估 CO_2 存储设施对人类的影响时，专家会根据专业知识评定风险，并对于设备的最佳性能和危险性给出可能性和严重程度的数据估算概率，这在很大程度上是由掌握专业知识的专家决定的；而公众关心的是此装置的安全性、泄漏带来的后果、对人体的危害、对后代的影响等，这是由于公众对 CO_2 存储设施的监测数据和运行原理知之甚少。[1]

专家和公众对于风险的基础概念、假定和解释的内容有很大不同。尼尔等人的研究结果发现，毒理学家的判断会更倾向于基于动物实验得出的化学风险对人体健康的影响，而公众缺乏化学药品的相关知识，缺乏对剂量度的使用考虑，所以公众对于化学剂的使用与可能比专家消极，甚至对于未知的技术和产品会持拒绝的态度。[2] 比如，专家认为合成药物较自然药物安全，而公众认为自然药物比合成药物要安全，专家和公众对待直觉毒理学的风险问题的认识上确实存在差异。

公众拥有的知识可能是错误的，这源于对风险过程中所传播信息的遗漏或公众对信息的误解。博斯特罗姆（Bostrom）等人采访了卡内基梅隆大学工程与公共政策专业的 6 名学生，将他们定义的"温室效应"与专家给出的定义进行对比，结果发现，受访者对于"温室效应"的定义与专家给出的标准定义匹配率极低。[3] 受访对象普遍对"温室效应"的定义存在错误的认识，他们认为全球变暖是由于臭氧空洞和空气污染引起的，而非碳过度排放的原因；受访者还认为氡是由于工业和采矿业的浪费引起的，但实际上氡是汽油污染造成的；受访者没有对"气候"和"天气"的定义进行清晰的区分，因而混淆了温室效应和臭氧空洞的定义。公众对于全球变暖相关定义的错误理解，可能是由于信息在传递过程中被公众所误解、信息来源本身存在错误、传播者的误导等原因，这些都可能会造成

---

[1] Mander S., Polson D., Roberts T., et al., "Risk from CO_2 Storage in Saline Aquifers: A Comparison of Lay and Expert Perceptions of Risk", *Energy Procedia*, Vol. 4, 2011, pp. 6360-6367.

[2] Neil N., Malmfors T., Slovic P., "Intuitive Toxicology: Expert and Lay Judgments of Chemical Risks", *Toxicologic Pathology*, Vol. 22, No. 2, 1994, pp. 198-201.

[3] Bostrom A., Morgan M. G., Fischhoff B., et al., "What Do People Know about Global Climate Change? 1Mental Models", *Risk Analysis*, Vol. 14, No. 6, 1994, pp. 959-970.

公众知识结构的不完整，造成公众和专家的知识水平的差异。

2. 价值观的影响

公众与专家的风险感知差异还体现在价值观上，价值观受到个体情感因素和价值模型的直接影响。

基于情感因素的价值观影响风险感知差异。尼尔斯和怀特马什（Xenias & Whitmarsh）调查了公众与专家对待可持续交通政策与技术的态度和影响他们态度的因素，并强调了这些态度的背后存在哪些风险感知上的差异。研究结果表明：公众可能靠直觉或基于某种情感因素选择交通工具，选择的过程是自动的、快速的，决策态度的快速反应依赖于个体在过去生活中已经形成的价值观，公众与生俱来的价值观决定了公众对于风险的认识和理解。[1] 研究者通过测量公众和专家风险感知的差异和价值观的不同，得出价值观的差异确实影响了风险感知。

价值模型的差异影响了风险感知的差异。在减少交通污染排放的研究中，卡汉等人的研究结果认为，公众和专家对于减排问题的感知差异源于责任感不同，责任感归根于公众和专家心中的价值模型不同。[2] 公众的价值模型形成于整个社会，包括周围环境的人和事营造的文化氛围，而专家的价值模型更多的是基于实验数据的理论模型。不同的价值观有不同的认知和分析模式，价值模型的不同决定了公众和专家对于风险的理解和衡量标准不同，专家从概率来估计风险，而公众更多的是从社会文化价值来衡量风险大小，这直接体现出二者的风险感知不同。其他关于科技风险问题的研究也表明，专家和公众之间根本的风险感知差异是由于不同的价值模型造成的。[3]

3. 生活经验影响风险感知差异

公众的生活经验是影响公众风险感知的一个重要因素。一般情况下，专家只关心试验数据结果，公众则是从生活经验角度考虑居多。斯洛维奇和菲施霍夫（Fischhoff）等人通过实验统计了风险评估专业人员和公众两

---

[1] Xenias D., Whitmarsh L., "Dimensions and Determinants of Expert and Public Attitudes to Sustainable Transport Policies and Technologies", *Transportation Research Part A: Policy and Practice*, Vol. 48, 2013, pp. 75-85.

[2] Kahan D. M., Jenkins-Smith H., Braman D., "Cultural Cognition of Scientific Consensus", *Journal of Risk Research*, Vol. 14, No. 2, 2011, pp. 147-174.

[3] Grundmann R., Stehr N., "Social Control and Knowledge in Democratic Societies", *Science and Public Policy*, Vol. 30, No. 3, 2003, p. 186.

组不同群体对风险事件或技术应用的死亡率的描述。研究主要针对风险的自主性、影响、知识、控制、新颖性、灾难性、恐惧和后果严重程度进行了调查。研究结果显示，普通公众的风险感知与经验因素密切相关，正是技术应用过程的生活经验影响了广大公众的风险感知，比如对于经历过或看到过技术危害造成疾病或死亡的公众来说，对死亡率的估计可能过高；而专家的风险感知却与经验因素没有明显的相关性，因为专家只关心模拟实验的数据结果，然而专家对科学知识和实验结果过于自信和依赖、不关心技术系统实现功能的过程，使得专家的估计也可能存在偏差。[1] 专家对于实验的过分信任会造成与实际结果有所偏离，源于在多因素影响的氛围下，即使科学实验也不能保证只在特定控制变量下运行，而是受多方面环境因素交互影响。所以专家的试验数据结果与公众的实际生活经验差异造成了感知差异。

另有研究结果发现，经历过类似的风险事件较多的人会高估风险，相反公众会低估风险。西格里斯特等人对瑞士的德国人和法国人关于洪水风险的感知和态度进行了调查。结果显示，居住在低风险区的公众比起住在高风险区的公众风险感知要低一些。在高风险地区的公众相对于专家评估来说会高估洪水的风险，导致有些居民由于过分害怕洪水的危害而提前采取充分的预防措施，然而因为过高估计风险造成预防行为可能是多余的；而低风险区的人们对洪水的风险预估要低于专家评估，这些地区的人们可能会因为没有做好预防措施而遭受洪水突袭的侵害。[2]

4. 专家的社会角色

专家内部也存在风险感知差异。科学界、商业领域、政府部门的专家本身的社会角色不同，对待风险问题的分析和判断与其专家身份、所在机构的利益密切相关。

同一学术领域的专家对待同一风险事件的感知也存在分歧。比如不同时期的毒理学专家对于实验论证"生物和化学实验对人类健康是否有益"的问题的看法并不一致，之前的文献研究和媒体报道均表明，毒理学家赞成试验论证的科学性和合法性。而尼尔通过调查认为，现在大部分毒理学

---

[1] Fischhoff B., Slovic P., Lichtenstein S., "Weighing the Risks", *Environment*, Vol. 21, No. 5, 1979, pp. 17-20, 32-38.

[2] Siegrist M., Gutscher H., "Flooding Risks: A Comparison of Lay People's Perceptions and Expert's Assessments in Switzerland", *Risk Analysis*, Vol. 26, No. 4, 2006, pp. 971-979.

家对动物实验和病菌试验的合法性表示怀疑①，这与之前的结果并不一致。

不同立场的专家风险感知不同。布洛克（Block）做了一项针对丹麦公众对农药风险的感知调查，比较了专家与专家的感知差异。研究结果认为科学家是独立的，尤其是学术界的科学家没有机会参加外界的决策，只有封闭的数据来源；工业生产的数据在商业层面来说也是保密的；从工业角度看学术界科学家，认为他们是没有价值的，因为学术界科学家只是基于开放的数据来说明风险问题。② 由于专家所做的实验要为风险管理和行业发展服务、为各自机构服务，所以不同部门的行业专家立场不同，对待同一风险的态度也会存在差异。

行业内的专家比起非行业内专家来说更加倾向于专业实验的正面影响，即对人类的贡献。尼尔针对公众和专家对于化学风险的判断做了相关调查。结果发现，为工业服务的毒理学家比起同行业做研究的专家和政府人员来说更加偏向于化学品的优点，工业毒理学家更加相信动物实验为人类健康带来效益的观点，不相信致癌性对人类的负面影响。③ 这也进一步说明为工业服务的毒理学家会更多地考虑自身行为对本行业的直接影响，尤其涉及评估某项新技术带来的风险与利益时，专家的社会角色决定了专家的风险评估和风险决策。

5. 专家自身存在偏见

专家自身的自信心和经验也可能会引起偏见，这些偏见是与专家内部的不同专业方向和自身经验相关的。

霍拉的研究表明，专家的风险感知存在偏见，并通过案例分析得出结论：专业差异形成偏见。当工程师和科学家在与技术专家一起工作时，就会出现一些偏见或不足。比如，在一个计算机实验过程中，工程师和科学家可能只考虑计算机模型本身的影响而忽略了其他影响，但技术专家就会考虑影响技术过程的各种因素，如影响技术实现的气候、地理位置等因素。④

---

① Bostrom A., Morgan M. G., Fischhoff B., et al., "What Do People Know about Global Climate Change？1Mental Models", *Risk Analysis*, Vol. 14, No. 6, 1994, pp. 959-970.

② Block A., "Regulating Pesticide Risks in Denmark：Expert and Lay Perspectives", *Risk and Regulation'4th Annual Research Student Conference*, LSE, 2005, pp. 15-16.

③ Bostrom A., Morgan M. G., Fischhoff B., et al., "What do People Know About Global Climate Change？1Mental Models", *Risk Analysis*, Vol. 14, No. 6, 1994, pp. 959-970.

④ Hora S. C., "Acquisition of Expert Judgment：Examples from Risk Assessment", *Journal of Energy Engineering*, 1992, pp. 118, 136-148.

专家自身的操作经验也会引起偏见。有经验的个体常常被认为是专家，但这是带有某种偏见的，因为经验可能会导致对风险的过高估计，此时有经验的个体对于风险的估计就会有偏差。同时，人们往往会根据以往的经验对风险做出评估和判断，但以往的经验也许并不符合当前和以后的形势。专家应注重提高自身的价值判断、实际经验、文献积累等，使专家所提出的政策建议更科学。另外，专家的偏见可能会与公众的偏见相一致，所以公众在接收专家传递的信息时也需要谨慎。

6. 风险感知差异中的相同点

专家与公众的风险感知存在差异，但差异中也存在相同点。专家本身在某种程度上是作为公众来面对和评价风险的，此时专家和公众的知识水平相类似，专家在某些方面的态度和判断可能与公众相一致。

专家可以分为领域内专家、其他领域专家和公众中的专家。当专家代表某一特定领域的科学家时，专家可能只关注于所做实验的数据，而忽略了其他社会因素的影响，此时领域专家的观点可能会与公众观点类似；专家可能比公众有更多的专业知识，但是并不比公众拥有更多的技术应用经验，且对于实践应用的后果估计并不完全准确，因此专家做出的风险判断并不比公众科学合理。其他专业领域的专家在对待同一种技术风险问题时，他们与公众一样不具备专业知识，对于特定风险的感知同样来源于专业科学家的信息的传递，所以可能与公众的风险感知类似。另外，公众中的专家本身就与公众有一致的观点和价值观，所以这类专家与公众的风险感知有更明显的一致性。

专家与公众可能有相似的知识水平和情感要素。莫里斯等人测试了专家和公众在对待环境风险尤其是交通工具所带来的污染的不同感知和决策。研究假设认为，如果把医生作为健康方面的专家的话，基于医生的专业知识和对待污染与健康的态度，很有可能医生要比普通大众更注重环境的质量，但是研究结果并没有发现医生比公众愿意花更多的时间和精力去维护空气清新度。[①] 样本量足够大，调研时间跨度足够长，却没有发现专家比公众更愿意付出代价去维护环境，究其原因，笔者认为这源于专家和公众关于环境污染的知识水平相类似，而且专家和公众对待污染的抵触情

---

① Morris E. A., Smart M. J., "Expert Versus Lay Perception of the Risks of Motor Vehicle-generated Air Pollution", *Transportation Research Part D: Transport and Environment*, Vol. 17, No. 1, 2012, pp. 78-85.

绪处于同一水平。

公众与专家都会关注风险的不确定性，尤其是在专家和公众都没有应用经验的未知技术或装置等方面。例如，如果专家和公众都没有使用过 CO_2 存储装置，对其评价都会侧重于金融风险、CO_2 泄漏风险、装置本身风险的不确定性等。尼尔斯和怀特马什也证明作为交通政策制定者的专家和交通工具使用者的公众来说，虽然在对待交通政策和技术的态度方面有很多不同，但是在当前交通部门面临的不可持续的交通现状的态度上是一致的，专家和公众都认为在环境、社会和经济标准方面应当制定可持续的交通政策。[1]

综上所述，科学知识和风险感知差异之间确实存在相关性，但知识并不是唯一影响因素，风险感知差异还受到很多其他因素的影响，比如价值观、生活经验、专家的社会角色、专家自身的偏见、风险感知中的差异等。在多因素共同影响下的公众与专家的风险感知差异直接影响了风险沟通的过程。在传统的对专家和公众风险感知差异的解释框架下，风险沟通主要是专家向公众单向传播科学知识，公众只作为接受知识的一方独立存在；而在现代风险社会中，风险感知的差异除受到知识影响之外，还受到很多其他社会因素的交互影响，专家和公众的风险沟通不再停留在单向的、把专家的知识强制填塞给公众的过程，而是加入了公众参与的过程，风险沟通成为双向互动模型。在双向互动模型中，公众与专家的风险感知差异是当前迫切需要解决的首要问题之一，讨论专家与公众的风险感知差异对于克服风险沟通中的障碍、保证风险沟通的有效性、建立良好的沟通机制将会起到至关重要的作用。

二 信任相关的风险文化理论

20世纪80年代，玛丽·道格拉斯和阿隆·维尔达夫斯基完成了《风险与文化》（1983）一书，对于风险和文化的概念有了相关分析，但并未被主流社会科学所接纳，风险仍然只是保险专家们和各领域风险评估专家的自留地。与此形成鲜明对照的是，贝克所著的《风险社会》不仅开启了对风险议题更为广泛的讨论，而且吸引了公众的想象，比如切尔诺贝利

---

[1] Kahan D. M., Jenkins-Smith H., Braman D., "Cultural Cognition of Scientific Consensus", *Journal of Risk Research*, Vol. 14, No. 2, 2011, pp. 147-174.

事故、博帕尔事故、埃克森·瓦尔德斯号事件、疯牛病事件等。贝克认为环境危机下的社会本身就有文化和制度的本质，这就意味着我们必须在社会—文化的领域之内和特定社会制度下来探讨风险治理。阿兰·斯科特根据玛丽·道格拉斯和阿隆·维尔达夫斯基①的理论，以及道格拉斯的《风险与归咎：文化理论随笔》（1992）中对贝克的风险社会分析进行了检验的理论，他系统地分析了贝克所言的风险与文化的特征，并且证明这些特征在整个工业化进程中一直存在着，这样理解之后，贝克所说的阶级社会和风险社会的各自特征就分解成历史特定阶段的标志。不同于贝克、吉登斯的制度性解读，斯科特·拉什、玛丽·道格拉斯和威尔德韦斯从社会文化视角解读社会风险，拉什认为风险在当代凸显的不是一种社会秩序，更多的是一种文化现象，因为在其看来风险是一种心理认知的结果，而心理认知是受文化环境影响的，不同的文化背景下对其有不同的解释话语，不同群体对于风险的应对都有自己的理想图景。②

风险文化的观点进一步补充了风险社会的概念。风险社会的概念是假定可以对个体成员按其功利性利益做一种决定性的、制度化的、标准化的、规则制约性的等级化排序。与之相对应的，风险文化并没有假定一个决定性的秩序，而是假定一种反思性的或非决定性的无序状态。风险文化存在于非制度性和反制度性的相互作用中，它不是通过程序性的规范而是通过实际价值进行传播，研究对象可以是群体也可以是个体，它关注的问题不在于功利性利益，而在于提升生活品质。道格拉斯在《风险与文化》一书中提供了风险的分类学，这不是关于真实风险的分类，而是对风险的关注和感知的分类，是一种有关不同的社会群体如何选择风险、群体的文化特性如何影响风险选择的分类学。研究者划分了三类风险关注或风险选择的领域，同时相对应三种不同的风险文化：第一类，社会政治风险：来自内部的异常人员对社会结构的威胁，特别是来自犯罪或外部军事敌人等人类暴力的危险——等级主义文化；第二类，经济风险：对经济的威胁或经济运行失误的危险——平均主义文化；第三类，自然风险：对自然和人体的生态威胁——个人主义文化。

---

① Douglas M., Wildavsky A. B., *Risk and Culture: An Essay on the Selection of Technological and Environmental Dangers*, University of California Press, 1983.

② ［英］斯科特·拉什：《风险社会与风险文化》，王武龙编译，《马克思主义与现实》2002年第4期。

莫里斯对文化理论的内容界定为：主要研究为何不同的人或社会群体所忧虑的风险是不同的。他们认为文化理论把人们对风险的一般态度分为四种类型：平均主义者（Egalitarianism）、个人主义者（Individualism）、等级主义者（Hierarchism）和宿命论者（Fatalism）①。斯卓伯格等人认为，不同群体组织的文化能够塑造人们不同的认知，因此四种不同的生活方式也被称为"文化偏差"，由它们的"网格"（grid）和"群体"（group）的水平来定义（见图3—1）。"网格"涉及人们的角色所受限制的程度，"群体"涉及归属或团结的情感。高网格和高群体产生了一种等级主义的生活方式，表现为对权威和规则的信任，害怕社会混乱、犯罪和其他破坏社会秩序的风险；低网格和高群体产生了一种平均主义的生活方式，表现为对专家的知识和政府机构权威的怀疑，害怕发展会带来人们的不平等，对环境的污染和新技术的使用持有警觉，反对使许多人或后代承受不可逆转危险的风险；低网格和低群体产生了一种个人主义的生活方式，个人主义者将风险视作一种机会，害怕任何削弱市场机能的事情，例如战争；高网格和低群体产生了一种宿命主义的生活方式，宿命论者对风险的看法是

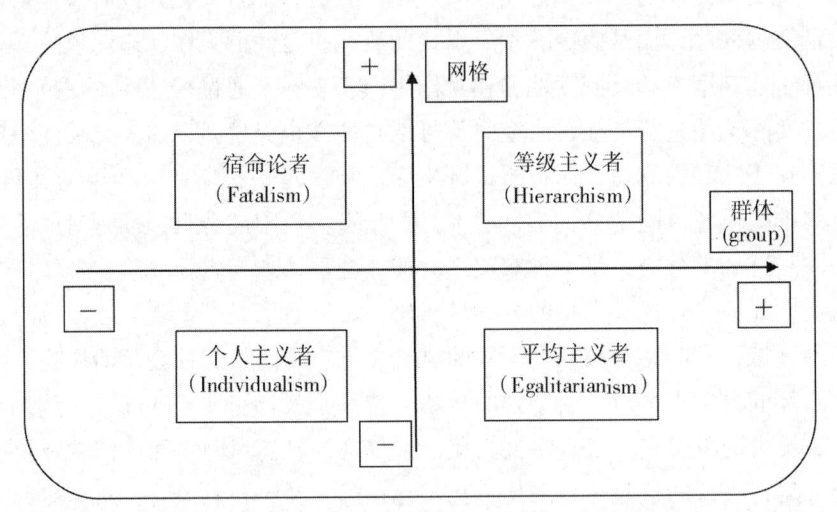

图3—1 格/群模式下社会组织的四种文化类型

资料来源：Langford I. H., Marris C., O'Riordan T., "Public Reactions to Risk: Social Structures, Images of Science, and the Role of Trust", *Risk Communication and Public Health*, 1999, pp. 41-45.

---

① Bohilm A., "Risk Perception and Social Anthropology: Critique of Culturaltheory", *Ethos*, Vol. 61, 1996, pp. 64-84.

听天由命，全凭运气，不以为自己有控制风险的能力，试着不去知道或担心那些他们认为自己没办法改变的事情。除了以上四种生活方式外，还有一种被称为"隐士的"（hermit）生活方式，这些人断绝了他们同社会环境的一切联系，反对所有其他的观点。这些生活方式构成了文化理论的核心部分。[①]

风险文化不是从风险出发，而是从"应归咎于谁"出发。这就意味着，人们在研究风险和责任时不是首先寻求真实存在的风险引起的责任，而必须先考虑风险责任归咎于谁的问题。如果首先确定了哪些是不能信任的人，就会知道最大的风险是什么。比如，基于对外来者和陌生人的不信任，等级制度主义文化首先会确定一个有关外来者的清单——战争、犯罪、艾滋病等。由此可知，风险文化的倾向和划分恰恰体现出信任谁或不信任谁，风险文化直接影响信任的决策。

第二节 信任理论模型的建立与发展

一 SVS 模型

技术风险对现代社会和人类生活的影响越来越显著，引起了管理者、科学家和公众的广泛关注。在技术风险的治理中，公众对管理机构和管理者的社会信任成为风险治理和风险沟通的首要考虑因素。心理学家、人类学家和哲学家等各领域专家都对社会信任进行了一些研究，对于社会信任的解释做出突出贡献的是厄尔和茨维特科维奇提出的显著价值相似模型（SVS 模型）。SVS 模型的提出不仅为研究者的经验型研究提供了理论参考，同时经过学者们的进一步研究与扩展，SVS 模型在风险治理的过程中发挥了重要作用。

（一）社会信任与技术风险感知

首先，西格里斯特认为社会信任与风险感知强相关，社会信任影响公众对技术风险的认知和判断，是衡量公众技术态度的一个重要维度。在一项新技术出现时，对于技术应用的风险发生概率和不确定性后果，公众总会持有种种疑虑，甚至拒绝执行管理机构的技术相关政策，影响公众对于

---

① Sjöberg L., Moen B. E., Rundmo T., "Explaining Risk Perception", *An Evaluation of the Psychometric Paradigm in Risk Perception Research*, Trondheim, 2004, pp. 5-38.

新技术的理解和接纳程度的关键因素就是社会信任。信任参与技术研究的公司和科学家的人比起那些不信任的人来说，将会受到较小的风险和较大的收益。社会科学和心理学权威学者很早就指出了风险感知中信任的核心作用。[1] 格鲁休斯和米勒在关于有害性垃圾处理工厂的建设研究中提出，信任政府和媒体的受访者会支持垃圾处理工程建设，其风险感知较低；反之，风险感知就较高。[2] 尤其是当知识不足时，公众对技术风险的知识的获取来源于政府和科学家，此时社会信任对公众风险感知的影响更加凸显。

其次，社会信任在风险沟通中起到重要作用，信任的建立直接影响专家内部、公众内部以及专家和公众之间的沟通与互动。社会信任研究的兴起来源于失败的风险沟通，由于管理者、专家和公众之间的沟通不及时，政府的相关信息没有公开，专家对风险的解释不能说服公众，公众对技术应用的态度和意见不能得到有效的反馈和解决，这些都会导致公众不信任专家和机构。而公众之间、工业生产者、风险管理者、风险管理专家等内部和相互间都存在信任问题，如果信任风险管理者，沟通就会相对容易些，如果缺乏信任，沟通就会受阻。不信任感限制了个体之间建立信任的接触过程，不信任就不会与他人沟通和接触；反之，沟通不畅会导致更深层次的不信任。信任与风险沟通之间是相互作用的过程。

另外，社会信任影响公众的风险决策。过去20多年（以1991年雷恩和莱文最早提出信任的核心作用为准计算）的研究中，关于探索信任在风险管理中的角色，信任、风险感知和协作关系的实证研究越来越多。早期的研究表明信任既依赖于信息的客观性、有效传递，也依赖于信息的发布者和接收者，被信任者提供的信息是客观的、有竞争力的、负责任的，公众根据这些信息可以做出支持或反对的风险决策或行为。现在一些学者进一步证明信任是信任者与被信任者之间重要价值共享的体现，信任是为了减少公众面对风险时做出判断的复杂性。由于大多数公众不具有判断风险的技术知识，不能直接评估技术风险，但公众又迫切希望参与风险决策，此时社会信任能够帮助公众选择与公众有一致价值观并值得公众信任

---

[1] Renn O., Levine D., *Credibility and Trust in Risk Communication*, In R. Kasperson & P. J. Stallen (Eds.), Communicating Risk to the Public. Dordrecht: Kluwer, 1991, pp. 175-218.

[2] Groothuis P. A., Miller G., "The Role of Social Distrust in Risk-benefit Analysis: A Study of the Siting of a Hazardous Waste Disposal Facility", *Journal of Risk and Uncertainty*, Vol. 15, No. 3, 1997, pp. 241-257.

的专家，来帮助公众做出风险判断。因此，社会信任影响了公众在风险管理决策中的参与，同时影响了风险管理中各个主体之间的相互协作。

（二）社会信任与文化价值

传统的社会信任是指在一种纯粹的、单一的、能够被标准化和理性规则所控制的风险情况下，公众共同认为一个人或一个机构是值得信任的，愿意将自己的意愿寄托于被信任者来完成。但是，传统的社会信任是针对个体文化价值考量的，主要是对个体的能力和责任的判断，是以脱离群体的独立个体为考察对象，并且对其判断的结果也反馈于独立个体。传统信任选择无控制权的个体来选择减缓风险或认知复杂性的策略，但是往往控制权掌握在群体手里，群体的偏好策略对公众来说才是起到实际作用的，然而却不能得到个体的信任。因此，传统的社会信任是注定要失败的。

随着社会的复杂化和文化的多元化，现在的社会信任不能只是基于个体的文化价值，更多时候是建立在群体价值之上的。风险文化已经渗透蔓延到所有的不确定领域，社会不确定性的增加使得人们看待和处理风险所依据的价值观有所不同，所表现出的风险判断也就不同。而现代的社会信任本身就是一种风险判断，[①] 它不同于传统的社会信任的标志有两点：一是现代社会信任是从传统的有限性的、可控性的风险过渡到现在广泛意义的、不可控的过程，即社会信任本身包含风险；二是现代社会信任从对个体的能力和责任的判断转移到对能力和责任的基本价值的判断上，更为重要的是社会信任需要建立在群体的能力和责任的本身价值之上。[②] 我们每一个人都是文化建构的，我们生活在一个拥有共同或相似价值观的群体中，这种价值观就是由文化决定的，而我们生存环境的文化又决定了我们做出决策的依据。所以，社会信任基于价值之上，无论在任何时间、任何地点、任何背景下发生的状况，社会信任都会依赖于特定的价值观而产生。

现代社会信任很大程度上区别于传统的社会信任的理解，社会信任模型的提出很好地解释了两者的差异。厄尔和茨维特科维奇等人于 1995 年

---

① Siegrist M., Earle T. C., Gutcher H., "Test of a Trust and Confidence Model in the Applied Context of Electromagnetic Field (EMF) Risks", *Risk Analysis*, No. 23, 2003, pp. 705–716.

② Siegrist M., Cvetkovich G., Roth C., "Salient Value Similarity, Social Trust, and Risk/benefit Perception", *Risk Analysis*, Vol. 20, No. 3, 2000, pp. 353–362.

提出了文化价值与社会信任的理论模型,① 此模型是以道格拉斯和维尔达夫斯基的风险文化价值为基础的。道格拉斯为了观测个体在特定风险事件中所持有的文化价值观,将文化价值分为三个维度:等级主义、个体主义、平均主义,通过问卷调查的结果将持有不同价值观的人们划分到各个维度中,后来道格拉斯又引入了第四个维度——宿命论。厄尔和茨维特科维奇根据道格拉斯的风险文化理论,预设通过测量受测个体和文化格群的价值相似性以及信任者和被信任者之间的价值相似性,能够判断出在特定事件背景下的社会信任。研究者运用艾滋病事件的调查数据建立如图 3—2 模型。

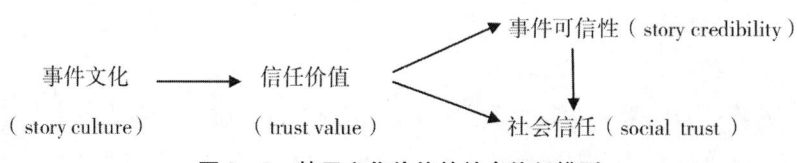

事件文化 ⟶ 信任价值 ⟶ 事件可信性(story credibility)
(story culture) (trust value) ↓
　　　　　　　　　　　　　　　　　社会信任(social trust)

图 3—2　基于文化价值的社会信任模型

此模型中包含四个主要考察因素,每一个因素都需要单独量表进行测量。

(1) story culture:事件文化,指特定事件的文化背景,具体归类即等级主义、个体主义、平均主义和宿命论。各种文化取向的人群针对风险事件都站在各自的文化价值角度打分,根据个体打出的最高分划分他们属于哪种文化倾向类型,这与他们在特定事件中表现出的显著个人价值(salient value)相匹配。

(2) trust value:信任价值。在艾滋病这一特定案例中,研究者用一个信任价值的量表来进行测量,量表中衡量信任价值的六个指标选项为:是否与我共享价值、是否与我立场一致、是否与我同一目标、是否支持我的观点、是否与我行为一致、是否与我观点一致。从每个选项的回应就可以判断个体之间是否价值一致或相似。

(3) social trust:社会信任,在调查中通过一个单独的问题来测量。比如在核废料处理事件中,相关问题就是:"是否信任核废料管理机构?"

---

① Earle T. C., Cvetkovich G., Cvetkovich, *Social Trust*: *Toward a Cosmopolitan Society*, Greenwood Publishing Group, 1995, pp. 105-106.

这就是对相关机构的一种最直接的判断信任度的方法。

（4）story credibility：事件可信性，是经过一系列的事件评估得出的，它对于文化价值的考量来说是一个变量因素，是建立在对个体过去的能力和责任判断的基础上得出的。

根据研究者的经验型研究表明，这个模型包含了关于社会信任的理论判断路径的所有因素，相互之间具有强相关关系，尤其是社会信任与文化价值强相关。文化价值（culture value）可以分为事件文化（story culture）和信任价值（trust value）两个要素来考虑。根据道格拉斯的风险文化理论，当考察对象处于同一文化取向时，比如都属于等级主义者，并且以同一个风险事件（story）为背景，那么二者的事件文化才会统一，对这一风险事件就会有相似的价值观，即信任价值一致。事件文化背景和信任价值构成文化价值，以文化价值相似性为前提，进而产生社会信任。同时，信任价值还会影响事件本身的可信性，因为只有文化价值相似，才会相信风险事件的发生具有可信性，否则即使管理机构公布了风险事件的发生概率和危害性，公众若与管理机构的价值不一致，就会质疑事件本身的可信性。事件的可信性又会直接影响社会信任，如果事件可信性高，那么社会信任就相应会较高；如果事件可信性低，那么社会信任就会随之降低。当然，信任价值对社会信任的影响最大，信任价值对于事件可信性的作用大于事件可信性对社会信任的作用。我们也可以用另一种方法来检验信任价值与社会信任之间的关系，即删除信任价值和社会信任之间的联系，此时信任价值不得不经由事件可信性作用于社会信任，那么效果远小于信任价值直接作用于社会信任的效果。两种分析途径都强烈支持了一种结论，即文化价值相似性是决定社会信任和做出信任决策的关键因素。

（三）SVS 模型的扩展

SVS 模型的提出为后人进行相关研究提供了理论参考，学者们在 SVS 模型基础上结合现实中特定风险事件的背景分析了模型的相关概念，厘清了各个要素的内涵与联系，同时运用此模型进行经验型研究，SVS 模型得到进一步验证的同时更得到了不断的补充和完善。

1. SVS 模型的概念界定

1996 年，卡斯帕森提出显著价值（salient value）的特点包含两个方面：一是价值的显著性的变化会随着环境情况的变化而变化，相似的情况下会有相似的价值；二是显著性会随着个人内涵变化而变化，比如，个人对特定风险的知识掌握越多，那么对危险的内在理解会有所改变，此时个体的显著价值会随之而变。① 随后，茨维特科维奇于1999年提出显著价值的另一个特点，即在大多数情况下显著价值是快速的、含蓄的、难以表达的、自动引发的，而不是缓慢的、明确的、清晰表达的，它是一种不可控的逻辑过程。② 同时，西格里斯特还提出显著价值是指个体对一个特殊情况或事件的理解、做出的选择及对各个选择结果判断的一个重要方面，是由个体在特殊情况下对目标和过程的各种感知所组成。"salient"是强调在一种特定情况下对应的一种特殊价值，但是在其他情况下就会表示不同的意义。例如，对于一个人来说，在家庭中平等的共享价值是非常重要的，但是在企业里，企业或竞争者之间的价值才是最重要的。显著价值的建构，反驳了人类社会科学所提倡的适用于普通情况的信任个人或信任一系列管理价值。

西格里斯特对于SVS模型中相关概念进行了清晰的界定，详细解释了显著价值相似性的含义。西格里斯特认为社会信任是SVS模型不可分割的一部分，社会信任就是一种意愿，即愿意依赖有责任对技术、环境、医疗或其他公共卫生健康方面做出决策并采取行动的管理者或机构。③ 形容词"social"，强调了被信任的人（受托人）在社会机构内的行为要对公众负全责，而这些社会机构是公众（信托人）不能亲自参与的。显著价值包括个体或机构在特定环境中的目标和过程中相关的个人信仰。价值相似性（value similarity）是指个人价值与管理机构的价值相类似。西格里斯特认为，如果个人的价值与管理机构的价值相似，就会高度信任管理者，相比价值不相似和不信任管理者的个体来说，就会感知较少的风险。这些研究结果在很多领域得到了证实，比如核电、人工甜味剂、激素牛奶、癌症治理、化工厂危害、水电、商业航空、危险废物处置场和慢性消耗性疾病等。

---

① Douglas M., Wildavsky A. B., *Risk and Culture: An Essay on the Selection of Technological and Environmental Dangers*, University of California Press, 1983.
② Dake K., "Orienting Dispositions in the Perception of Risk: An Analysis of Contemporary Worldviews and Cultural Biases", *Journal of Cross-Cultural Psychology*, Vol. 22, No. 1, 1991, pp. 61-82.
③ Kasperson R. E., Kasperson J. X., "The Social Amplification and Attenuation of Risk", *Annals of the American Academy of Political and Social Sciences*, 1996, pp. 95-105.

同时，茨维特科维奇还揭示了价值相似性的判断过程主要包含两个方面：一是对个人显著价值判断的一种对比结论，根据个人直接的表达、行为或者对特殊事件的定义等，进而理解人们思想活动的过程；二是比较信任者和被信任者的价值相似性，从而判断信任者将要做出怎样的信任决策。[①]

2. SVS 模型在实践中的应用

运用厄尔和茨维特科维奇（1995）提出的 SVS 模型，西格里斯特于 2000 年运用问卷调查方法对苏黎世（Zürich）大学的学生做了相关调查，分析了受访对象对农药、核电、人工甜味剂的认知，探索了社会信任对感知风险和感知利益的重要性，并证明了价值相似性对社会信任的正作用[②]，在模型一（见图 3—2）的基础上明确引入了价值相似性的概念，形成模型二（见图 3—3）。由于不同的情景意味着不同的显著价值，所以人们可能在一种领域内相信政府，但是在其他领域就不一定相信，因为其他领域的显著价值也许是不相似的。所以，如果不是特定领域内考量对政治家的信任，就很难证明 SVS 模型的实践意义。因此，研究者将调查样本分区（农药、核电、人工甜味剂）来进行测量社会信任和价值相似性，以保证在特定领域前提下来检测样本。

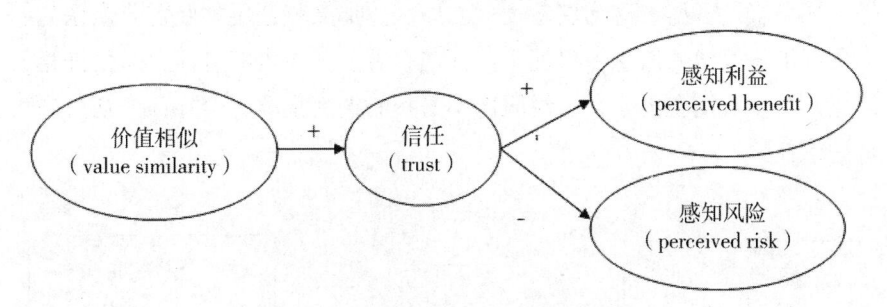

图 3—3 基于价值相似的信任模型

西格里斯特的研究结果显示，SVS 模型很好地解释了受访对象对特定对象的认知。如预期的那样，显著价值相似性决定了受访者对决策机构的

[①] Cvetkovich G., "The Attribution of Social Trust", *Social Trust and the Management of Risk*, London: Earthscan, 1999, pp. 53-61.

[②] Gaziano C., McGrath K., "Measuring the Concept of Credibility", *Journalism Quarterly*, Vol. 63, No. 3, 1986, pp. 451-462.

信任程度,受访者的社会信任是基于对技术、环境、医学或其他公共健康和安全领域的管理者的依赖感,公众会相信与他们有相同价值观的专家,并会接受与公众有共享价值的专家的意见,此时社会信任对感知利益有积极作用;当公众缺乏兴趣、时间、能力、知识等作决策必备的能力时,且与机构和专家的价值不一致,那么公众就可能不信任机构和专家,此时社会信任对感知风险有消极作用。上述分析进一步支持了社会信任的价值相似性理论,价值相似才能获得社会信任。然而信任的过程也是一种风险,许多不确定因素的出现可能会加大这种风险,减少信任风险的措施就是我们要选择跟我们有同样或相似价值的对象来实现我们的目标和意愿。

为了进一步证明显著价值相似性对社会信任的影响,西格里斯特、茨维特科维奇等人于2001年针对癌症地理集群的公众健康问题进行了实践调研,在模型二(见图3—3)的基础上将相似的价值具体化形成模型三(见图3—4),在癌症集群这一事件中,价值具体包括公众健康和信息政策两种价值观。公众健康价值影响社会信任,对于影响健康的相关知识了解较少的公众大多数会选择信任专家和风险管理者,所以公众健康和社会信任的相关度比较高,公众健康直接影响公众对专家和政府的信任度。另外,信息政策价值影响社会信任,当权者应对公众的方式也会影响社会信任。如果当权者尽力掩饰癌症集群的原因,那么就会更加坚定公众认为癌症集群不是偶然的信念,更加不信任当权者;如果当权者向公众公开相关信息,公众可能会更容易被说服而不必担心癌症集群,会加强公众对当权者的信任。

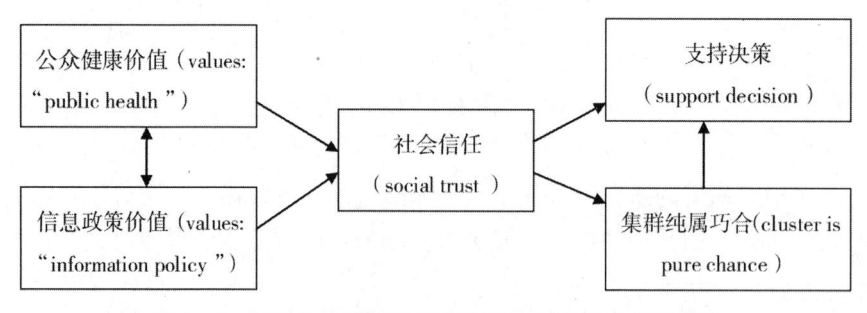

图3—4 基于公众健康和信息政策价值的社会信任模型

公众健康官方机构和专家都认为集群并不是地理环境聚集的结果。尽管如此，身在癌症聚集地的公众仍然认为这样的聚集并不是随机的、偶然的。调查显示，影响公众对此问题的感知的主要原因是公众缺乏对健康专家的信任。假设感知的共享价值能够引起社会信任，那么与专家有相似价值的公众就会越信任专家的观点，即癌症集群带有随机性，并不是地理上的聚集。由此，信任专家的公众比起不信任专家的公众来说，更容易接受"地理上的癌症聚集只是一个巧合"。研究者对来自于瑞士苏黎世大学的334位学生的调研结果支持了这个假设，研究结果认为感知的共享价值能够引起社会信任，进一步证明SVS理论模型中价值决定社会信任。由此，信任决定了公众是否相信专家并且相信专家的判断，那么公众的社会信任和对官方观点的认同都对当权者对于调查癌症集群和采取相关措施起到积极作用。

随后，瓦斯克（Vaske，2006）等人对模型三作了进一步完善。2006年，他们通过电子邮件的方式对居住在荒野城市——科罗拉多州的532名居民进行了调研。与模型三对比，此调研采取的SVS模型更为精细化，瓦斯克等将显著价值相似性直接引入模型中，并且将其分为5个变量分别进行测量，受访者被问及对美国森林服务的态度时，变量包括：（a）跟我有相似的共享价值；（b）跟我有相似的看法；（c）跟我有相似的思考方式；（d）跟我有相似的行动；（e）跟我有相似的目标。在此模型中，社会信任通过管理指数（management index）、信息指数（information index）和机构等级（agency's performance grade）分别进行了评估。管理指数即当受访者被问及对美国森林服务局管理能力的信任时，相关指标包括：（a）有效的计划性规制焚烧；（b）有效地进行机械化减缓植被；（c）应对森林火灾。信息指数的测量指标是4个关于美国森林局提供信息的指标，即对美国森林局提供信息的信任时，相关指标包括：（a）得到最有效的森林火灾问题的信息；（b）有足够的信息量让我决定在火灾时采取怎样的行动；（c）关于森林火灾的真实的信息；（d）关于森林火灾问题的及时信息。第三个社会信任变量——机构能力（agency performance），作为一个独立的变量，要求受访者根据他们对美国森林服务局管理火灾的表现和效果提出自己对它的等级评价。社会信任决定了公众对于规制焚烧和机械疏伐的态度，态度又分别从措施的有效性、支持度和可行性三个方面来进行衡量。细化后的模型四更详细地表示出SVS模型与社会信任和具体事件背景的联系（见图3—5）。

研究结果显示，居住者与美国森林服务管理者有同样的价值观，公众充分信任管理机构并承认规制焚烧和机械疏伐的有效性，社会信任主导着SVS模型和对待焚烧与机械疏伐态度之间的关系。随着价值相似性的增加，对机构的社会信任就增加；反之，社会信任增加，则对规制焚烧与机械减缓的措施的支持就会增加。这个结论加强了社会信任对于获得公众对野火管理支持的重要性，并支持SVS模型研究的优先性。

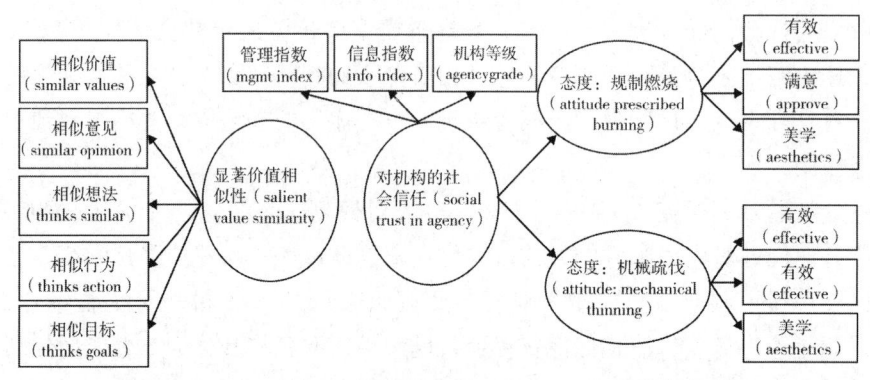

图3—5 关于森林野火管理的社会信任和显著价值相似模型

二 TCC模型

（一）TCC模型概述

1. TCC模型的提出

为了统一框架，提供一种可以解释信任、信心及二者相互关系的统一的理论框架，厄尔和西格里斯特于2006年提出了信任、信心与协作模型（TCC模型）（见图3—6），目的在于在更大范围内、特殊背景下去考察信任与信心，这区别于过去运用心理学方法测量的个体的信任与信心的概念。信任和信心在其他研究方法中经常混淆，TCC模型主要对信任和信心的概念来源做了一个解释，通过统一框架和澄清定义，TCC模型也与更多其他学科（如社会心理学和应用研究学科）产生密切联系，建议提出更多新的研究假设加以证明。

TCC合作模型中，信心主要是基于机构过去的绩效，同样，绩效决定了对未来是否有信心。与信任一样，当表示对未来不确定性的判断时，对过去绩效能力的判断（信心）也会受到一般信心的影响。TCC合作模型假设信任是建立在社会关系、共同的价值观基础上的。由图 3—6 可以看出，信任和信心的组合可以导致多种途径下的合作方式。图 3—6 的最左侧，信任基于道德信息，道德信息受到机构的价值的影响；信心基于绩效信息，绩效信息代表个体行为。机构的价值确定了信任关系，在这种信任关系下，绩效信息和基于绩效信息的信心才能得以确定。

在实证社会心理学研究中，道德信息和绩效信息的差异表明：第一，研究者试图区分道德信息和绩效信息；第二，道德信息往往主导（dominate）绩效信息。这里的"dominate"，意指对于一个受访者来说，道德信息比基于道德信息解释的绩效信息更重要。

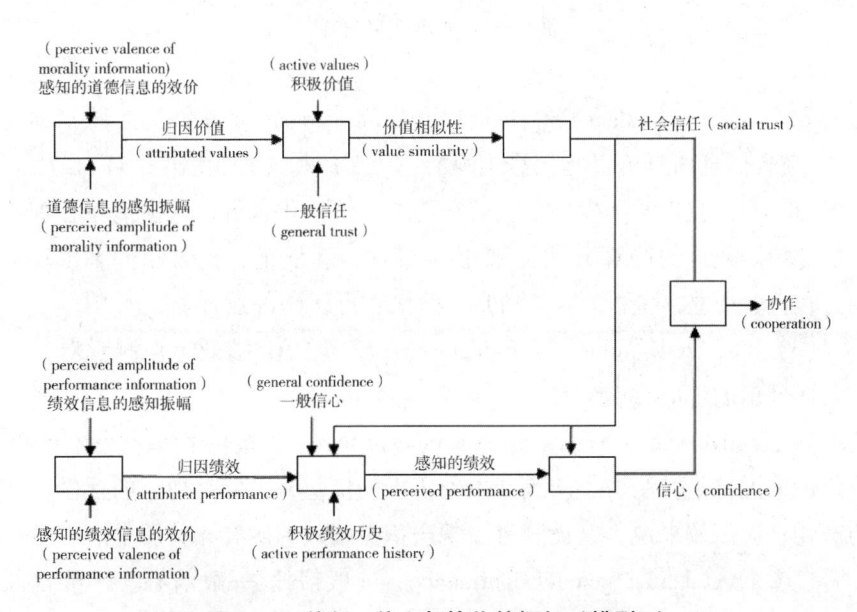

图 3—6 信任、信心与协作的框架（模型 1）

2. 模型要素的解释

（1）perceived amplitude of morality/performance information：信息的感知振幅，即感知到的道德/绩效信息的度，特指社会不确定性的度。

amplitude：最初源于对声音的测量，空气压力越大，声波幅度值越大，代表物理学上的强度值。心理学上代表道德/绩效信息的强度值，强度的变化正如图 3—7 所示的波峰、波谷一般。

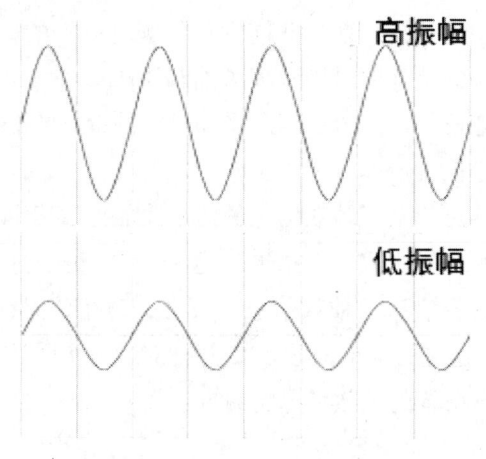

图 3—7　幅度变化曲线

(2) perceived valence of (morality/performance) information：感知到的道德/绩效信息的效价（指信息本身）。（（1）和（2）得出（3））

valence：在化学和生物学上解释为原子价、化合价，这里指在心理学上的效价。效价的测算方法：采用（组别：抑郁组、正常组）×（效价词：积极、中立、消极）×（测验：回忆、再认）的设计。[①]

(3) attributed (values/performance)：归因价值/绩效，被测者对另一个人体现出的价值/绩效。

(4) active values/active performance history：积极的价值/绩效历史。对价值来说，是被测者当前表现出的积极的价值，可能是现有的社会信任的产物；对绩效来说，是被测者表现出积极绩效的所有相关历史。

(5) general trust/general confidence：一般信任/一般信心。一般信任指群体间的信任，或称陌生人的信任，没有相互接触的过程。一般信心是对应于一般信任的，指一般情况下事情是可控的，不确定性较低，并且会如预期般发生（（3）、（4）、（5）推出（6））。

(6) value similarity/perceived performance：价值相似性/感知的绩效。价值相似性指被测者当前的价值和其他人的价值的相似性的判断。感知的绩效是被测者对其他人的绩效的解释，这不仅是（3）、（4）、（5）的推理产物，也是（7）社会信任/信心的产物。

---

① 陈图农：《抑郁个体内隐记忆实验研究》，硕士学位论文，南京师范大学，2002年。

(7) social trust/confidence：社会信任/信心。社会信任又称为群体内信任（一定距离上的信任，基于有限的信息），指人际间通过重复的相互接触建立的信任；信心即通过过去的经验对未来的一种判断（(7)导致(8)）。

(8) cooperation：合作/协作，指任何形式的合作行为，个体与个体之间、个体与机构之间、机构与机构之间等产生的合作行为。

3. TCC 模型的特点

TCC 模型在一个宽泛的环境下讨论了信任和信心的相互影响的关键形式，并为后人提出了新的研究假设。模型的主要特征有如下几点：（1）模型解释了基于道德信息的信任和基于绩效信心的信心；（2）在社会相对稳定情况下，如果道德信息不存在，社会信任难以在合作过程中发挥作用（此时不需要社会信任）；（3）在社会不确定情况下，若道德信息存在，社会信任将会发挥更重要的作用（此时需要社会信任）；（4）模型解释了社会信任如何作用于感知绩效从而影响了信心的判断；（5）鉴别了以往研究忽视的一般信心的概念。

4. TCC 模型的未来预测

关于信任与信心未来需要研究的方向，可以从以下几个方面进行讨论：

（1）信心，比信任的强度要低，作为一种积极的情绪（positive mood），它有一般背景变量的特性。信任表现为一种图像（figure）的特征，是一种情感影响（affect）或心理情感（emotion）。通常，信心比信任更趋向一种普遍的现象，丧失信心就会要求信任重新建立，然后信心代替信任。

（2）信任需要做出选择，比如完全信任和完全不信任。个体会在对信任方的行动做出判断后选择完全信任。信心不需要做出选择，因为信心是一种外部系统的暴露，个人信心的表现完全依赖于外部系统呈现出来的情景。

（3）信任会带来风险。信任的风险就是对其他人或事不信任的结果。信任的人们就会承担不信任的人为了反对信任的人的兴趣偏好或所支持者而做出的行动。信心是伴随危险而生的（风险和危险的区别就在于风险是代理产品，危险是客观产品），当个体表达对一个实体的信心时，他们就将自己暴露在危险之下，并希望通过可以操控的实体来控制危险。

（4）信任，通常来说能够被预见和创造。它是基于相似性的（通过足够的想象力和努力，这种相似性可以按照需要被创造）。信任可以被迫改变，是一种强有力的解决问题的工具。信心只能依据过去的事情或经验，因为它是基于熟悉度来判断的，熟悉度是由已经发生的事情来衡量的；而信心是迫于形势需要，是一种长期存在的东西。

（5）信任，通常情况下是基于对另一方的自由和不可预测性，在一段时间内是社会需要的一种类型。一般的信任在日常生活中并不常见，但是它是两种社会状态的桥梁，桥梁的两端都有各自的信心特征。信心来源于熟悉度，并不是一定时间内的社会需要。社会越稳定，信心的共享才能支持日常生活的基础。当社会系统不稳定时，信心也就消失了，就需要信任提供一个过渡——产生一种新的、稳定的状态。

（二）TCC 模型的扩展

在 TCC 模型中，我们讨论了信任与信心的关系，并且区分了道德信息和绩效信息。在此基础上，西格里斯特、厄尔等提出了信任、风险感知和合作的模型（见图 3—8）。模型显示了通向合作的两种途径：一条是信任，一条是风险感知。信任决定于对调查对象和目标机构/个人的价值一致性的判断。风险感知决定于危险相关知识和调查对象对目标机构/个人的信任。信任影响风险感知的途径包括：第一，信任直接影响风险感知；第二，信任通过对知识的作用间接影响风险感知（这里的风险感知被包含于社会价值中）。

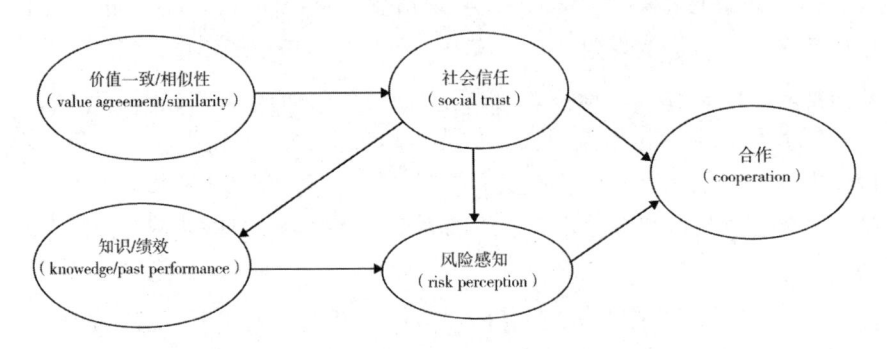

图 3—8 风险感知与信任的框架（模型 2）

TCC 模型适用的个体代表群体内的个体，即与群体中其他成员有共同的价值取向；个体对于危险的解释也是建立在群体社会文化背景的理解之上的。给予道德信息时，调查对象可以判断目标机构/个体是否与自己的价值相一致，由此决定是否信任目标机构/个体；给予绩效信息时，调查对象可以判断目标机构/个体的行为是否是安全的，由此产生对风险的感知，进而预测目标机构/个体未来将会出现何种行为。但是，正如模型所示，绩效信息的判断通常不能由个体判断来决定，它需要在社会关系的背景下去解释，就像游戏背后有不同的规则一样。这些规则与信任相一致，比如，当个体信任风险管理者，那么他关于此风险的绩效信息的解释就会比不信任管理者积极得多。这种情况下，我们可以说道德信息掌控着绩效信息。但是，信任对知识的掌控不只局限于对过去行为的解释，信任关系还决定于绩效信息的合法性和信息本身的质量。[1] 因此，在特定的社会背景下，关于过去行为的相关绩效信息可能是合法的，但其他信息有可能是不合法的。

自从人们开始探寻价值相似性的证据，社会背景因素的影响就与道德信息紧密相关。紧急时刻，个体可以根据他人的面部表情[2]或微笑等作为信号来做出自己的判断。[3] 尤其是人们时刻都要准备好对绩效信息的判断，即是否有信心。此时，感知到的风险就与信任强相关（尤其是在存在自我信任的前提下）。在此模型中，基于知识的风险感知为合作提供了另外一条路径，但是这条路径只有在绩效信息可以转化为知识时才能成立。绩效信息转化为知识必须具备两个条件：一是信息合法；二是信息可用。这些标准与个人经验有关。然而，大量的绩效信息虽然是合法的，但是却是无法使用的，比如技术风险管理数据。当存在合法的、可用的绩效信息时，风险感知还必须基于信任。当可以得到知识时，关于知识的解释必定是在信任的社会关系中的，风险感知成为知识和信任的一个直接产物。对于风险感知而言，信任是一种背景；当缺乏知识时，信任便成为核心。

有一些风险感知的模型是用抽象的个体解释抽象的危险，如斯卓伯格的模型是将个体作为群体中的一员来分析的（在群体中，个人要与其他人共享重要价值信息），他们解释危害并赋予其意义是以他们的群体所在

---

[1] Koehler J. J., "The Influence of Prior Beliefs on Scientific Judgements of Evidence Quality", *Organizational Behaviour and Human Decision Processes*, Vol. 56, 1993, pp. 28-55.

[2] DeBruine L. M., "Facial Resemblance Enhances Trust", *Proceedings of the Royal Society of London*, Series B: Biological Sciences, Vol. 269, No. 1498, 2002, pp. 1307-1312.

[3] Scharlemann J. P. W., Eckel C. C., Kacelnik A, et al., "The Value of a Smile: Game Theory with a Human Face", *Journal of Economic Psychology*, Vol. 22, No. 5, 2001, pp. 617-640.

的背景来决定的。而 TCC 模型与斯洛维奇的背景分析相一致,斯洛维奇比较了游戏与风险感知的不同:游戏的不同源于规则不同,风险感知的不同则与社会背景相关。① 在 TCC 模型中,社会背景由两方面组成:道德/价值意义(morality or value implications)和性能意义(performance implications)。两种信息都会影响背景的差异。从道德角度考虑,个体在作决策前会考虑目标的价值是否与他本人相一致,这就成为信任的前提。从绩效信息角度考虑,个体会考虑目标的行为是否安全,这就形成风险感知的基础——对未来行为的判断。但是,TCC 模型显示,绩效信息的意义并不是普遍可证明的,它必须放在社会关系背景下来考虑,根据不同的游戏规则,这些规则是信任的关系中所固有的。例如,如果个体信任风险管理者,那么关于风险的绩效信息就会被积极地解释;如果不信任风险管理者,就不会那么积极。这种形势下,道德信息被认为是可以支配和控制性能信息的,但是信任对知识的解释不仅局限于对过去兴趣偏好的解释,信任也定义了合法性和性能信息的质量。因此,在特定的社会背景下,关于过去行为的相关绩效信息可能是合法的,但其他信息有可能是不合法的。

延续 TCC 模型的解释,结合模型 2 的探讨,笔者将模型 1 和模型 2 进行组合得到模型 3(见图 3—9)。从图 3—9 中可以清晰地看到加入风险感知因素后,信任和信心共同影响风险感知,且风险感知可以作为单独变量直接影响合作;信任存在时,信任可以直接促进合作,同时信任通过影响信心和风险感知进而积极推进合作;信任不存在时,绩效信息强度需达到一定程度才能作用于信心,信心足够强才能达成合作;绩效信息达到一定强度,并且合法、可以运用,才能形成知识,进而形成一定的风险感知,最后影响合作。

在此模型中,信任、信心和风险感知作为通向合作的重要因素,下面解释一下它们的测量方法和相关变量。

1. 信任的测量指标

TCC 合作模型假设信任是建立在社会关系、共同的价值观基础上的。共同的价值观可以通过多种方式测量。在实证研究中,信任主要体现为:社会群体内成员关系;道德、品行、美德;仁慈、善行;完整、正直、诚

---

① Slovic P., "The Risk Game", *Journal of Hazardous Materials*, Vol. 86, No. 1, 2001, pp. 17-24.

实、廉正；推理性；意图、目的、意向；公平、美好、清晰、顺利；关心、照顾、有同情心的等。这些都是我们考察共享价值的重要因素。另外，对于陌生人的信任还可能受到一般信任（general trust）或信任倾向（trust disposition）的影响。

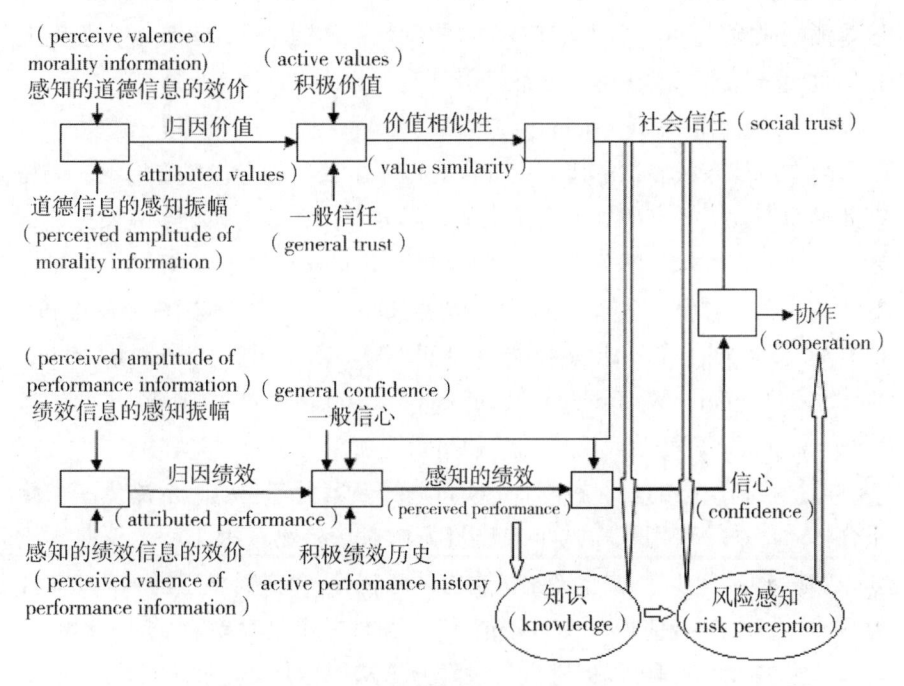

图 3—9 TCC 模型的改进模型（模型 3）

2. 信心的测量指标

TCC 合作模型中，信心主要是基于机构过去的绩效，绩效决定了对未来是否有信心。绩效的考量方式也有很多种途径，实证研究的调查指标有：熟悉、精通、亲密、随便；证据、证明、迹象；条例、规程、章则；统治、规则/程序、手续、步骤；合同、契约；保持记录/会计、账单；解释、叙述；社会角色；能力、能耐、才能；经验、经历、体验；控制能力/权限；标准、水准等。与信任一样，当表示对未来不确定性的判断时，对过去绩效能力的判断（信心）也会受到一般信心的影响。

3. 测量风险感知的方法

心理学专家在测量风险感知方面已有很多成熟的方法和途径，比如测量受访者对调查事物的认识、知识的掌握情况等,通过受访者的回答情况来打分,进而通过分数的高低来测量风险感知的程度。但是这里的风险感知的测量采取的方法是直接提问。比如:"我个人感觉当下已经处于食品安全的风险中且非常严峻"或"大部分人群都处于食品安全的风险中"[1]、"是否认为'禁止房屋、工厂、企业的交易是一个迫在眉睫的问题'"[2]。这些测量风险感知的问题都有一个共同特征,即测量受访者在多大程度上相信负面事件未来发生的可能性。

4. 测量合作（cooperation）的方法

合作虽然在大多数的研究中并没有以一个变量的身份单独出现,但是在此模型中我们把它单独提出来测量,因为它代表了调查对象和相关项目之间任何形式的积极的关系。昆鲁斯（Kunreuther）等人以在 Nevada 居住的居民为受访对象,调查中关于合作的问题之一是:"如果现在选出一个地方建立永久仓库,您将会选择哪里?"[3]（选项：Yucca Mountain, Nevada; Hanford, Washington; Deaf Smith, Texas）这种情况下,选择 Yucca Mountain 就是表示合作的一种暗示选项。

与昆鲁斯不同的是,霍本（Hoban）等人运用多选项暗示测量法来测量合作。霍本等人用三个选项来测量人们对于植物基因工程的反对,比如,"基因工程可以用来生产出抗虫害的新物种,您认为这是：(1) 非常值得；(2) 有些值得；(3) 不值得"；另外一个是对动物基因工程的反对,"动物基因工程可以促进生长激素分泌从而增加奶牛的产奶量,您认为这是：(1) 非常值得的；(2) 有些值得；(3) 不值得"。[4]

三 SVS 模型和 TCC 模型在风险管理中的作用与启示

随着越来越多的公众参与到风险管理中,管理机构在处理风险过程中不得不考虑到公众的风险感知、公众对机构和管理者的社会信任以及风险

---

[1] Eiser J. R., Miles S., Frewer L. J., "Trust, Perceived Risk, and Attitudes Toward Food Technologies1", *Journal of Applied Social Psychology*, Vol. 32, No. 11, 2002, pp. 2423-2433.

[2] Greenberg M. R., Williams B., "Geographical Dimensions and Correlates of Trust", *Risk Analysis*, Vol. 19, No. 2, 1999, pp. 159-169.

[3] Kunreuther H., Easterling D., Desvousges W., et al., "Public Attitudes Toward Siting a High-level Nuclear Waste Repository in Nevada", *Risk Analysis*, Vol. 10, No. 4, 1990, pp. 469-484.

[4] Hoban T., Woodrum E., Czaja R., "Public Opposition to Genetic Engineering", *Rural Sociology*, Vol. 57, No. 4, 1992, pp. 476-493.

事件的特殊背景。SVS 模型和 TCC 模型可以直接用于测量公众对管理机构和管理者的信任、公众对待风险事件的处理过程的态度、公众对风险事件的感知等，而这些因素会直接影响公众在风险管理中的参与过程，影响公众的风险判断和风险决策。

（一）公众的社会信任影响公众风险感知

通过测量公众与管理机构的价值相似度可知，信任管理机构的公众与管理机构有较为相似的价值观，所以相比于不信任管理机构的公众会感知到较少的风险，信任管理机构的公众就会更多地支持管理机构的决策，风险管理也就会顺利进行。公众对机构的信心和机构的绩效评估都与对所评价领域的感知风险密切相关，如果公众信任所评价领域的管理机构和专家，公众感知的风险就低，相对感知的利益就高，对于机构的绩效评估就会较高，从而对本领域专家的支持率就会相应较高，反之则较低。

（二）社会信任影响风险管理中公众的决策

公众参与风险决策已经成为风险管理中的一个重要程序，公众对机构目标、信息客观性和管理政策的支持和信任取决于管理机构是否与公众有相似价值观。比如在森林野火管理的研究中，与森林服务局有类似价值的个体将会更加信任机构；越相信机构的人群越愿意参与信息相关的活动；对机构信任就会更加支持规制燃烧和机械减缓的策略。[①] 反之，管理机构应该在价值相似性原理的指引下去理解公众的意见、价值观和目标，进而维持机构的公信力和强大的群众基础，从而适当地调整以反映当地居民可行性的意见。如果公众的意见没有体现在管理决策中，那么不一致的价值观就可能导致公众的不信任，进而影响公众的风险决策。

（三）社会信任可以通过对特殊事件的判断来影响决策

信任是选择性的，公众只是在特定的情况下、特定的领域才会信任机构和专家。比如，在癌症集群的特殊事件中公众可能信任专家和机构，支持对当前事件的相关决策，但也许并不适用于其他领域。这也验证了 SVS 模型中关于事件文化的特殊含义，不同的风险事件的环境、背景、人物构成都有所不同，所体现出的显著价值观就不同，显著价值不相类似直接导致公众的不信任。所以 SVS 模型很好地揭示了特殊事件的文化如何影响

---

① West M. D., "Validating a Scale for the Measurement of Credibility: A Covariance Structure Modeling Approach", *Journalism Quarterly*, Vol. 71, No. 1, 1994, pp. 159-168.

公众信任，继而影响风险管理的过程。

（四）社会信任与风险感知的关系在某些管理领域并不显著

关于森林野火管理的调研结果显示了社会信任与对规制燃烧和机械疏伐的态度之间的关系虽然在统计学上是显著的，但是实际上二者关系并不强相关。之前关于公众对核电态度的研究也显示了信任与核电风险感知之间的强相关关系。然而不同的是，核电是一种技术，并且可以被人们所控制；而野火是突发的、自然迫使的、不可控的，居住者可以信任管理机构，但是野火的管理和规制燃烧是超出机构控制范围的。温特（Winter）等人调研了公众对公共土地管理者和管理机构的信任及影响信任的因素，结果与1995年厄尔和茨维特科维奇所做的研究相反，调研涉及的五个受访地区中只有一个地区的数据显示公众与机构的相似价值与社会信任密切相关，大部分数据显示，自然资源价值的相似性与社会信任之间并无显著相关。[①] 因此，我们缺乏一个可以描述自然资源管理中的社会信任的整体理论模型，这需要我们今后做进一步研究。

总之，不论是自然灾害还是技术风险的管理，信任的建立和维持都是管理机构和公众之间进行沟通的关键因素。机构需要做的是加强机构对风险事件的管理策略，增强风险预防和治理能力，尽量减少风险发生的概率和危害；对公众要确保信息公开，建立公众了解政府信息的通道，保证公众知晓管理者"正在做什么"，让公众看到管理者的能力从而更信任管理者；加强对公众的告知和教育，向公众传播风险相关知识，及时了解公众的期望和行为意愿。同时，公众应该主动与机构和管理者共享相似价值，相信机构有能力去管理风险。保证管理者和公众之间有效的风险沟通，建立公众和机构之间的社会信任，才能保证风险管理的顺畅进行。

第三节　关于公众对专家信任的影响因素的经验型研究

一　影响公众对专家信任的因素

公众对专家及相关机构的信任影响着公众对一项新技术的感知和可接

---

① Winter G., Vogt C. A., McCaffrey S., "Examining Social Trust in Fuels Management Strategies", *Journal of Forestry*, Vol. 102, No. 6, 2004, pp. 8–15.

受性。在科学研究日趋商业化、政治化的背景下，公众并不像从前那样完全接受政府、专家和媒体传播的科技知识和决策信息，而是越来越担心科学自身的客观性及其造成的后果，由此产生信任危机。信任危机是导致专家和公众在风险感知上产生差异的根本原因。

对于风险的感知、理解和知识都是透过各种社会、文化和政治过程而被建构形成的，对于风险的感知和理解也会随着行动者的社会位置和其所处的不同背景而有所差异。汉森和佛里沃等人进一步指出，所谓"专家和公众的风险感知差异"并非意味着公众缺乏风险知识，而只是缺乏与专家一致的共识基础而已。[①] 如此，就不能简单地将专家和公众在风险感知上的差异归结为知识和理性的欠缺，两者只是不同文化和社会的特定产物。奥康纳等人针对美国公众的风险观念、知识、行为意图的研究发现，影响风险判断的因素不仅有知识，还有政治、经济、环境、文化等。[②] 了解这些因素的具体内容以及它们影响风险感知的过程，将有利于建立有效的风险沟通机制并促进其成功实施。前人分别在性别、年龄、受教育程度和职业几个方面对信任的影响因素做了实践调查与分析。

（一）性别

已有研究表明，男性对专家的信任度要高于女性，女性对风险的敏感度和风险感知较男性高。性别差异对风险感知的影响最早源于弗里恩、斯洛维奇等的一个研究：关于美国1512人对25个危险项目的风险态度进行调查。研究结果是：白人男性更加相信专家，他们的风险感知远远低于其他三组人（白人女性、非白人男性和非白人女性）。[③] 这说明男性比女性风险感知低，男性对专家的信任度高于女性。另有研究发现，女性对风险的敏感度或认知度要更高一些，这与女性本身的生物特性有关。吉里甘认为生物本身的性质和社会经验被认为是女性对风险感知持不同观点的主要因素。[④] 斯蒂格和威特（Steger & Witt）的研究表明，女性更关注于人类

[①] Hansen J., Holm L., Frewer L., et al., "Beyond the Knowledge Deficit: Recent Research into Lay and Expert Attitudes to Food Risks", *Appetite*, Vol. 41, No. 2, 2003, pp. 111-121.

[②] O'Connor R. E., Bord R. J., Fisher A., "The Curious Impact of Knowledge about Climate Change on Risk Perceptions and Willingness to Sacrifice", *Risk Decision and Policy*, Vol. 3, No. 2, 1998, pp. 145-155.

[③] Flynn J., Slovic P., Mertz C. K., "Gender, Race, and Perception of Environmental Health Risks", *Risk Analysis*, Vol. 14, No. 6, 1994, pp. 1101-1108.

[④] Gilligan C., *In a Different Voice*, Harvard University Press, 1982.

健康和安全，因为它关系到人们的生育和维持生命的能力。① 鲍默（Baumer）的研究也显示，由于生理因素，女性在身体上更易受暴力侵害，导致女性对专家持有怀疑态度。② 阿尔珀（Alper）提出妇女不允许学习科学技术知识，缺乏科学和技术相关知识和了解度，是导致女性在风险感知方面与男性存在较大差异的原因。③

（二）年龄

前人研究显示，各年龄段的公众普遍不信任政府和专家。科恩等人于1995 年针对 376 个青少年和 160 个父母进行风险感知的试验调查，结果显示，青少年对健康风险的认知逐渐减弱，并且低于成年人。青少年对疾病和伤害的预防能力要低于他们的父母。④ 亚伯拉罕森等人对伦敦和诺维奇 73 位 72—94 岁的老年人进行访谈，研究结果体现了老年人、受政府救济者等脆弱人群对政府的信任度低。⑤ 这说明各年龄段的公众对政府和专家的信任度都较低。

（三）受教育程度

根据风险感知的知识理论，人们根据其所掌握的知识和信息来判断风险的强度。通常，受教育程度高的人应当比受教育程度低的人掌握更多的知识和信息，从而越发信任专家。凯尔斯泰特于 2008 年通过电话采访的形式对年龄在 18—90 岁（平均 47 岁）的 1093 人进行了调查。研究表明，受教育程度越高的人对专家信任度越高，风险感知程度越低；相反，则对专家信任度越低，风险感知程度越高。⑥ 俄国民意调查协会于 2005 年调查了俄国 68 个地区的 34000 个受访者，调查结果显示，受教育程度与信任显著相关，受教育年限越长对他人信任度越高，受教育年限越短对他人

---

① Steger M. A. E., Witt S. L., *Gender Differences in Environmental Orientations: A Comparison of Publics and Activists in Canada and the U. S*, The Western Political Quarterly, 1989, pp. 627-649.

② Baumer T. L., "Research on Fear of Crime in the United States", *Victimology*, Vol. 3, No. 3-4, 1978, pp. 254-264.

③ Alper J., "The Pipeline is Leaking Women All the Way Along", *Science*, Vol. 260, No. 5106, 1993, pp. 409-411.

④ Cohn L. D., Macfarlane S., Yanez C., et al., "Risk-perception: Differences Between Adolescents and Adults", Health Psychology, Vol. 14, No. 3, 1995, pp. 217-222.

⑤ Abrahamson V., Wolf J., Lorenzoni I., et al., "Perceptions of Heatwave Risks to Health: Interview-based Study of Older People in London and Norwich, UK", *Journal of Public Health*, Vol. 31, No. 1, 2009, pp. 119-126.

⑥ 胡宜朝、雷明：《信任的研究方法综述》，《山西财经大学学报》2005 年第 6 期。

信任度越低。当受访者被问及关于信任的问题时,结果显示,受访者每增加一年的教育程度,对于信任相关问题的积极回答率会增加5%,这也说明受教育程度与信任正相关。[1]

(四) 职业

公众对专家的信任程度与公众的社会地位有关,而判断社会地位的一个重要指标就是职业。政府部门人员、企事业单位职工、工人、农民等从事不同工作的人,对专家言论的信任度有很大的不同,究其原因,在于不同的工作扮演着不同的社会角色,对风险的态度与工作环境、人际关系和切身利益紧密相关。斯洛维奇于1987年针对30个不同职业的人关于22项技术问题做了风险感知调查,结果显示,企业家等越富有的人对风险的担忧度越大,越不信任政府和专家。[2] 诺顿和黎曼依据国际市场调查公司(MORI)于2004年对英国关于公众对气候变化的风险感知所做的调查结果做相关分析,结果表明公众对风险的认知因社会地位不同而不同。[3] 韦斯等人对德国1355名大学生以问卷调查的方式研究专业和职业对风险感知的影响,研究得出不同专业背景会很大程度上影响学生对技术风险的认知,学生的职业选择直接影响对决策者的信任和对专家的信任。谢晓非和徐联仓针对28个风险项目对847人做了风险感知调查,结果显示,管理人员、企业员工与教师、学生之间存在明显评估差异,具体表现为管理人员与企业员工对风险的估价明显比其他样本高。

公众的信任已经在社会科学领域被广泛评论,主要用于提升普通大众的风险意识和强调风险的不确定性。在风险治理过程中,信任是一个非常重要的因素。然而公众对于科学家的不信任度仍然在持续上升,并且信任一旦被摧毁就很难再重建。虽然有些政府和专家也在增强公众信任度方面做出了努力,如将公众参与纳入决策过程中,但并没有收到有力提升信任度的效果。这使得政府和专家都不得不深切关注影响公众对科学家信任的根源所在,探索支持和毁坏信任的影响因素。

(五) 风险感知差异

公众对政府和科技专家的信任是进行重大科技问题决策的一个重要基

---

[1] "Does Education Affect Trust? Evidence from Russia", Russia, 2005, p. 21.

[2] Slovic P., "Perception of Risk", *Science*, Vol. 236, No. 4799, 1987, pp. 280-285.

[3] Norton A., Leaman J., "The Day After Tomorrow: Public Opinion on Climate Change", *MORI Social Research Institute*, London, 2004.

础。但是，由于科技专家对科技风险评估与公众科技风险感知之间存在巨大差异，往往造成两个不同群体之间产生冲突，严重时则会出现信任危机，影响公众对科学技术界和政府工作人员的信任。

专家和公众对风险的理解存在差异。当专家判断风险时，他们的反应与技术风险导致的年度死亡率密切相关，即强调致命性的后果；而公众对风险的判断会因为风险未知而有所恐慌，侧重于社会文化方面的危害因素。另外，专家内部对风险的定义也不一致。目前信任研究在核心概念、内涵界定上模糊不清，每位研究者都从各自的研究视角出发，根据各自的划分依据对信任的类型进行划分[1]，这就导致学术界在信任类型划分上出现了混乱。对风险概念理解上的偏差极易产生风险沟通障碍，双方可能没有在一个标准前提下探讨问题，或者说双方理解问题的基础没有统一，这样的沟通显然是无效的，并且会直接影响公众对专家的信任度。

（六）知识多元化

专家与公众的知识结构有很大差异。误解信息和知识鸿沟可能增加公众的焦虑。专家如果没有向人们提供完整的信息和正确的心理模型以及风险怎样被优先控制的方案，人们可能会对于风险的放大过分焦虑，从而更加不信任专家。西方学者们试图澄清知识的作用的同时却加重了对各种观点的评论，这可能导致对社会现象的多元化解释，使得公众面对多元知识理论无从选择，无法判断哪一种科学家的解释是对的。利奥塔[2]和吉登斯[3]认为从现代化主义的狭隘到后现代化社会多样性的转变与接受的过程，加强了社会生活和适应生活的不确定性，也促进了公众风险感知的提升。其中重要的一方面就是技术专家和公众的冲突日益明显，公众对专家的不信任随之增加。

（七）风险沟通

通常，政府机构和专家应该向公众公开信息并提供精确的信息，包括

---

[1] 许科：《风险视角的信任研究》，博士学位论文，华东师范大学，2008 年，第 5 页。

[2] Lyotard J. F., *The Postmodern Condition*: *A Report on Knowledge*, University of Minnesota Press, 1984.

[3] Giddens A., "The Consequences of Modernity: The Raymond Fred West Memorial Lectures", *Cambridge*, *Polity in Association with Blackwell*, 1990.

风险的不确定性和后果危害性，尤其应针对可能受到危害的群体。然而实际上，他们提供的相关信息往往是有限的，信息的不完整供应会直接导致公众对专家的不信任。此时，风险沟通成为公众群体参与风险管理过程的重要工具。

　　风险沟通研究的兴起和发展过程，是风险研究领域由强调权威控制、专家决策向关注公众认知、多元沟通的整体范式变迁，风险沟通模式研究从单向沟通向双向沟通进行了转变。单向风险沟通是指专家单向传递风险知识给一般公众，强调的是单向告知（informing）；双向沟通则是赋予民众主动思考、提问、建议甚至做出决策的权利，强调的是授权（empowering）过程。双向风险沟通的模式直接为公众参与决策提供机会，有利于建立公众对专家的信任。[①] 尼克尔森强调成功的风险沟通依赖于建立精神上的相关性，以及沟通主体间的信任。[②] 专家与公众对于信任的理解不一样，甚至多数研究表明风险沟通更多地取决于公众对专家的信任。如果公众信任风险管理者和专家，沟通就会相对容易；如果缺乏信任，沟通就显得相对困难。

（八）物质利益

　　与信任度相关的还有逐渐增长的物质利益和促成物质利益形成的环境结构。资本和劳动力及与其相关的社会典型政治框架、家庭生活和消费模式构成的工业框架，形成了对个人利益和政治经济的解释。[③] 在传统社会中，在性别、年龄、种族、宗教、地区和其他因素基础上进行了更大范围的社会分配，个人是不可能参与政治权力的分配的，个人或家庭的物质和经济利益分配完全听从于政治决策者的统筹。[④] 随着社会风险的出现，物质利益、家庭经济基础等成为政府决策分配时必须考虑的问题，也越来越成为影响专家决策和公众判断的一个重要因素。

（九）风险管理

　　逐渐增长的风险意识也加速了对政府、国家、国际组织、商业和其他

[①] 高旭、张圣柱、杨国梁等：《风险沟通研究进展综述》，《中国安全生产科学技术》2011年第5期。

[②] Nicholson P. J., "Communicating Health Risk", *Occupational Medicine*, Vol. 49, No. 4, 1999, pp. 253-256.

[③] Jessop R. D., *The Future of the Capitalist State*, Polity, 2002.

[④] Boix C., *Democracy and Redistribution*, Cambridge University Press, 2003.

企业风险管理的担忧。胡德（Hood）等人指出同一国家的不同政府机构经常在管理风险中运用不同的处理方法[1]，宗旨都是为管理机构本身服务。哈里也揭示了世界各国的一个共同现象：风险管理组织机构快速成为一个为机构本身利益和名誉服务的机构，而不是服务于广大群体，这使得公众对官方和专家论断也更加不信任。[2] 另外，为公众鉴别风险的这些机构也会倾向于夸大风险的严重性，这将增强专家本身的角色作用。由此，公众对于政府管理者和专家的角色产生诸多疑虑，对其管理行为不再完全信任。

（十）风险的放大

随着互联网和移动媒体的出现，信息的传播渠道更加多样化，传播速度更加快捷，更加促进科技风险信息的公开化和公众参与程度的提高。如果媒体对科技信息的报道有所偏差，将会使得公众对科技风险的理解出现偏差，严重者会导致公众对风险管理机构进行谴责甚至产生不信任感和冷漠的态度。

心理学家和社会学家已经证实，个人心理、社会网络、社会机构和媒体都可能试图放大对风险的认知。伴随着风险管理过程的加强，这些主体的放大行为将会增大公众对风险的认识和担忧，降低公众对专家的信任度。[3] 谢晓非和徐联仓运用涟漪效应和事故—信号理论揭示了科技事件的报道都有潜在的制造更深、更大的涟漪的可能，信息的收集与传播对人们认知状态存在严重干扰，应更多地注重高层级风险管理，对潜在的受害者进行更好的保护，以增强信息源和传播者的可信度。[4]

（十一）专家处理风险的能力

面对实际风险问题，专家和决策者应对方案的失误也将大大削弱公众对专家的信任。贝克很早就提出，决策者面对从没有发生过的重大风险事件越来越感到经验缺乏，虽然这种事件的发生可能性较低，但影响范围极

---

[1] H. Hood C., Rothstein H., Baldwin R., *The Government of Risk: Understanding Risk Regulation Regimes*, Oxford University Press, 2001.

[2] Hardin R., *Trust*, Cambridge: Polity, 2006.

[3] Poortinga W., Pidgeon N. F., "Exploring the Dimensionality of Trust in Risk Regulation", *Risk analysis*, Vol. 23, No. 5, 2003, pp. 961-972.

[4] 谢晓非、徐联仓：《公众在风险认知中的偏差》，《心理学动态》1996年第2期。

大，后果极其严重，心理学证明这样的事件将会造成公众的恐慌度激增。[①] 严重的风险事件后果会加重失业、无家可归和贫穷等社会风险，专家和决策者的束手无策和管理不到位引起公众极为强烈的不信任感，尤其是遭遇这些风险的人群会更加不信任专家的言论，政府和专家制定政策和解决问题的压力也随之增大。

罗夫斯特指出，近几年来管理者不能及时有效地为公众处理担忧的问题，无法赢得公众满意，这已引起社会越来越多的关注。例如，英国政府最初在1992年、1993年的BSE危机中承诺牛肉销售不存在健康问题的事件；法国1991年处理污染血液的流言事件；德国政府内部对1986年发生的切尔诺贝利事件的应对措施不足。这些事件中专家采取措施的无效后果导致了严重的社会危机，使得公众产生对政府和专家的怀疑，而信任一旦被破坏就很难再重新建立。

(十二) 文化差异

环境危险及其对社会带来的风险说明，风险议题不仅仅是一个技术或组织的难题，更有着重要的文化内涵，它包含了赋予特殊事件现实背景和意义。研究者认为，风险文化在不同国家里有所不同，即使在同为北欧地区的各国间也是如此。研究者对不同国家的信任进行考量的同时，发现社会文化直接影响特定社会状态下公众的信任。道尔顿的研究证明了此结论，他于2000年分别对美国、英国、西德、意大利和墨西哥的公众进行了事件调查，调查结果发现这些国家人们的生活态度呈现出很大的不同，尤其体现在政治文化上的差异。[②] 政治文化是指人们对社会事物的心理倾向，调查数据揭示了不同的社会背景下就会产生不同的政治文化，不同的政治文化又直接影响公众信任。英格尔哈特也对社会文化进行了深层次考察，他利用了大规模的跨国时间序列数据进行分析，结果证明，确实有些社会具有高信任度的政治文化，而有些社会具有低信任度的政治文化。[③] 普特南的研究进一步证明即使在一个国家内部，如意大利的南部和北部，

[①] Becker L. C., "Trust as Noncognitive Security About Motives", *Ethics*, Vol. 107, No. 1, 1996, pp. 43-61.

[②] Dalton R. J., "Citizen Attitudes and Political Behavior", *Comparative Political Studies*, Vol. 33, No. 6-7, 2000, pp. 912-940.

[③] Inglehart R., *Modernization and Postmodernization: Cultural, Economic, and Political Change in 43 Societies*, Princeton, NJ: Princeton University Press, 1997.

虽然地域上还处于同一个国家内，但信任文化也可能不一样。① 福山关于信任的著作中很明确地将所有国家进行了分类：一类是低信任社会，另一类是高信任社会。② 很显然，前人关于信任的社会文化相关分析表明在他们潜意识里信任就是一种文化，它是伴随着社会的文化发展而不断变化的，信任受到文化差异的显著影响。尽管学者们对于信任文化的划分方式可能还存在很多不足，但是却为后人进行下一步研究提供了很好的借鉴依据。

　　根据风险的社会建构理论，公众对于风险的认知、理解和知识，都是透过各种社会、文化和政治过程而被建构形成的。同时，公众对于风险的认知和理解，会随着行动者的社会位置和其所处的不同背景而存在差异。因此，公众和专家对于风险的认知都是由潜在的社会、文化进程所建构产生的，专家对于风险的判断未必就比公众更为中立和正确。文化差异可以用来解释不同社会信任程度的高低，但不同社会信任程度的高低不能仅仅用文化差异来解释，文化差异只是影响社会信任的因素之一。英格尔哈特于 1999 年之前曾经三次对几十个国家（包括中国）进行了"世界价值调查"，结果发现受新教和儒家学说影响的国家比受天主教、东正教、伊斯兰教影响的国家更容易产生信任。关于民族信任度的差异似乎印证了文化解释，但更重要的是英格尔哈特发现各国公众的社会信任度也与经济发展水平和政治制度相关。公众在面对选择风险文化类型时，通常会选择一种个人感知的主要类型，但雷纳的研究发现，公众并不始终遵从一种文化类型，而是随着环境变化而随时呈现出不同的文化类型取向。③ 在众多学者纷纷证明文化理论的同时，另有一些学者也对文化理论提出了批评：他们认为文化属性的个体很难归类，因为社会中的公众可能会扮演多种角色；另外，依靠心理测量技术的结果分析来对目标群体进行文化归类，可能过分强调了公众态度的模式化，与实际状况不相符④。风险文化在实践中应用的最大局限在于它只能用来解释不同社会间信任度的差别，却无法解释

---

　　① Putnam R. D., Leonardi R., Nanetti R. Y., *Making Democracy Work: Civic Traditions in Modern Italy*, Princeton University Press, 1994.

　　② Fukuyama F., *Trust: The Social Virtues and the Creation of Prosperity*, New York: Free Press, 1995.

　　③ Rayner S., "Cultual Theory and Risk Analysis", *In Social Theories of Risk* (Krimsky and Golding), New York: Preaeger, 1992.

　　④ Langford I. H., Marris C., O'Riordan T., "Public Reactions to Risk: Social Structures, Images of Science, and the Role of Trust", *Risk Communication and Public Health*, 1999, pp. 41–45.

同一社会内部信任度的差别。文化价值因素的出现更细化地解释了为何文化的差异影响了公众信任，价值的考量在更具体的层面上来解释城市间的文化背景差异，从而分析信任度的差异。本书将对中国十个省公众的信任度进行调查，并分析信任的相关影响因素。

二 本书主要考察的变量

影响公众对专家信任的因素有很多，本书主要考察的变量是根据两方面筛选出来的：一是根据 SVS 模型和 TCC 模型中涉及的一些变量，比如社会经验、价值观、事件背景文化等，主要用于证明模型的实践性，为显著价值相似原理和信任、信心与协作理论提供试验性依据；二是根据中国的特有文化背景，选择能够体现我国公众文化特征的变量，比如公众所属民族、信仰、个人的文化主义倾向等。

本书考察的具体变量主要有：性别、年龄、学历、职业、收入、民族、信仰、居住地、公众对气候变化的风险感知和担忧、信息获取途径、风险沟通状况、个人文化主义倾向、事件文化、社会信任度、绩效、绩效评价、支持度、参与状况、感知到的气候变化的利益与风险、对气候变化风险治理的评价与建议。

第四节 小结

研究信任理论，首先要研究信任的起源理论——风险感知的定义和相关理论。本章界定了风险感知的概念，并且区分了风险认知和风险感知的异同，风险认知更加侧重于专家的解释，而风险感知更加侧重于公众对风险的真实感受和影响感知的情感要素。公众对专家的信任问题起源于公众与专家的风险感知的差异，影响风险感知差异的因素包括知识、价值观、生活经验、社会角色、专家偏见等。其次，本章另外一个重要的理论就是风险文化理论。各国公众对专家的信任不同，很大程度上取决于社会环境、文化背景的差异。道格拉斯的文化理论在特定时期解释了不同文化类型的受访者对风险的感知和态度，它把人们对风险的一般态度分为四种类型：平均主义者、个人主义者、等级主义者和宿命论者。

在风险感知的差异理论和风险文化理论下，探讨了信任理论及其相关模型的兴起。信任相关模型主要有显著价值相似模型（SVS 模型），以及信任、信心和协作模型（TCC 模型）。SVS 模型主要分析了信任与风险感知、价值相似性的关系，突出了显著价值相似性的核心概念。TCC 模型主要分析了信任、信心和协作的关系，从信任和信心的根源决定因素着手，探讨了信任和信心如何形成、相互影响，并最终共同影响风险治理中的协作。本章分别论述了 SVS 模型和 TCC 模型的建立、拓展过程以及两个模型在风险治理中的作用。最后，分析已有研究中主要得出的影响公众对专家信任的所有因素。通过信任相关理论和信任模型的梳理，总结前人对影响信任因素的实践调查，提炼出可能影响我国公众对专家信任的因素和变量，为下文中形成调查问卷提供依据。

第四章

全球气候变化治理中公众
对专家的信任度调查

第一节 调查目的和调查变量

一 调查目的

全球气候变化已经成为国际关注的重要环境问题,其影响也深入到了政治、经济、文化等人类社会的各个领域,公众的学习、工作和生活已经受到了气候变化带来的种种灾难和严重威胁。在各领域专家对全球气候变化进行的评估和研究中,公众对于信息来源的可信性和对专家的信任直接影响了公众对风险的接受性和风险感知。随着越来越多的公众参与到政治决策和风险治理中,风险管理者和专家必须首先获得公众的信任才能更好地治理风险。

研究气候变化背景下的公众对专家的信任,目的是为了了解公众对专家的信任情况,分析影响信任度的因素,这将有助于建立公众对专家的信任,有助于政策的制定和执行,有助于全民共同行动来减缓和适应全球气候变化。

二 调查变量

本次调研的变量主要包括以下几个方面:
(1) 公众对气候变化的风险感知:气候变化的概念、原因、危害、相关政策;
(2) 公众对气候变化的担忧:担忧程度、关注度;
(3) 信息获取途径:获取渠道、最信任的渠道;

(4) 风险沟通情况：政府、专家、企业、媒体、决策者等与公众的风险沟通情况；

(5) 个人文化主义倾向的测量：等级主义、个人主义、平均主义和宿命主义；

(6) 事件文化：个人感知风险、个人经验；

(7) 信任价值一致性：立场、目的、观点、行为等是否一致；

(8) 事件的可信性：公众感知到的事件可信程度。

决定事件可信性的因素包括：信息的来源、信息的传播、接受信息的主体的一般信任；

(9) 社会信任：公众对专家、政府、媒体、企业等的信任；

(10) 绩效评价（信心）和公众支持度；

(11) 公众参与气候变化活动的情况；

(12) 公众感知的气候变化的利益与风险；

(13) 气候变化风险治理的评价与建议；

(14) 对气候变化治理的其他个人建议；

(15) 个人信息：性别、年龄、学历、职业、收入、民族、信仰、居住地。

第二节 研究假设

根据 SVS 模型和 TCC 模型，首先构建在气候变化治理中考察公众对专家信任的理论模型，如图 4—1 所示。

根据模型和已有研究结论的总结，可以得出以下几点假设：

一 公众的风险感知越高越不信任专家

风险感知是个体对外界环境中是否存在风险的知觉。风险本身是客观的，但因为个体的主观状况的差异，个体的风险知觉也带有明显的主观特征。同样的活动或同样的技术设施在不同的人看来，所感受到的危险程度有所不同。斯洛维奇的一项调查针对不同人群的 30 种活动和技术进行了风险评价，结果发现，不同人群对同一种活动或技术的风险排序差别很

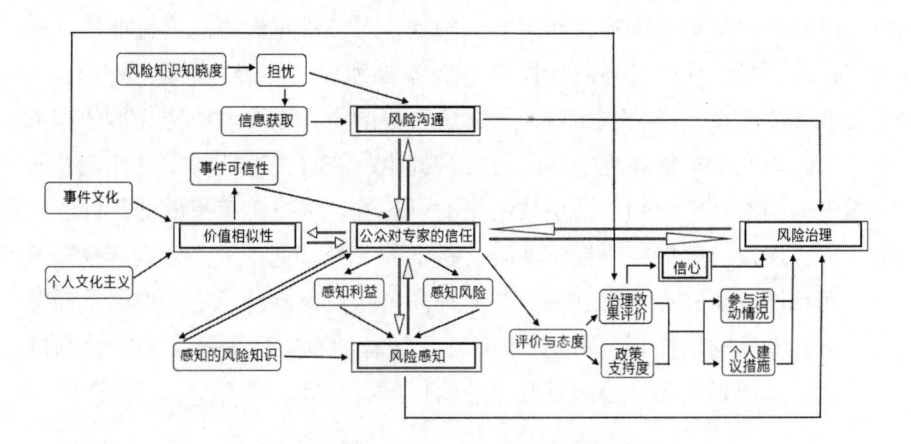

图 4—1　信任、风险治理及影响信任因素的综合模型

大。例如对"核能"这种技术，妇女群体不仅感受到了风险，并且认为它是最可怕、最具风险的选项，而在专家排序中，"核能"技术风险仅名列第二十；对"游泳"这项活动，在学生看来，它是最没有风险的，而专家排序则位列前十。[1] 风险感知的差异确实是影响公众信任的一个重要因素，凯尔斯泰特于 2008 年通过电话采访的形式对年龄在 18—90 岁（平均 47 岁）的 1093 人进行了调查。结果发现，公众风险感知程度越低，对专家的信任度越高；风险感知程度越高，则对专家信任度越低。俄国民意调查协会于 2005 年调查了俄国 68 个地区的 34000 个受访者，调查结果显示，公众的知识的答对率越高，风险感知越高，对专家的信任越低。[2]

二　风险沟通越顺畅，公众对专家的信任度越高

风险信息的沟通也是影响公众信任的重要因素。斯洛维奇（1986）认为，人们接收信息的渠道、信息传播的时间顺序、方式和范围都会影响个体的风险感知。他将风险信息的传递比喻为"涟漪中心的石头"，即涟漪的深度与广度，不仅取决于风险事件本身的性质（其危害的程度、方式、性质等），同时也取决于在涟漪涉及的过程中，如公众如何获得相关

---

[1] Slovic P., "Perceptions of Risk: Reflections on the Psychometric Paradigm", In Krimsky S and Golding D (eds): *Social Theories of Risk*, Praeger, Westport. 1992.

[2] 高旭、张圣柱、杨国梁等：《风险沟通研究进展综述》，《中国安全生产科学技术》2011 年第 5 期。

信息以及如何知觉和解释这些信息。例如，对一件重大事故进行详尽、透彻的报道，可以让全世界的人们更多地体验到事故的恐怖和风险的威胁，这也就可能直接促进公众面对个人无法解决的重大事故时将选择信任和依赖专家。迈克奎尔借用生物学的免疫法提出，在宣传核能的安全性能及防护措施的同时，应说明泄漏事故发生的可能性，为发生核事故的条件、特征、危害以及应急措施等提供客观、科学的解释，这些都是公众有权知道的，而且试验研究也证明这种方法能提高公众对风险的承受能力，从而提高公众对专家的信任。[①] 沟通的及时性、信息的真实性等都会影响公众的信任度，沟通越顺畅，公众对专家的信任度将越高。

三 价值的相似性程度越大，公众对专家的信任度越高

西格里斯特于2000年运用问卷调查方法分析了受访对象对农药、核电、人工甜味剂的认知，探索了价值相似性对社会信任的正作用，结果证明显著价值相似性决定了受访者对专家和决策机构的信任程度。另外，亚当斯提出，人们生活在复杂的社会里，对特定风险的态度很少孤立存在，注定要被社会信念、环境、宗教信仰以及科技先进与落后等因素所影响，尤其与个人的价值观密不可分。[②] 价值观的种类包括伦理道德观、理论和意识形态（政治的、宗教的）观念、社会价值观和美学价值观，当公众与专家的价值观越一致时，公众越倾向于相信专家。[③] 瓦斯克等人于2006年采用电子邮件的方式对科罗拉多州的532名居民进行了调研，研究结果显示，公众与专家如果享有共同的价值，那么会赢得公众更多的信任，在此案例中，公众完全信任专家和政府决策者，并且愿意积极配合治理。[④]

四 事件的可信度越高，公众对专家的信任度越高

个体的信任度随着风险事件所在领域的不同而出现差异，即存在一定

[①] McGuire W. J., "Attitude Change: The Information Processing Paradigm", *Experimental Social Psychology*, 1972, pp. 108–141.

[②] Adams J., *Risk*, London: Routledge, 1995, pp. 3–11.

[③] Wikipedia, "Value", Retrieved 2008-08-10, fromhttp://en.wikipedia.org/wiki/Value_%28personal_and_cultural%29.

[④] Vaske J. J., Absher J. D., Bright A. D., "Salient Value Similarity, Social Trust and Attitudes Toward Wildland Fire Management Strategies", *Human Ecology Review*, Vol. 14, No. 2, 2007, pp. 217–226.

的特殊背景内涵，从而影响事件的可信性。对风险敏感性的不同造成了个体对事件的相信程度不同，公众感知到的事件信息和风险是否属实，直接影响公众对发布和传播信息的专家的信任，并且由此判断是否再相信以后专家的言论。在风险事件面前，更容易相信事件真实性的群体，会更容易信任专家；而感觉事件的可信性越低的群体，越不容易信任专家。

五 风险治理的评价越高，公众对专家的信任度越高

通常认为，风险治理的评价直接影响公众的信任，当评价越高时，公众越倾向于信任专家。在理论模型的验证中，厄尔和西格里斯特等人也提出了 TCC 模型，其中信心的前提之一就是绩效评价，对应在风险中就是对风险治理效果的评价。如果风险治理的评价越高，那么信心就相对较高；如果风险治理的评价越低，那么信心就可能减弱。公众对风险治理的评价决定了公众是否信任决策者和专家，厄尔和茨维特科维奇运用实证研究证明了人们接受或忽略某项风险与他们对风险的评价有关，而对风险的评价决定了公众对专家的信任。如果公众支持专家和决策者并对其治理效果持有积极态度，那么公众更加信任决策者和专家；如果公众对专家治理效果持有消极态度，则可能减弱对专家和决策者的信任。[①]

六 居住在城市比居住在农村的公众更加信任专家

我国经济发展不平衡，城市和农村的收入、教育程度、居住环境、生活经验等方面都有差异，这将影响公众对专家的信任程度。张维迎、柯荣住的研究结果证实，城市居民比农村居民的信任度高，源于城市的交通比农村发达。一个地区交通的发达意味着人们之间的交往更加方便，物流和信息的沟通频次更多，从而降低了人们之间的交易成本，交往也就随之增多，这等于增加了人们之间共享的信息，也将会提高一个地方被人们信任的程度；如果从来没有人和某个地区的人接触过，那么信任和不信任也就无从谈起。只有让外界有充分了解，信任才容易建立起来。[②]

[①] Earle T. C., Cvetkovich G., "Social Trust and Culture in Risk Management", *Social Trust and the Management of Risk*, 1999, pp. 9-21.

[②] 张维迎、柯荣住：《信任及其解释：来自中国的跨省调查分析》，《经济研究》2002 年第 10 期。

第三节　研究方法

一　抽样方案

（1）全国范围内随机抽取 10 个省，每个省 200 份问卷［实际每省发出 220 份，抽取的省市包括：北京、天津、河北、辽宁、山东、福建、宁夏、河南、江西、贵州、广西、湖南、新疆，最后 3 个省作为备用，当前 10 个省无法进行调查或样本量（尤其民族样本量）不够时，在备用省进行二次调查］。

（2）每个省 5 个市（每个市 44 份问卷）、5 个县、5 个村（1 省 5 市，1 市 1 县，1 县 1 村，平均每个区域 14/15 份问卷）。

（3）性别：调研时男女数量尽量均等。

（4）年龄：各年龄段尽量都要涉及，比如学生、工人、退休职工。

（5）学历：学历要尽量分出阶层，高学历的调查对象如果不够，可选择调查研究所、高校等。

（6）民族：贵州、辽宁、江西、宁夏涉及少数民族较多，应重点调研。

（7）宗教：分为六大部分：佛教、基督教、伊斯兰教、道教、天主教、无神论者。可以调查少数民族的大学生及其家长，以保证收回有效问卷。

二　抽样步骤

（一）我国地区分布（黑体为已选 10 个省，斜体为备用省）

（1）华北地区：**北京市**、**天津市**、**河北省**、山西省、内蒙古自治区。

（2）东北地区：**辽宁省**、吉林省、黑龙江省。

（3）华东地区：上海市、**山东省**、江苏省、浙江省、安徽省、**江西省**。

（4）华南地区：**福建省**、海南省、广东省、台湾省、香港、澳门。

（5）西北地区：陕西省、**宁夏回族自治区**、甘肃省、青海省、新疆维吾尔自治区。

（6）华中地区：**河南省**、湖北省、*湖南省*。

（7）西南地区：广西壮族自治区、四川省、**贵州省**、云南省、重庆市、西藏自治区。

(二) 按地区分布的样本抽取步骤

首先，为了保证各地区均有调查样本，并且样本分布均匀，各地区分别抽取 1 个省市，共 7 个：北京、辽宁、山东、福建、宁夏、河南、贵州。

其次，在其余所有备选省市中随机抽取 3 个省：天津、河北、江西；为保证少数民族的选样，在少数民族聚集度为 10 个民族以上的省份中抽取 3 个备用省、自治区：新疆维吾尔自治区、湖南省、广西壮族自治区。

再次，在抽取的 10 个省份中各抽取 5 个市，每个市抽取 1 个县，每个县抽取 1 个行政村，这样就有了 50 个市、50 个县/区、50 个行政村，可以保证样本的地域分布均匀，市、县、村的抽样步骤如同省抽样步骤，备用省同理，直辖市只需抽取 5 个行政区（见附录 1）。

第四节　调查的基本情况

调查分为四个阶段进行。

（一）第一阶段：问卷的编制

基于目前国内对于气候变化中公众对专家的信任调查还没有一个完整的指标体系，所以本次调研问卷的编制主要是基于前期国外对公众对专家的信任研究分析的基础上编制的。问卷内容基本上涵盖了有关公众对专家信任需要考察的各个方面，主要内容包括以下几个部分：第一部分是公众对气候变化知识的知晓程度，包括公众对气候变化的概念、原因、危害和相关政策的了解；第二部分是公众对气候变化的担忧，包括公众对气候变化的关注度、担忧程度和公众获取气候相关信息的途径；第三部分是公众与其他群体的沟通状况，包括政府、专家、企业、媒体、决策者和环保组织等与公众的风险沟通情况，主要包括其他群体向公众组织调研或宣传的情况、公众进行风险沟通的方式和公众参与风险沟通的情况；第四部分是关于文化价值的测量，包括个体文化主义倾向（包括等级主义、个人主义、平均主义和宿命主义）、事件文化（通过个人经验测量）信任价值一致性；第五部分是关于信任度的测量，包括感知到的事件的可信性、决定事件可信性的因素（包括信息的来源、信息的传播和接收信息的主体的一般信任）、公众对社会各种群体的信任度、对公众信心的测量（绩效评价和公众对专家及其决策的支持度）；第六部分是公众对气候变化风险治理的评价与建议，包括公众参与气候变化活动的意愿、公众感知的气候变化的利益与风险、公众对过去气候变化风险治理的评价与对未来治理的建议；第七部分是个人信息的考察，包括性别、年龄、学历、职业、收入、民族、信仰、居住地。

问卷题目大部分采用单项选择题形式，部分题目采用直接回答，另一部分采用心理测试的李克特（Likert-type Scale）5点量表法，在每一道题目后列有"非常不同意"、"不太同意"、"一般或无所谓"、"比较同意"、"非常同意"（相应的评分为1分、2分、3分、4分、5分），由被调查者根据自己的情况选择作答。此外还有少部分题目属于填空题（如开放题）。

（二）第二阶段：试调查

为了保证问卷的信度和效度，在设计过程中广泛征求了有关专家的意见，并在正式调查前进行了两次试调查。

第一次试调查于2013年4月在河北省石家庄市采用随机面访的方式进行，发出100份问卷，收回有效样本96份。第二次试调查是于2013年5月在贵州省贵阳市笔者参加的"第15届科协年会"上发出的，采用的方式是面访和电子邮件，发出100份问卷，收回有效样本数93份。两次试调查分别覆盖了不同的群体：第一组主要是受到严重工业污染的周边居民，第二组主要来自全国各地的、有较高文化程度的学者和研究生，因此反馈的结果能够帮助我们比较全面地反映问卷存在的内容设计、语言描述等方面问题。通过对两次试调查结果进行分析，对问卷题目做了相应调整和修订，最后形成正式问卷。具体问卷参考附录2。

（三）第三阶段：正式调查

正式调查共抽取了全国范围内10个省的50个市、50个县/区和50个行政村，调查了2200名普通公众。由于调查员是来自全国各地的大学生、行政人员或企业管理人员，在调查前笔者已对调查员进行了专门的培训，调查员对调查过程有了清晰的了解，因而问卷的回收率较高，差错率较低，总共发出问卷2200份，收回有效样本2082份，有效回收率为94.6%。

调查时间在2013年6—8月，调查采用在全国范围内进行多段分层抽样和规模成比例抽样（PPS）相结合的复合抽样的方法。调查填写过程严格按照群体集中、现场封闭、匿名填写的方式获取相关数据。按照抽样方案，每个区域集中14/15个被试者，在规定地点和规定时间（30分钟）内完成调查问卷的填写。现对于本调查的内容和方法做如下说明：

（1）由被试区域的居委会或街道办提供所在区域的所有居民名单，

按照随机抽样的方法抽取 14/15 个被试者,并打电话通知被试人员接受调查的时间和地点。如有因故不能参加调查者,则在其余名单中再次抽取被试者以补全空缺。

(2) 准备调查的问卷和礼品。根据确定的名单数量准备好相应的问卷和礼品,每份问卷和礼品要装入一个信封,信封上标明被试者所在区域、问卷编号及问卷填写说明,信封口贴上双面胶,每名被试者在填写完毕后亲自将问卷封装,以保证调研的保密性和严谨性。

(3) 在被试者正式填写之前,研究者应向填答人员简单介绍研究目的以及问卷施测流程,并事先告知被试者此次调查结果将仅用于学术研究,对于个人情况严格保密,请大家放心并能严肃认真地填答问卷。研究者要在现场观察填答情况,并随时对于被试者提出的问题进行解答,以保证调查顺利进行。

(4) 被试者填写完成后直接将问卷封装并上交研究者,以保证问卷当场收回。问卷需分区、编号封装。待现场被试者都填答完毕上交问卷后,所有人方可离开现场。

(5) 在问卷收集结束后,研究者要及时进行废卷的处理工作和有效问卷的统计。

(6) 最后,撰写调查反馈报告。

(四) 第四阶段:数据录入和统计分析

问卷收回后,经过对调查数据的审核和处理,筛选出 2082 份有效问卷,对其进行编号,并采用 STATA 软件录入数据库,最后用 SPSS (Statistical Package for the Social Science) 统计软件进行分析。

表 4—1　　　　　　　　有效样本基本情况及分布

	分组	人数(人)
性别	①男	1038
	②女	1044
年龄	①18 岁以下	52
	②19—30 岁	927
	③30—60 岁	912
	④60 岁以上	191

续表

分组		人数（人）
学历	①初中及以下	202
	②高中或中专	356
	③大专或本科	612
	④硕士	583
	⑤博士或以上	329
职业	①党政机关工作人员	189
	②事业单位工作人员	181
	③企业工作人员	198
	④军人	186
	⑤研究员	183
	⑥学生	200
	⑦工人	182
	⑧农民	185
	⑨专业技术人员（教师、医生、工程师等）	203
	⑩自由职业者	187
	⑪离退休人员	188
经济收入/月	①少于1500元（农村）	391
	②1500—2499元（农村/县城）	409
	③2500—3999元（县城）	372
	④4000—6999元（县城/城市）	334
	⑤7000—9999元（城市）	305
	⑥10000元以上（城市）	271
民族	①汉族	1664
	②少数民族（28个）①	418

---

① 少数民族的调查包含以下28个民族：壮族、满族、回族、苗族、土家族、彝族、蒙古族、藏族、布依族、侗族、瑶族、朝鲜族、白族、哈尼族、黎族、傣族、畲族、穿青族、仡佬族、东乡族、拉祜族、水族、纳西族、羌族、毛南族、布朗族、普米族、珞巴族。

续表

分组		人数（人）
宗教信仰	①佛教	81
	②基督教	78
	③伊斯兰教	89
	④天主教	88
	⑤道教	74
	⑥无神论者	1672
居住省	①北京	211
	②天津	206
	③河北	204
	④辽宁	208
	⑤山东	200
	⑥福建	212
	⑦宁夏	214
	⑧河南	202
	⑨江西	216
	⑩贵州	209
居住地属性	①城市	696
	②县城	697
	③农村	689

第五节 调查结果分析

一 可信度检测

（一）信度和效度的含义和计算方法

在对问卷的结果进行统计分析之前，必须先对其信度和效度进行分析。只有信度和效度在研究范围内可以接受时，问卷统计分析结果才是可靠和准确的。本书将运用心理学对信度和效度的分析方法，运用SPSS统计分析软件对数据进行分析。

1. 信度（reliability）

信度又称可靠性、重复性、稳定性或精密度，用以反映相同条件下重复测定结果的一致程度。信度主要受随机因素的影响，测量结果发生的偏差往往不具有方向性。一个好的测验必须是稳定可靠的，多次使用所获得的结果是前后一致的。

信度的计算方法：测验的信度是用信度系数的大小来表示的，根据测量理论，信度系数可表示为：

$$r_{xx} = \frac{S_t^2}{Sx^2} \tag{4—1}$$

r_{xx} 表示测量的信度系数，S_t^2 代表真变异数，Sx^2 代表实得变异数。

但是在实际测量中，一般只能获得实际分数（X）及实得变异数（Sx^2），而真分数（T）及真变异数（S_t^2）是无法获得的。因此，依据上述公式还无法计算信度系数。在统计上，主要采用相关分析的方法即机算两列变量的相关系数，用相关系数的大小来表示信度的高低。一般用克朗巴哈系数（Cronbach's α）反映量表的信度，简称α系数。α系数越大，越接近1，信度越好。一般认为，当α系数大于0.9时，该测验或量表的信度甚佳；当α系数大于0.8以上，该测验或量表的信度很好；当α系数大于0.7时，该测验或量表的信度良好，但该量表应进行一定的修订；当α系数小于0.7时，该量表应重新设计。

2. 效度（validity）

效度是指测量的有效程度或测量的正确性，即一个测验能够测量出所要测量特性的程度，意指量表测定了它打算（所要）测定的特质或功能（而不是其他特质或功能）以及测定的程度。它包含两层意思：（1）测量了什么；（2）测量的程度。

效度被定义为：在一系列测量中，与测量目的有关的真变异数（有效变异）与总变异数之比：

$$r_{xy} = \frac{Sv^2}{Sx^2} \tag{4—2}$$

r_{xy} 表示测量的效度系数，Sv^2 代表有效变异数，Sx^2 代表总变异数。

效度的评估方法有三种：一是相关法，它是评估效标效度最常用的方法，用来求测验分数与效标资料间的相关，这一相关系数被称为效度系数；二是区分法，它是检验测验分数能否有效地区分由效标所定义的团体的一种方法；三是命中率法，它是当测验用来做取舍的依据时，用其正确决定的比例作为效度指标的一种方法。本书采用的是相关法，用相关系数来表示。

3. 信度和效度的关系

由上述信度和效度的计算公式可以进行以下推导：

$$S_t^2 = Sv^2 + Si^2 \quad (Si^2 \text{ 表示系统误差方差}) \tag{4—3}$$

$$r_{xy} = \frac{S_v^2}{S_x^2} = \frac{S_t^2 - Si^2}{S_x^2} = r_{xx} - \frac{Si^2}{S_x^2} \tag{4—4}$$

$$r_{xy} \leq r_{xx} \tag{4—5}$$

从以上证明可以看出，测验效度受测验信度所制约，而且效度系数不会大于信度系数。效度高的测验，信度必定高；但信度高的测验，效度则未必高。

（二）信度的测量

根据量表关心的重点不同，信度可分为以下两种：一是内在信度，它指的是调查表中的一组问题（或整个调查表）测量的是否是同一个概念，也就是这些问题之间的内在一致性如何。如果内在信度系数在 0.8 以上，则可以认为调查表有较高的内在一致性。最常用的内在信度系数为α系数。二是外在信度，它是指在不同时间进行测量时调查表结果的一致性程度。最常用的外在信度指标是重测信度，即用同一问卷在不同时间对同一对象进行重复测量，然后计算一致程度。根据本书的性质，采用的是内在信度的测量法。根据问卷的统计结果，2082 份有效问卷的信度系数为 0.0847>0.8，因此可以认为本问卷的内部信度是比较好的（见表 4—2）。

表 4—2　　　　　　　　　　　　　信度统计

克朗巴哈系数 （Cronbachs Alpha）	标准化后的克朗巴哈系数 （Cronbachs Alpha Based on Standardized Items）	变量数目 （N of Items）
.847	.937	110

（三）效度的测量

检验效度的方法有三种：内容效度、准则效度和结构效度。

1. 内容效度

内容效度也称表面效度或逻辑效度,是指测量目标与测量内容之间的适合性与相符性。一个测量要具备较好的内容效度必须满足两个条件:一是确定好内容范围,并使测量的全部项目均在此范围内。二是测量项目应是已界定的内容范围的代表性样本。换句话说,就是选出的项目能包含所测的内容范围的主要方面,并且使各部分项目所占比例适当。

本次问卷的内容设计过程中严格按照以下步骤进行:确定问卷内容范围—找导师和心理学专家研讨设计方案—编写问卷—再次找专家讨论问卷—形成问卷初稿—试调查—修改和补充问卷内容—形成问卷定稿。在编写问卷环节中,由于国内目前关于公众对专家的信任研究还较少,所以问卷内容是基于前期国外对公众对专家的信任研究分析的基础上编制的,量表都是从已有的代表性的问卷库中抽取的。所以,本问卷的内容效度符合要求。

2. 准则效度

准则效度又称效标效度、实证效度、统计效度、预测效度或标准关联效度,是指用不同的几种测量方式或不同的指标对同一变量进行测量,并将其中的一种方式作为准则(效标),用其他的方式或指标与这个准则作比较,如果其他方式或指标也有效,那么这个测量即具备效标效度。本调查问卷均是根据国外已有研究的问卷进行编制的,量表中的每一个变量都是经过规范性和准确性的验证的,所以问卷符合准则效度要求。

3. 结构效度

结构效度也称构想效度、建构效度或理论效度,是指测量工具反映概念和命题的内部结构的程度。它一般是通过测量结果与理论假设相比较来检验的。如果用某一测量工具对某一命题(概念)测量的结果与该命题变量之间在理论上的关系相一致,那么这一测量就具有结构效度。确定结构效度的基本步骤是:首先从某一理论出发,提出关于特质的假设;然后设计和编制测量并进行施测;最后对测量的结果采用相关分析或因素分析等方法进行分析,验证与理论假设的相符程度。

本书采用 SPSS 因子分析[①]里面 Descriotives 的 KMO 和 Bartlett 检验来

---

① 因子分析是通过研究多个变量间相关系数矩阵(或协方差矩阵)的内部依赖关系,找出能综合所有变量的少数几个随机变量,这几个随机变量是不可测量的,通常成为因子。然后根据相关性的大小把变量分组,使得同组内的变量之间相关性较高,而不同组的变量相关性较低。

检验结构效度。KMO 的值如果>0.5，则说明因子分析的效度较好，可以进行因子分析；另外，如果 Bartlett 检验的 P<0.001，说明因子的相关系数矩阵非单位矩阵（独立矩阵），能够提取最少的公因子，同时又能解释大部分的方差，即结构效度比较好。因子分析方法也是心理学专业最常用的效度检验方法。

（1）基本结果分析

Kaiser-Meyer-Olkin（KMO）检验用于检查变量间的偏相关性，取值在 0—1。KMO 统计量越接近于 1，变量间的偏相关性越强，因子分析的效果越好。实际分析中，KMO 统计量在 0.7 以上时，效果很好；在 0.5—0.7 时，效果比较好；在 0.5 以下时，不适合运用因子分析法，应考虑重新设计变量结构或者采用其他统计分析方法。如表 4—3 所示，Bartlett 检验（Bartlett 统计中，P=0.000<0.001）可以看出，应拒绝各变量独立的假设，即变量间具有较强的相关性。同时，KMO 统计量为 0.882>0.7，说明各变量间信息的重叠程度比较高，并可以做出因子分析模型。

表 4—3　　　　　　　　　　KMO 和 Bartlett 的测试

KMO 测量		.882
Bartlett 球度检验	卡方检验（Approx. Chi-Square）	12566.580
	自由度（df）	105
	差异检验（Sig. Bartlett）	.000

根据累计方差贡献率，选出前 15 个变量 X1—X15，进行因子分析。变量共同度（communalities）是表示各变量中所含原始信息能被提取的公因子所表示的程度，由表 4—4 所示的变量共同度可知：几乎所有变量共同度都在 70% 以上，因此所提取的这几个公因子对各变量的解释能力是较强的。

表 4—4　　　　　　　　　　变量共同度

全部主成分（Component_ Total）	初始值（Initial）	抽取值（Extraction）
X1. 您是否了解气候变化相关的知识或政策？	1.000	.950

续表

全部主成分（Component_ Total）	初始值（Initial）	抽取值（Extraction）
X2. 您最信任哪种获取信息的方式？	1.000	.997
X3. 您认为专家是否与您价值一致？	1.000	.718
X4. 您是否信任气候变化活动中的专家？	1.000	.972
X5. 您对过去风险治理的效果非常满意	1.000	.831
X6. 您相信风险治理的过程公平、合法	1.000	.830
X7. 您是否愿意参加气候变化相关活动？	1.000	.869
X8. 您是否愿意为气候变化的治理付出个人的努力？	1.000	.852
X9. 处理气候变化风险事件中，您认为专家和决策者的治理是否有效？	1.000	.831
X10. 您是否相信气候变化引发的风险信息属实？	1.000	.930
X11. 您认为专家是否与您立场一致？	1.000	.771
X12. 您认为专家是否与您同一目标？	1.000	.748
X13. 您认为专家是否支持您的观点？	1.000	.781
X14. 您认为专家是否与您行为一致？	1.000	.768
X15. 您认为专家是否与您观点一致？	1.000	.749

表 4—5　　方差解释表格

全部主成分（Component_ Total）	初始特征根（Initial Eigenvalues）		
	全部解释方差（Y）	变量百分比（%）	累计百分比（%）
X1. 您是否了解气候变化相关的知识或政策？	5.025	33.501	33.501
X2. 您最信任哪种获取信息的方式？	1.810	12.067	45.568
X3. 您认为专家是否与您价值一致？	1.407	9.378	54.946
X4. 您是否信任气候变化活动中的专家？	1.236	8.238	63.184
X5. 您对过去风险治理的效果非常满意	.893	5.952	69.136

续表

全部主成分（Component_Total）	初始特征根（Initial Eigenvalues）		
	全部解释方差（Y）	变量百分比（%）	累计百分比（%）
X6. 您相信风险治理的过程公平、合法	.806	5.376	74.512
X7. 您是否愿意参加气候变化相关活动？	.771	5.139	79.651
X8. 您是否愿意为气候变化的治理付出个人的努力？	.649	4.328	83.979
X9. 处理气候变化风险事件中，您认为专家和决策者的治理是否有效？	.589	3.925	87.904
X10. 您是否相信气候变化引发的风险信息属实？	.380	2.533	90.437
X11. 您认为专家是否与您立场一致？	.345	2.300	92.737
X12. 您认为专家是否与您同一目标？	.304	2.025	94.762
X13. 您认为专家是否支持您的观点？	.295	1.967	96.729
X14. 您认为专家是否与您行为一致？	.271	1.808	98.537
X15. 您认为专家是否与您观点一致？	.219	1.463	100

而表4—5方差解释表格显示，只有前4个因子的特征根大于1，因此在理论上只有前4个公因子X1—X4对其他变量的影响最大，而其他变量的影响作用不明显。

为了更加形象地刻画表4—5中的内容，下面用碎石图来表示公因子的特征根：

如图4—2所示，碎石图用以显示各因子的重要程度，横轴为因子序号，纵轴表示特征根大小。它将因子按特征根从大到小依次排列，从中可以非常直观地了解到哪些是最主要的因子。前面陡峭的坡度对应较大的特征根，作用明显；后面的平台对应较小的特征根，其影响不明显。由此可知前4个因子的散点位于陡坡上，而后11个因子的散点基本形成平台且特征根均小于 1，因此至多考虑前 4 个公因子即可。

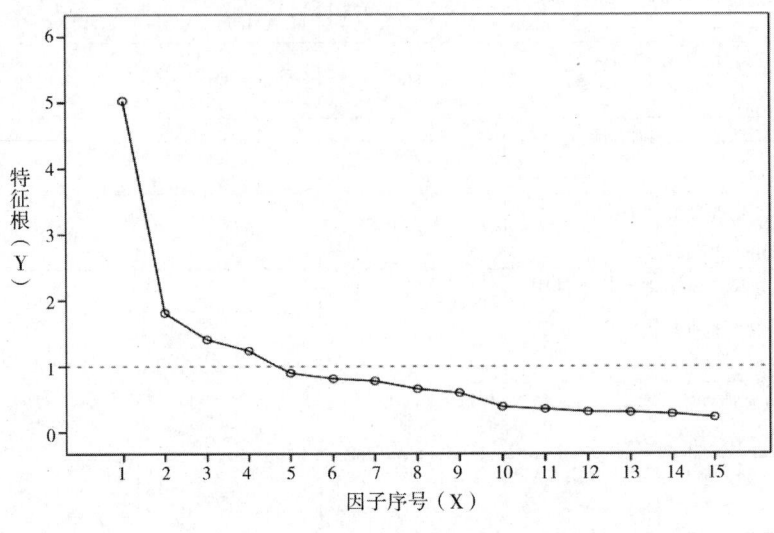

图 4—2　碎石图

（2）因子旋转分析

因子分析要求提取出的公因子有实际意义，从各因子和原始变量的相关系数可以看出，现在各因子的意义不是很明显，为了使因子载荷矩阵中系数更加明显，可以对初始因子载荷矩阵（Component Matrix[a]）进行旋转，使因子和原始变量间的关系进行重新分配，相关系数向 0—1 分化，从而更加容易进行解释（见表 4—6）。

表 4—6　　　　　　　因子与原始变量的相关性统计

初始因子载荷矩阵				
题目列项	主成分因子（Component）			
	X1	X2	X3	X4
X1. 您是否了解气候变化相关的知识或政策？	.250	.232	-.348	.502
X2. 您最信任哪种获取信息的方式？	.135	.094	-.215	.548
X3. 您认为专家是否与您价值一致？	.816	-.135	-.132	.984

续表

题目列项	主成分因子（Component）			
	X1	X2	X3	X4
X4. 您是否信任气候变化活动中的专家？	.512	.404	.980	.114
X5. 您对过去风险治理的效果非常满意	.306	.779	-.085	-.186
X6. 您相信风险治理的过程公平、合法	.352	.741	.041	-.274
X7. 您是否愿意参加气候变化相关活动？	.164	.000	.704	.244
X8. 您是否愿意为气候变化治理付出个人的努力？	.204	-.038	.568	.506
X9. 处理气候变化风险事件中，您认为专家和决策者的治理是否有效？	.419	.443	.151	.213
X10. 您是否相信气候变化引发的风险信息属实？	-.042	.036	.596	-.403
X11. 您认为专家是否与您立场一致？	.850	-.212	-.007	-.032
X12. 您认为专家是否与您同一目标？	.828	-.230	-.008	-.091
X13. 您认为专家是否支持您的观点？	.849	-.229	-.013	-.050
X14. 您认为专家是否与您行为一致？	.854	-.119	-.087	-.113
X15. 您认为专家是否与您观点一致？	.832	-.212	.017	-.034

从表4—6中可以看出，各因子和原始变量的相关系数有明显的差异，说明因子的相关性意义显著，因此不必再进行因子旋转的分析，直接可以得出相关性分析结论：

第1公因子在X3、X4、X11、X12、X13、X14、X15有较大的载荷（相关系数大于0.5），价值观、立场、目标、行为、观点和信任都反映了价值一致性，说明知识的掌握程度与价值相关；第2公因子在X5、X6有较大的载荷，公众对过去风险治理的效果和风险治理的过程中是否公平、合法的态度较大程度上影响了公众获取信息的渠道；第3公因子在X4、X7、X8、X10有较大的载荷，说明公众对专家的信任、公众参与风险治理活动的意愿、个人对风险治理的付出和信息真实性几个方面对价值一致性的影响较大；第4公因子在X1、X2、X3、X8有较大的载荷，说明公众知识的掌握程度、公众信任的信息传播途径、公众与专家的价值一致性程度、个人对风险治理的付出都会影响公众对专家的信任，尤其是公众与专家的价值一致性程度与信任的相关系数为0.984，绝对值接近于1，说明价值一致与信任强相关（具体分析见表5—1和表5—2）。

二　气候变化知识的知晓度

气候灾害每年都会造成大量的人员伤亡和社会经济损失。据统计，1980—2010年全球范围内记录到的重大自然灾害（死亡人数超过500人，或经济损失超过6.5亿美元的灾害事件）共773件，总共导致了200万人丧生、2.5亿美元的经济损失和6000亿美元的保险损失，其中88%的自然灾害、59%的死亡、75%的经济损失和91%的保险损失，均是由气候灾害及其次生灾害引起的。尤其是近几年，因气候变暖引起的灾害越来越频繁，公众受到前所未有的人身安全和财产的巨大损失。那么，我国公众对气候变化知识了解多少呢？

对气候变化的知晓程度主要从以下两个方面考察：一是公众对气候变化概念的了解；二是公众对气候变化相关知识的回答状况，包括引起气候变化的原因、气候变化的危害和国内外有关气候变化的政策。

首先要明确数据语言的规范性，后文中关于百分比描述语言符合表4—7的规定。

表4—7　　　　　　　　百分比的描述语规范

	0%—20%	20%—40%	40%—60%	60%—80%	80%—100%
描述语	极小部分	小部分	一半左右	大部分	极大部分

（一）公众对气候变化的了解

1. 对概念的了解

调查显示，95.5%的公众听说过全球气候变化，4.5%的公众没有听说过（见表4—8和图4—3）。这说明大部分中国公众对全球气候变化的概念有印象，具体的了解程度还要看公众对气候变化相关知识的了解。公众对于气候变化的概念了解与公众所在的地区、职业、城乡等有关。

表 4—8　　　　　　　　　公众对气候变化概念的了解

您是否听说过全球气候变化				
选项	人数（人）	百分比（%）	有效百分比（%）	累计百分比（%）
是	1988	95.5	95.5	95.5
否	94	4.5	4.5	100.0
合计	2082	100.0	100.0	

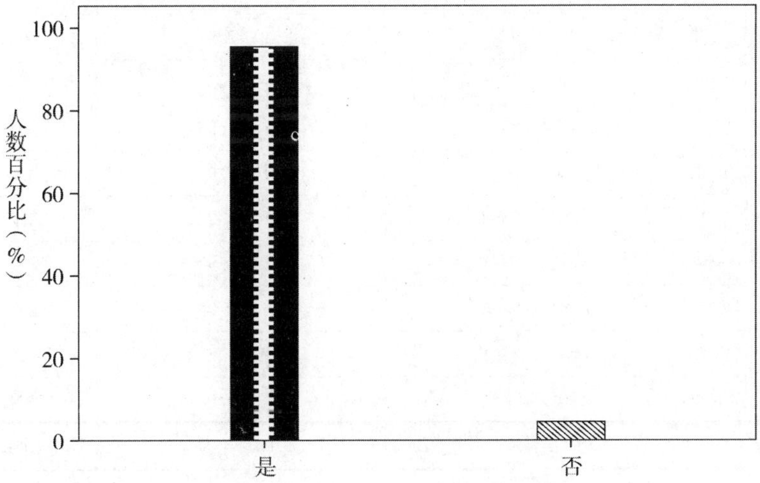

图 4—3　公众对气候变化概念的了解

(1) 了解情况与区域的关系

公众对于气候变化的概念了解程度在区域上差异较大，相比之下，山东的受访者对"您是否听说过全球气候变化"的回答为"是"的占比例最大，为100.0%；其次是宁夏，为99.1%；第三位是贵州，为98.1%。回答"否"的占比最大的是辽宁，为16.8%；其次是江西，为6.9%；第三位是河南，为5.4%（见表4—9）。可见，公众对气候变化的初步了解在各省的情况均不同，这与各地的公众素养、当地政府和媒体的宣传、当地发生气候变化的风险事件的经历有关。

(2) 了解情况与职业的关系

公众对气候变化的了解情况与职业有关，如表4—10所示，研究员和企业工作人员听说过气候变化的比例是100%，而农民是回答"否"的占比例最多的人群,占农民自身比为40.0%;学生回答"否"的占学生自身比为5.5%。

表4—9 公众对气候变化概念的了解与区域的关系

居住省市 * 您是否听说过全球气候变化交叉分析(Crosstabulation)

选项		您是否听说过全球气候变化		总人数(人)
		是(人,%)	否(人,%)	
居住省市	北京	204 96.7	7 3.3	211
	天津	200 97.1	6 2.9	206
	河北	199 97.5	5 2.5	204
	辽宁	173 83.2	35 16.8	208
	山东	200 100.0	0 0.0	200
	福建	203 95.8	9 4.2	212
	宁夏	212 99.1	2 0.9	214
	河南	191 94.6	11 5.4	202
	江西	201 93.1	15 6.9	216
	贵州	205 98.1	4 1.9	209
合计		1988 95.5	94 4.5	2082

表4—10 公众对气候变化概念的了解与职业的关系

	选项		您是否听说过全球气候变化		合计
			是	否	
职业	离退休人员	人数(人)	187	1	188
		职业百分比(%)	99.5	0.5	100.0
		总数百分比(%)	9.0	0.0	9.0
	自由职业者	人数(人)	185	2	187
		职业百分比(%)	98.9	1.1	100.0
		总数百分比(%)	8.9	0.1	9.0
	专业技术人员	人数(人)	202	1	203
		职业百分比(%)	99.5	0.5	100.0
		总数百分比(%)	9.7	0.0	9.8

续表

选项		您是否听说过全球气候变化		合计
		是	否	
农民	人数（人）	111	74	185
	职业百分比（%）	60.0	40.0	100.0
	总数百分比（%）	5.3	3.6	8.9
工人	人数（人）	180	2	182
	职业百分比（%）	98.9	1.1	100.0
	总数百分比（%）	8.6	0.1	8.7
学生	人数（人）	189	11	200
	职业百分比（%）	94.5	5.5	100.0
	总数百分比（%）	9.1	0.5	9.6
研究员	人数（人）	183	0	183
	职业百分比（%）	100.0	0.0	100.0
	总数百分比（%）	8.8	0.0	8.8
军人	人数（人）	185	1	186
	职业百分比（%）	99.5	0.5	100.0
	总数百分比（%）	8.9	0.0	8.9
企业工作人员	人数（人）	198	0	198
	职业百分比（%）	100.0	0.0	100.0
	总数百分比（%）	9.5	0.0	9.5
事业单位工作人员	人数（人）	180	1	181
	职业百分比（%）	99.4	0.6	100.0
	总数百分比（%）	8.6	0.0	8.7
党政机关工作人员	人数（人）	188	1	189
	职业百分比（%）	99.5	0.5	100.0
	总数百分比（%）	9.0	0.0	9.1
合计	人数（人）	1988	94	2082
	职业百分比（%）	95.5	4.5	100.0
	总数百分比（%）	95.5	4.5	100.0

如果把回答"否"的人群单独统计来看，如表4—11所示，农民占

到 78.72%；其次是学生，占比 11.70%；第三位是自由职业者和工人，均占 2.13%；党政机关工作人员、事业单位工作人员、军人、专业技术人员、离退休人员在回答"否"的人群中也有一定比例，均占 1.06%（见图 4—4）。

表 4—11　　　　　　　　回答"否"的人群的职业分布

职业选项	人数（人）	百分比（%）
农民	74	78.72
学生	11	11.70
自由职业者	2	2.13
工人	2	2.13
党政机关工作人员	1	1.06
事业单位工作人员	1	1.06
军人	1	1.06
专业技术人员	1	1.06
离退休人员	1	1.06
合计	94	100.00

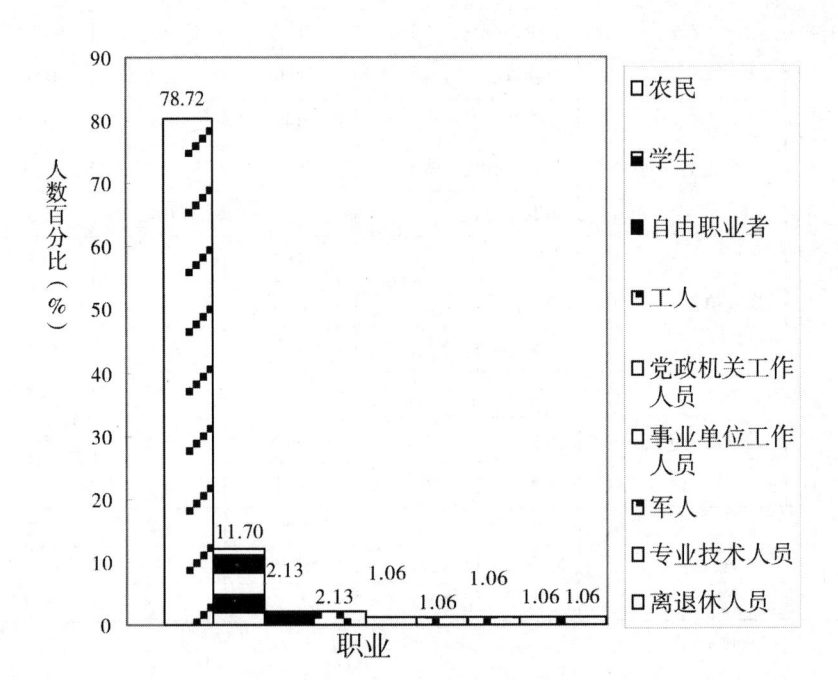

图 4—4　回答"否"的人群的职业分布

分析上述比例的原因，对于气候变化的问题，农民的了解程度较低，因为在农村各方面信息沟通不是很顺畅，上网和讲座等沟通方式有些地方无法实现，尤其是有的山区里很多家庭没有电视，生活闭塞使得农民的信息量明显要低于其他群体。其次，学生的了解程度也不高，说明学生的受教育过程中知识的普及程度还不到位，教育方式和内容需要有进一步的改善。再次，自由职业者和工人的比例也不容忽视，工人是需要一定的知识水平的，但是对于气候变化问题却漠不关心，一方面说明个人的文化主义倾向不同，另一方面也说明企业对于气候变化的相关知识和减缓措施并没有宣传到位，需要加强企业和个体自身的素质；党政机关工作人员、事业单位工作人员、军人、专业技术人员、离退休人员等都各自有一个人回答"否"，虽然相对比例较低，但是这些基本上都是高素质人群，没有听说过全球气候变化的概念更说明信息的传播不到位。

（3）了解情况与城乡情况的关系

表 4—12 显示的是城市、县城和农村对于气候变化概念的了解情况，其中，农村有 11.6% 的公众没有听说过气候变化，县城有 1.6%，城市有 0.4%，说明越是经济发展落后的地方，科学知识的传播越不到位，而经济发达城市的公众极大部分都听说过气候变化。

表 4—12　　公众对气候变化概念的了解与城乡的关系

居住地性质 ∗ 您是否听说过全球气候变化交叉分析（Crosstabulation）					
选项			您是否听说过全球气候变化		合计
			是	否	
居住地性质	农村	人数（人）	609	80	689
		居住地性质百分比（%）	88.4	11.6	100.0
		总数百分比（%）	29.3	3.8	33.1
	县城	人数（人）	686	11	697
		居住地性质百分比（%）	98.4	1.6	100.0
		总数百分比（%）	32.9	0.5	33.5
	城市	人数（人）	693	3	696
		居住地性质百分比（%）	99.6	0.4	100.0
		总数百分比（%）	33.3	0.1	33.4
合计		人数（人）	1988	94	2082
		总数百分比（%）	95.5	4.5	100.0

回答"否"的人群的居住环境分布如表 4—13 所示。单独来看回答"否"的公众，数据显示差异很大，农村有 85.11% 的人没有听说过气候变化，县城有 11.70% 的人没有听说过气候变化，城市有 3.19% 的人没有听说过气候变化。分析其原因，其一是经济发展影响了风险沟通的过程，越是经济发达地区，沟通的途径较多，所以公众了解气候变化知识较为方便；越是经济较落后的农村，沟通不顺畅就会导致公众难以知晓相关信息。其二，最近频繁发生的风险事件基本上都是在城市的工业区、高技术区，区域内的公众经历气候变化引起的风险事件比农村多，所以城市的公民对此问题较为了解（见图 4—5）。

表 4—13　　　　　　　回答"否"的人群的城乡分布

居住地选项	人数（人）	百分比（%）
农村	80	85.11
县城	11	11.70
城市	3	3.19
合计	94	100.00

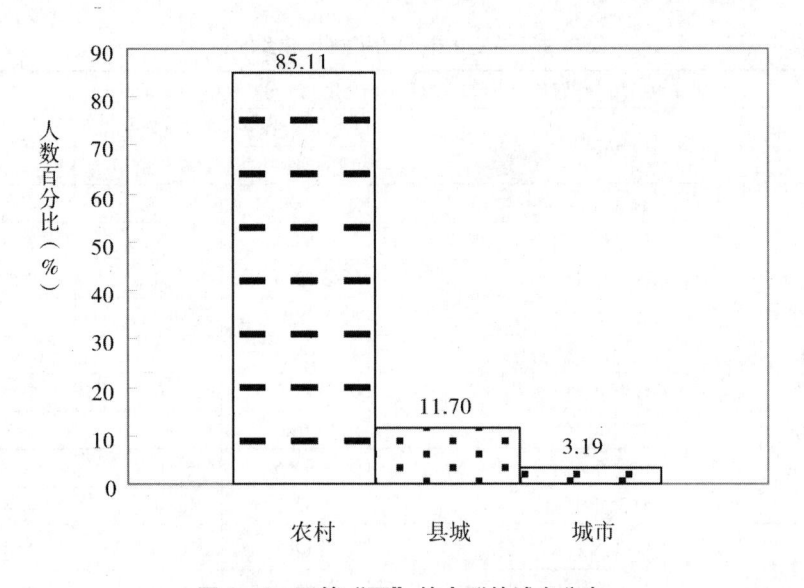

图 4—5　回答"否"的人群的城乡分布

2. 对影响的了解

公众感知的气候变化的影响中,认为"影响很大"的比例为61.6%,一半以上的公众意识到气候变化的影响的严重性,其次是"有一点影响",占18.7%,这两者的和为80.3%,说明大部分公众认为气候变化已经是一个影响严重的问题。而选择"影响不大"和"完全没有影响"的公众分别占8.3%和6.7%,说明有少数公众没有意识到气候变化问题,或者不关心气候变化的影响。另外还有4.7%的公众表示"不知道",极少数人对此问题不关心(见表4—14和图4—6)。

表4—14 公众感知的气候变化的影响

您认为当前气候变化对全球的影响如何				
选项	人数(人)	百分比(%)	有效百分比(%)	累计百分比(%)
完全没有影响	139	6.7	6.7	6.7
影响不大	173	8.3	8.3	15.0
不知道	97	4.7	4.7	19.7
有一点影响	390	18.7	18.7	38.4
影响很大	1283	61.6	61.6	100.0
合计	2082	100.0	100.0	

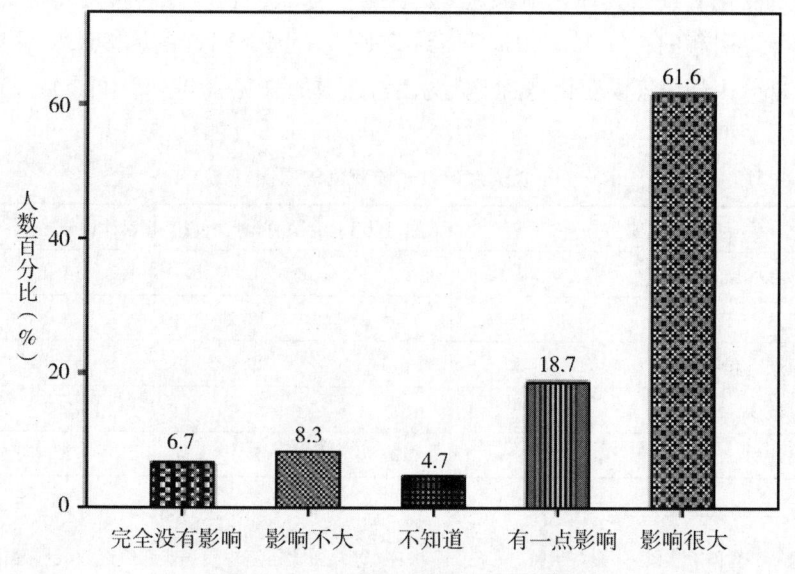

图4—6 公众感知的气候变化的影响

公众对气候变化影响的了解，一方面与公众对气候变化的概念了解程度有关，只有听说过气候变化，才有可能意识到气候变化的影响；另一方面与公众对相关风险事件的经验有关，如果经历过气候变化的相关风险事件，那么就偏向于认为气候变化影响严重，如果没有相关经验则可能认为影响并不严重。

3. 对原因的了解

当前，学术界对于气候变化的原因的争论很激烈，尤其是 NIPCC 于 2009 年和 2011 年两次出台了《气候变化再审视》报告，对于 IPCC 于 1990 年开始每五年发布一次的气候变化评估报告进行了审视，对于 IPCC 的主要观点 "20 世纪中期以来所观测到的绝大部分全球平均地面温度的升高很可能是人为排放的温室气体浓度增加所引起的" 提出了反驳。NIPCC 认为气温变化的主要因素并不是单一的人为因素，还有云、气溶胶、太阳辐射等 10 余项影响因素，并且卫星数据显示 20 世纪最后 20 年变暖趋势较平缓，21 世纪最初 10 年变暖趋势明显下降。[①] 所以，有必要对中国公众感知的气候变化的原因进行调查。

公众认为导致气候变化的原因最主要的是臭氧层空洞，占总人数的比例为 29.4%；其次是化石燃料的燃烧，占 20.7%；第三位是森林减少，占 15.1%；第四位是自然界本身的变化，占 14.0%。在选项中，除去"自然界本身的变化"外，其他选项都是人为因素，那么，表明公众认为气候变化是自然界引起的，仅占 14.0%，而认为是人为因素引起的占 86%，可见，极大部分人相信气候变化是由于人为因素造成的（见表 4—15 和图 4—7）。

表 4—15　　　　　　　公众认为导致气候变化的原因

选项	人数（人）	有效百分比（%）	累计百分比（%）
自然界本身的变化	291	14.0	14.0
核电站	255	12.2	26.2
臭氧层空洞	613	29.4	55.7
森林减少	315	15.1	70.8
人口增加	105	5.0	75.8

[①] ［美］伊狄梭、［澳］卡特、［美］辛格：《气候变化再审视——非政府国际气候变化研究组报告》，张志强、曲建升、段晓南等译，科学出版社 2013 年版，第 16、38 页。

续表

选项	人数（人）	有效百分比（%）	累计百分比（%）
化石燃料（汽油、燃气、煤）	431	20.7	96.5
有毒垃圾（核废料、化学垃圾）	65	3.1	99.7
其他	7	.3	100.0
合计	2082	100.0	

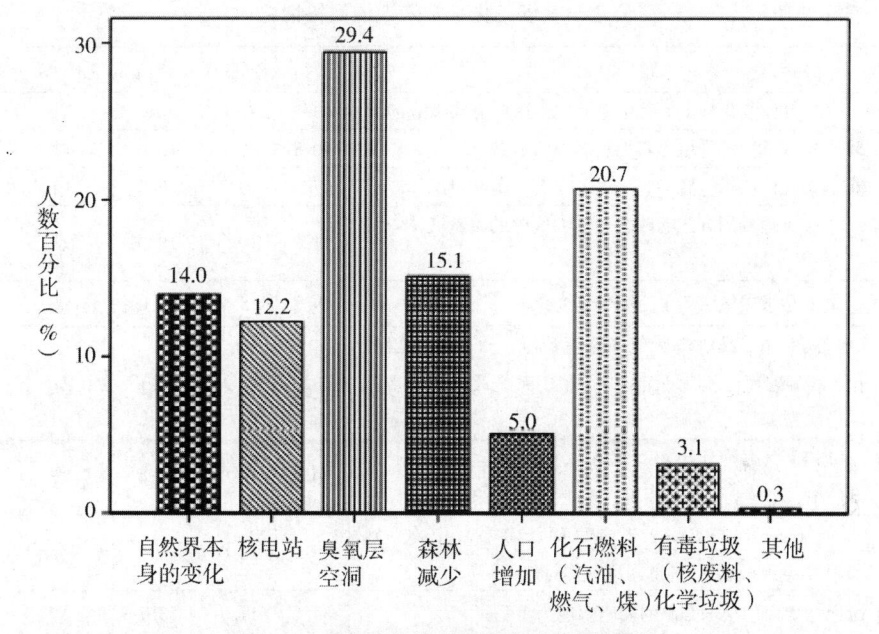

图 4—7　公众认为导致气候变化的原因

分析原因，一是公众的感知与公众的风险知识的知晓度有关，当知识掌握越多时，公众的风险感知越强，公众对气候变化的分析和评估应该越理性；二是公众的感知与风险沟通有关，沟通的效率越高，公众的感知越强，公众对于气候变化的问题就越有可能与决策者和专家的价值观趋向于一致。

（二）公众对气候变化相关知识的回答状况

1. 公众对气候变化基本知识的回答

本部分主要考察公众对气候变化基本知识的了解情况，共设置 11 个问题，其中关于气候变化的原因的问题有 5 个、关于气候变化的危害的有 2 个、关于气候变化政策的有 4 个。

通过对测试题目进行分析可以发现，如表4—16所示，我国公众对"a. 全球气候变化是由大气中温室气体浓度升高造成的"这一观点判断正确的比例最高为83.7%，判断错误和不知道的比例分别为6.7%、9.6%，这与公众日常生活经验息息相关，公众的生产生活中都会有碳排放，比如汽车尾气、工厂的污气等，并且温室气体的相关宣传比较多，所以公众对于温室气体的了解较多。

表4—16　　　　　公众对气候变化基本知识的回答情况　　　　单位：%

题目列项	对	错	不知道	正确答案
a. 全球气候变化是由大气中温室气体浓度升高造成的	83.7	6.7	9.6	对
b. 温室气体主要是由化石燃料燃烧排放的	80.8	8.4	10.8	对
c. 温室气体主要包括一氧化碳、二氧化碳、甲烷等	67.3	20.7	12.0	错
d. 人类土地利用方式的改变造成大气中的温室气体浓度升高	71.8	9.4	18.0	对
e. 臭氧层被破坏引起了全球气候变化	69.3	15.7	15.0	错
f. 气候变化导致极端天气、冰川消融、永久冻土层融化、珊瑚礁死亡、海平面上升、生态系统改变、旱涝灾害增加等	83.0	6.9	10.1	对
g. 政府间气候变化小组（IPCC）的评估，在过去一个世纪里，全球表面平均温度已经上升了3℃到6℃	50.3	7.3	42.4	错
h. 美国与其他国家签署的《京都议定书》中称，到2010年美国将减少7%的温室气体排放	39.1	14.0	46.9	对
i. 欧盟提出的全球升温的安全幅度为1℃	34.6	11.7	53.7	错
j. 1992年联合国环发大会通过《气候变化框架公约》，提出到90年代末使发达国家温室气体的年排放量控制在1990年的水平	36.0	10.7	53.0	对
k. 中国提出的2020年的二氧化碳排放强度目标是下降40%	39.2	8.7	52.1	错

对"f. 气候变化导致极端天气、冰川消融、永久冻土层融化、珊瑚礁死亡、海平面上升、生态系统改变、旱涝灾害增加等"的回答正确比例排列第二，为83.0%。对"b. 温室气体主要是由化石燃料燃烧排放的"的回答正确比例排列第三，为80.8%。对"d. 人类土地利用方式的改变造成大气中的温室气体浓度升高"的回答正确比例较高，为71.8%。这

说明公众对气候变化的原因和危害有所了解。

对"e. 臭氧层被破坏引起了全球气候变化"这一观点判断错误的比例最高,为69.3%,判断正确的比例为15.7%,不知道的比例为15.0%。这与选项a的答对率最高形成对比,如果公众普遍认为气候变化是由温室气体浓度升高引起的,那么为什么同时还有大部分公众认为是臭氧层被破坏引起了全球气候变化?这充分说明公众对气候变化的原因还存在模糊不清的理解,到底是什么原因导致的气候变化,公众没有一个明确的答案,甚至有些人认为这些原因同时存在。对"c. 温室气体主要包括一氧化碳、二氧化碳、甲烷等"这一观点判断错误的比例也较高,为67.3%;判断正确的比例为20.7%;不知道的比例为12.0%。这进一步证明,公众对温室气体的概念并不是很了解。

对"i. 欧盟提出的全球升温的安全幅度为1℃"这一观点回答不知道的比例最高,为53.7%,回答正确的比例34.6%。另外,对"k. 中国提出的2020年的二氧化碳排放强度目标是下降40%"和"h. 美国与其他国家签署的《京都议定书》中称,到2010年美国将减少7%的温室气体排放"回答不知道的比例也较高,分别为52.1%、46.9%。由此可以看出,一半左右的公众对气候变化的相关政策不是很了解,表示"不知道"的比例较大,说明政策的公开性和宣传还不够(见图4—8)。

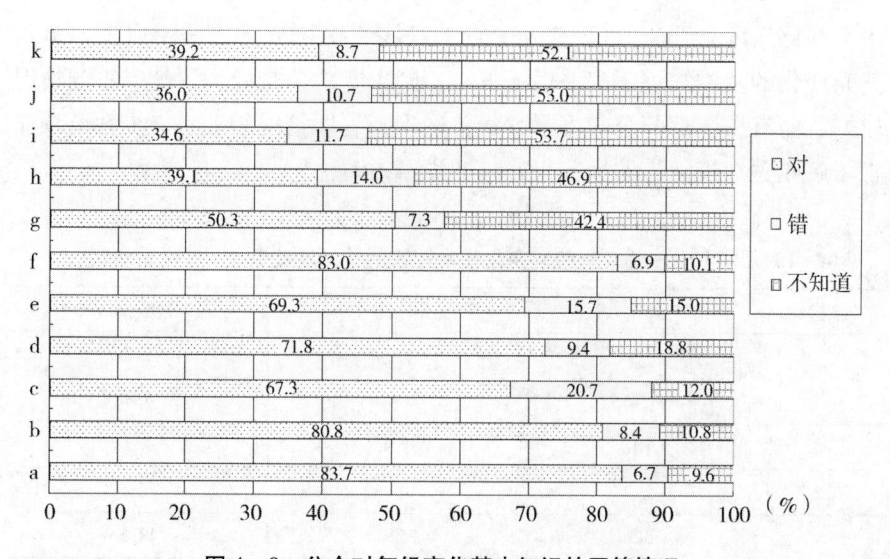

图4—8 公众对气候变化基本知识的回答情况

2. 公众回答气候变化知识的正确率

我们设定：回答对 0—2 个问题的公众对气候变化知识了解程度较差，回答对 3—5 个问题的公众对气候变化知识了解程度一般，回答对 6—8 个问题的公众对气候变化知识了解程度较好，回答对 9—11 个问题的公众对气候变化知识了解程度很好（见表 4—17）。

表 4—17　　公众对气候变化知识的答对率的指数综合评价等级

问题	0—2 个	3—5 个	6—8 个	9—11 个
评价	较差	一般	较好	很好

回答问题正确率统计：在以上 11 个问题的回答中，只有 1 名受访者能够全部回答正确；回答对 6 个问题的比例最高，为 25.1%；其次为回答对 4 个问题的，为 25.0%；然后是回答对 5 个问题的，为 19.0%。答对 11 个问题和 10 个问题的分别有 1 人和 8 人，占比总共为 0.4%。而一道题也没答对的却有 36 人，占总人数的 1.7%。答对题数最少和最多所占的比例都较小，大部分受访者答对题数集中在 3—6 个。尤其是答对题数较高的人群非常稀少（见表 4—18）。

答对题目为 0—2 个的占总人数的比例为 9.2%，3—5 个的占总人数的比例为 58.4%，6—8 个的占总人数的比例为 31.9%，9—11 个的占总人数的比例为 0.6%。综上，从公众的答题正确率可知，一半以上公众对气候变化的基本知识了解一般；只有不到 1/3 的公众较为了解，答题情况较好；而有一少部分公众不了解相关知识，答题情况较差；极少数公众非常了解相关知识，答题情况很好（见图 4—9）。

表 4—18　　公众对气候变化基本知识的答题准确率

题数	人数（人）	有效百分比（%）	累计百分比（%）
0	36	1.7	1.7
1	54	2.6	4.3
2	101	4.9	9.2
3	299	14.4	23.5
4	520	25.0	48.5

续表

题数	人数（人）	有效百分比（%）	累计百分比（%）
5	395	19.0	67.5
6	522	25.1	92.6
7	96	4.6	97.2
8	45	2.2	99.3
9	5	0.2	99.6
10	8	0.4	100.0
11	1	0.0	100.0
合计	2082	100.0	

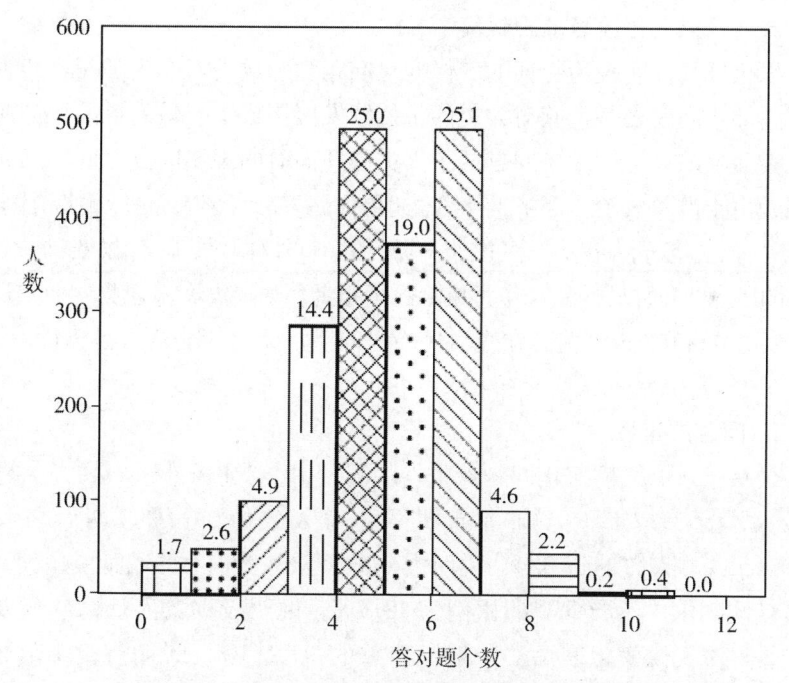

图4—9 公众对气候变化基本知识的答题准确率

按照上面的设定，23.5%的公众对气候变化知识不了解；73.6%的公众对气候变化知识比较了解；仅有2.9%的公众对气候变化非常了解（见图4—10）。

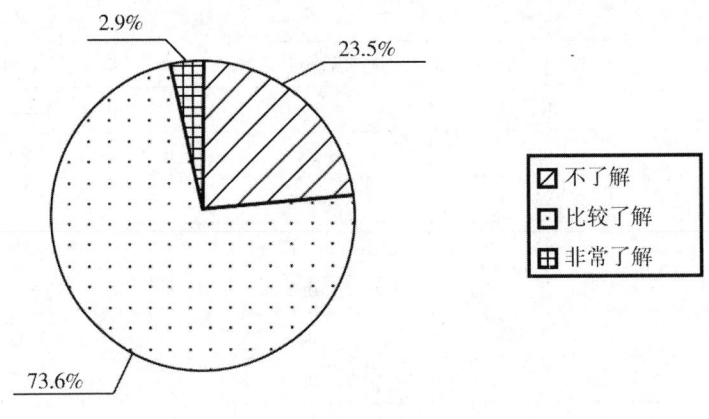

图 4—10　公众对气候变化的了解程度

三　气候变化风险的担忧度

以全球气候变暖为特征的气候变化问题已经成为当今人类面临的主要全球性环境问题之一，它对人类的可持续发展构成了严峻的挑战。如何解决人类面临的可持续发展问题成了人类必须面对的现实问题。同时气候变化问题由于涉及政治、经济、外交、地缘等诸多因素影响而受到国际社会的广泛关注，逐渐成为双边、多边外交场合的中心议题之一。气候变化给社会带来的风险到处可见，公众作为风险的承担者，却因没有专家的专业知识而不能及时分析和判断风险，在应对危险时的手足无措让公众很是担忧。

（一）公众对气候变化的担忧

1. 问题严重性

公众感知的气候变化问题严重性的测量中，"比较严重"占总人数比例最大，为 39.7%，"非常严重"占总人数的 34.1%，两者之和为 73.8%，占总人数的近 3/4，说明大部分公众认为气候变化问题较严重。表示气候变化"不严重"的比例为 13.7%，说明极少数人认为气候变化不严重。对气候变化表示"一般"严重的占 12.5%，说明有极小部分人对气候变化问题不太关注（见表 4—19 和图 4—11）。

公众感知的气候变化的严重性与公众感知的气候变化的影响程度的相关性分析：由表 4—20 可知，公众感知的气候变化严重性与公众感知的气候变化影响程度呈正相关关系，皮尔逊相关系数为 0.436，显著性为 0.000<0.001，说明二者的相关性非常显著。即随着公众感知的气候变化的影响越严重，公众认为气候变化问题越严重。

表 4—19　　　　　　　公众感知的气候变化的严重性

您认为气候变化问题是否严重?				
选项	人数（人）	百分比（%）	有效百分比（%）	累计百分比（%）
一点不严重	81	3.9	3.9	3.9
不严重	204	9.8	9.8	13.7
一般	261	12.5	12.5	26.2
比较严重	827	39.7	39.7	65.9
非常严重	709	34.1	34.1	100.0
合计	2082	100.0	100.0	

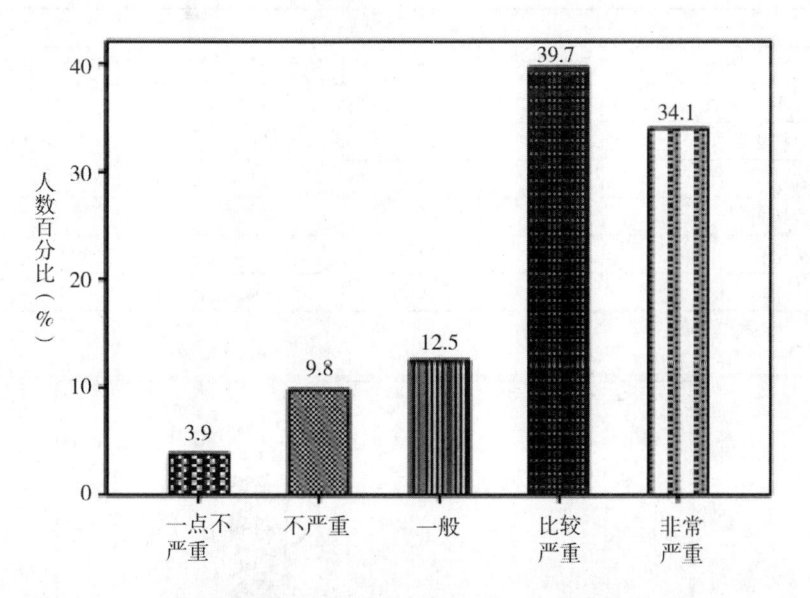

图 4—11　公众感知的气候变化的严重性

表 4—20　　公众感知的气候变化的严重性与影响的相关性分析

题目列项		1	2
1. 您认为当前气候变化对全球的影响如何?	皮尔逊相关系数	1	.436**
	显著系数		.000
	人数（人）	2082	2082
2. 您认为气候变化问题是否严重?	皮尔逊相关系数	.436**	1
	显著系数	.000	
	人数（人）	2082	2082

注：**表示在 0.01（2-tailed）双侧显著相关。

2. 担忧程度

公众对气候变化风险的担忧程度的测量中,"比较担心"占总人数比例最大,为43.3%,"非常担心"占总人数的22.4%,两者之和为65.7%,占总人数的一半以上,说明大部分公众比较担忧气候变化问题。"不太担心"的比例为15.9%,说明极少数人不担心气候变化。对气候变化表示"一般"担心的占18.4%,说明有极小部分人对气候变化问题不太关注(见表4—21和图4—12)。

表4—21　　　　　　　　公众对气候变化的担忧

您是否担心气候变化?				
选项	人数(人)	百分比(%)	有效百分比(%)	累计百分比(%)
完全不担心	95	4.6	4.6	4.6
不太担心	235	11.3	11.3	15.9
一般	384	18.4	18.4	34.3
比较担心	901	43.3	43.3	77.6
非常担心	467	22.4	22.4	100.0
合计	2082	100.0	100.0	

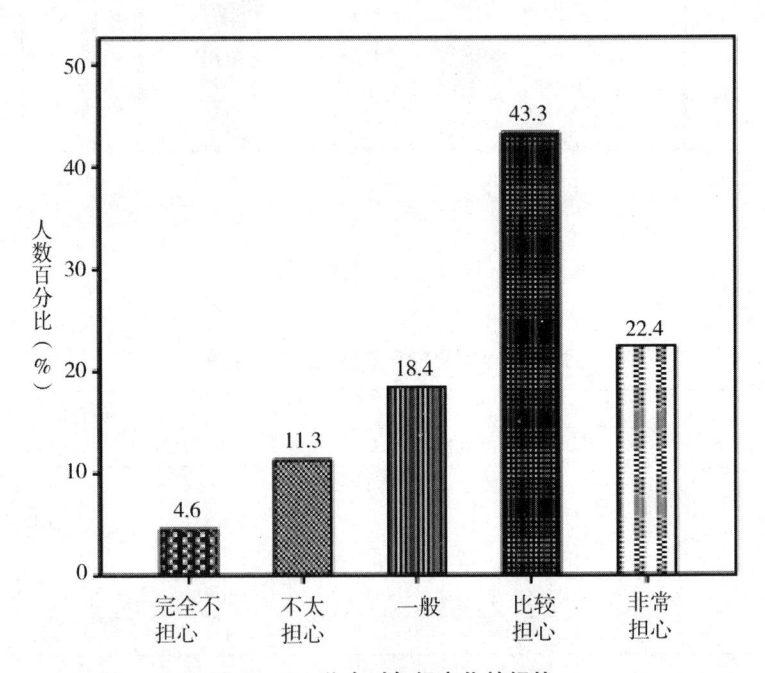

图4—12　公众对气候变化的担忧

3. 感知的危害程度

从危害程度百分比可以看出公众对于各主体所受危害的影响有不同的感知。

公众感知的对各主体的危害程度中,认为对"未来后代"危害最严重的人数比例最大,占总人数的55.8%;第二位的是"动物和植物物种",占46.7%;第三位的是对"您的国家"的影响,占26.7%;第四位的是"其他国家",占23.6%;比重最低的是对"家庭"的影响,只有10.3%。由此可以看出,公众担心气候变化影响最为严重的是对人类生存发展与动物和植物物种的影响。危害较严重的比例中,"您的国家"的比例最大,占总人数的41.3%;第二位的是对"其他国家"的评价,占38.3%。由此可以证明,公众担心气候变化影响较为严重的是国家层面。危害一般的比例中,"您所居住的社区"的比例最大,占总人数的33.5%;第二位的是对"家庭"的评价,占32.2%。这说明公众担心气候变化危害一般的是团体层面,即社区和家庭。有一点危害的比例中,公众认为气候变化对"自己"有一点危害的比例最大,占总人数的29.5%;第二位的是"家庭",占25.6%。完全无危害比例最多的是"自己",占8.2%。这说明,公众担心气候变化有一点危害和完全无危害的是个体层面最多(见表4—22)。

表4—22　　　　　　　　　公众感知的危害程度

选项	危害程度(%)				
	完全无危害	有一点危害	危害一般	危害较严重	危害相当严重
自己	8.2	29.5	25.6	24.4	12.4
家庭	5.2	25.6	32.2	26.7	10.3
您所居住的社区	4.9	17.7	33.5	30.8	13.2
您的国家	5.3	10.7	16.0	41.3	26.7
其他国家	4.0	11.3	22.8	38.3	23.6
未来后代	5.1	8.6	9.5	20.9	55.8
动物和植物物种	5.7	9.2	10.3	28.1	46.7

图4—13显示,完全无危害和有一点危害的是自己占比最多,家庭、您所居住的社区、您的国家、动物和植物物种、未来后代的比例依次减

少；危害一般的是您所居住的社区占比最多，其次是家庭，然后依次是自己、您的国家、动物和植物物种、未来后代；危害较严重和相当严重的比例中，未来后代占比最多，其次依次为动物和植物物种、您的国家、其他国家、您所居住的社区、家庭、自己。由此可以清晰地看出，普遍公众认为气候变化尤其对人类未来后代、动物和植物物种的危害最为严重，说明气候变化是一个长期性、广泛性的不确定事件。同时，公众也意识到气候变化对当下各国的发展也造成了不利影响，所以这是需要全人类共同参与治理的一项长久工程。

项目	完全无危害	有一点危害	危害一般	危害较严重	危害相当严重
动物和植物物种	5.7	9.2	10.3	28.1	46.7
未来后代	5.1	8.6	9.5	20.9	55.8
其他国家	4.0	11.3	22.8	38.3	23.6
您的国家	5.3	10.7	16.0	41.3	26.7
您所居住的社区	4.9	17.7	33.5	30.8	13.2
家庭	5.2	25.6	32.2	26.7	10.3
自己	8.2	29.5	25.6	24.4	12.4

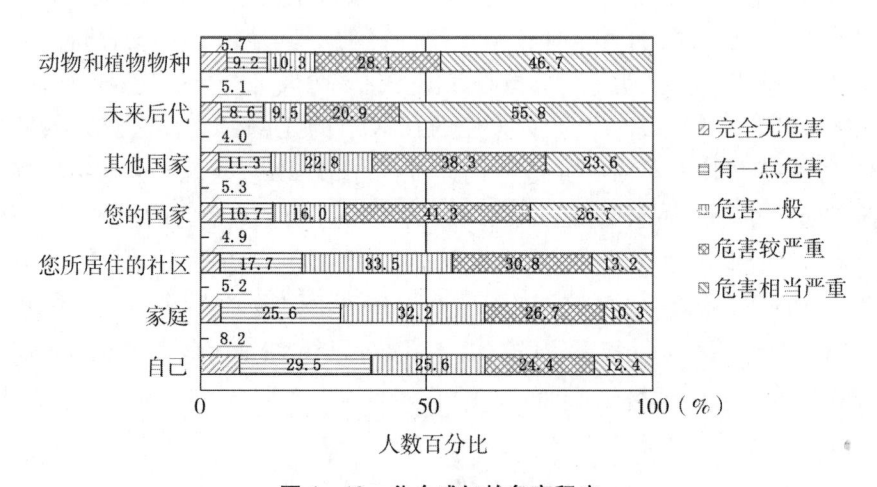

图 4—13　公众感知的危害程度

本题按照自己感觉的危害程度对七个方面进行打分，"1—5 分"依次表示：完全无危害、有一点危害、危害一般、危害较严重、危害相当严重。

从表 4—23 可以看出，普遍公众认为这些选项受气候变化的危害较为严重，平均分都在 3 分以上。公众认为危害最严重的是对未来后代的危害，平均分为 4.14 分；其次是动物和植物物种，平均分为 4.01 分。这说明公众对人类未来的担忧最为严重，考虑最多的是人类的发展。这与调查人员的学历有关，本研究受访对象学历普遍较高，73.2%的受访者学历是大专或本科以上。其次是对国家的危害，您的国家和其他国家分别是 3.73 分和 3.66 分。这说明公众对于国家的发展较为重视，感觉到气候变化已经或将要给世界各国带来危害，同等条件下，公众对本国的担忧更高于其他国家。最后，公众对于自己的危害程度的评分最低，仅为 3.03 分，基本上是危害一般；其次是对家庭的评分，为 3.11 分，对您所居住的社区的影响为 3.30 分。由此可见，公众对于自己、家庭和您所居住的社区受气候变化影响的感知程度并不是很严重，但还是承认有一定的危害的（见图 4—14）。

表 4—23　　　　　　　公众感知的危害程度的描述性统计

选项	数量（人）	最小值（分）	最大值（分）	均值（分）
您认为气候变化对于以下几方面会造成多大危害？				
自己	2082	1	5	3.03
家庭	2082	1	5	3.11
您所居住的社区	2082	1	5	3.30
您的国家	2082	1	5	3.73
其他国家	2082	1	5	3.66
未来后代	2082	1	5	4.14
动物和植物物种	2082	1	5	4.01

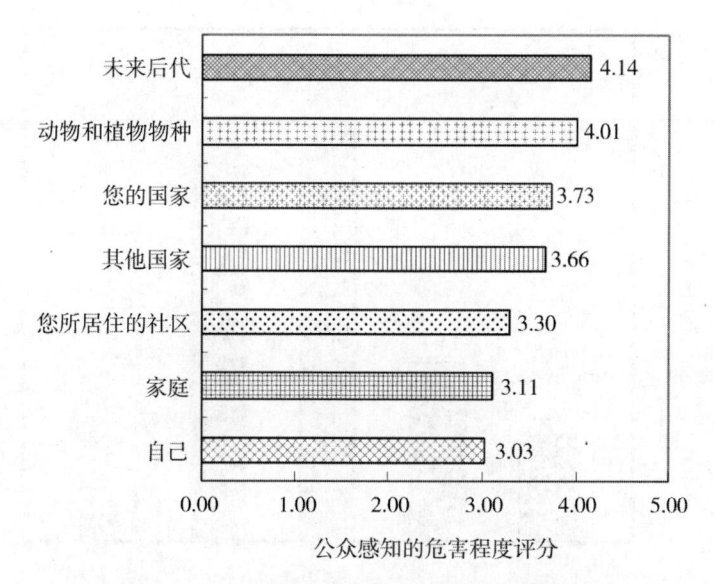

图 4—14　公众感知的危害程度的描述性统计

（二）公众对气候变化的关注度

1. 了解程度

对于气候变化的了解中，39.2%的公众认为自己对气候变化了解"一般";其次是"不太了解",占 32.9%,然后是"比较了解",占 14.7%;"非常了解"和"完全不了解"分别占 8.7% 和 4.4%(见表 4—24 和图 4—15)。

表 4—24　　　　公众认为自己对气候变化知识的了解程度

您是否了解气候变化相关的知识或政策?				
选项	人数(人)	百分比(%)	有效百分比(%)	累计百分比(%)
非常了解	182	8.7	8.7	8.7
比较了解	306	14.7	14.7	23.4
一般	817	39.2	39.2	62.7
不太了解	686	32.9	32.9	95.6
完全不了解	91	4.4	4.4	100.0
合计	2082	100.0	100.0	

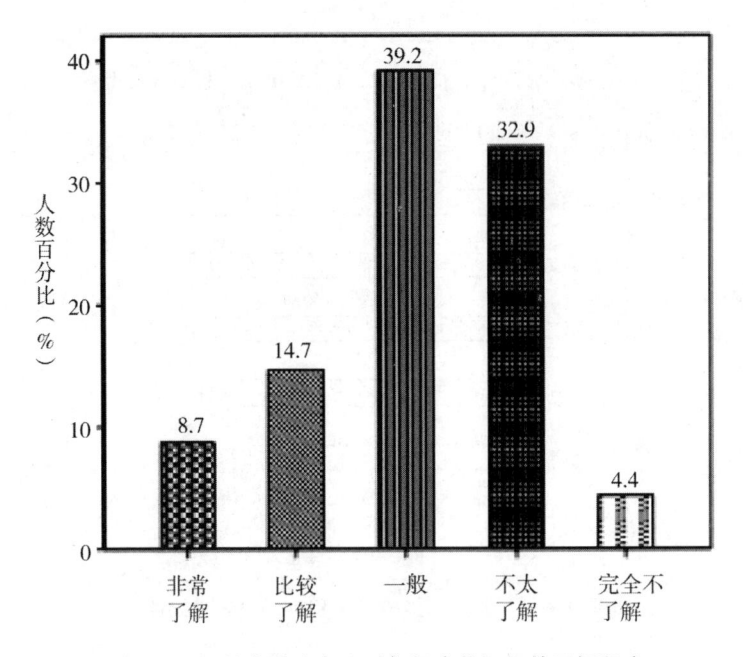

图 4—15　公众认为自己对气候变化知识的了解程度

公众认为自己对气候变化的相关知识和政策的了解不同于公众真正的

知识水平，在对公众知识进行测量中得出的结论是：大部分公众对气候变化的知识了解一般（58.4%，根据答题准确率判断），9.2%的公众答题情况较差，有54.5%左右的公众对相关政策的表示"不知道"。而本题公众感知的对气候变化的了解是：37.3%的公众认为自己不了解气候变化，比例超过总人数的1/3，但却远不及实际答题中不了解的67.6%，说明公众实际对气候变化的知识了解程度比感知的了解程度还要低。

从表4—25可知，68%的公众对于气候变化的了解得分在3.10±0.996区间内，说明大部分公众表示自己对气候变化的了解为"一般"（根据正态分布，小于1个标准差的数值范围，此范围所占比率为全部数值之68%，大于1个标准差且小于2个标准差的比率为全部数值之95%）。

表4—25　　　　　　　公众对气候变化的了解描述性统计

	样本量（份）	最小值（分）	最大值（分）	均值（分）	标准差
您是否了解气候变化相关的知识或政策？	2082	1	5	3.10	.996
有效样本（份）	2082				

2. 与周围人的交流

公众与周围人谈论气候变化的话题的频率，能够体现出公众对此问题的关注度，频率越高，说明公众关注越多。从表4—26可以看出，46.1%的公众选择"偶尔"谈论气候变化，8.9%的公众选择"从来不"谈论气候变化，说明一半以上的公众对气候变化的问题谈论极少；20.8%的公众经常谈论气候变化问题；还有24.3%的公众表示中立态度（见图4—16）。数据表明，公众对于气候变化的话题关注度不高，55.0%的公众很少谈论气候变化。但是，从之前的分析中得知，65.7%的公众很担忧气候变化，说明公众虽然担忧气候变化，但是对此问题的关注度并不高。

表4—26　　　　　　公众与周围人谈论气候变化问题的频率

您与家人和朋友谈论气候变化的话题的频率是多少？				
选项	人数（人）	百分比（%）	有效百分比（%）	累计百分比（%）
经常	222	10.7	10.7	10.7

续表

选项	人数（人）	百分比（%）	有效百分比（%）	累计百分比（%）
较多	210	10.1	10.1	20.7
一般	505	24.3	24.3	45.0
偶尔	959	46.1	46.1	91.1
从来不	186	8.9	8.9	100.0
合计	2082	100.0	100.0	

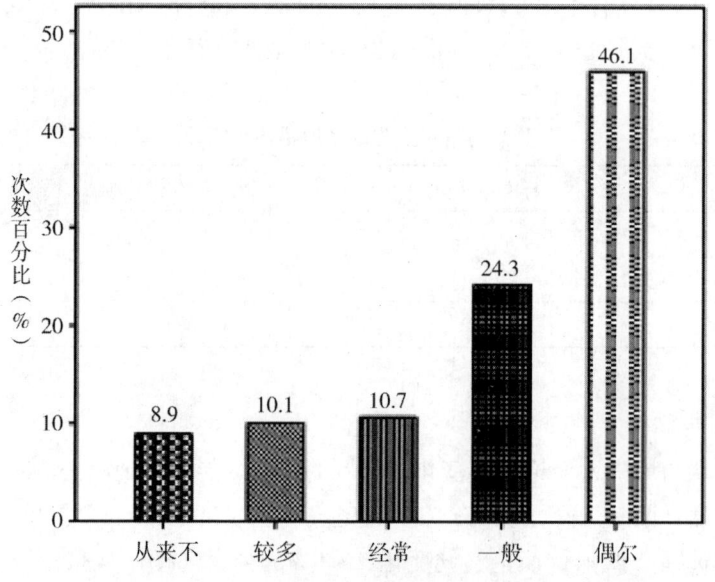

图 4—16　公众与周围人谈论气候变化问题的频率

（三）公众获取气候相关信息的途径

风险沟通中信息的传播尤为重要，公众对气候变化的关注需要考察公众了解气候变化的渠道和公众最信任的渠道。

1. 公众获取信息的主要渠道

调查结果显示，电视是我国公众了解气候变化相关信息的最主要渠道，通过观看电视节目了解时事新闻的公众比例达到43.6%。值得注意的是，25.8%的公众通过网络获取信息，远高于2005年中国公众科学素养调查（6.4%），说明网络为科学知识的传播起到了重要作用。另外，通过读报纸获得信息的比例为第三位，为10.5%；杂志、广播和读书也占有一定比例，分别为 6.9%、6.6%、5.0%；政府通告、和亲戚朋友聊天、讲座也是公众获取信息的渠道，但所占比例都极小，分别为 0.9%、0.5%、0.1%；选择社区宣传、其他方式的公众均占 0%（见表 4—27 和图 4—17）。

2. 公众最信任的获取信息的主要渠道

公众获取信息的渠道与公众最信任的渠道不同，为了体现公众对信息获取途径的信任度，下面单独测量公众最信任的获取信息的渠道。如表 4—28 所示，公众最信任的渠道前三位为电视、政府通告、上网，所占比例分别为 24.5%、23.1%、22.3%，占总数比例共计 69.9%，说明大部分公众对官方发布的信息比较信任。其中电视是公众最信任的获取信息的方式，占总数比例为 24.5%；政府通告、上网、报纸所占比例也较高，分列第二、第三、第四位，比例分别为 23.1%、22.3%、8.6%。读书、杂志、广播、讲座、和亲戚朋友聊天、社区宣传、其他等也占有一定比例，分别为 6.2%、5.1%、5.1%、2.5%、1.6%、0.5%、0.2%（见图 4—18）。

表 4—27　　　　　　　　公众获取信息的主要渠道

	人数（人）	有效百分比（%）	累计百分比（%）
电视	908	43.6	43.6
广播	138	6.6	50.2
报纸	219	10.5	60.8
杂志	144	6.9	67.7
读书	105	5.0	72.7
上网	537	25.8	98.5
政府通告	18	0.9	99.4
社区宣传	1	0.0	99.4
和亲戚朋友聊天	10	0.5	99.9
讲座	2	0.1	100.0
其他	0	0.0	100.0
合计	2082	100.0	

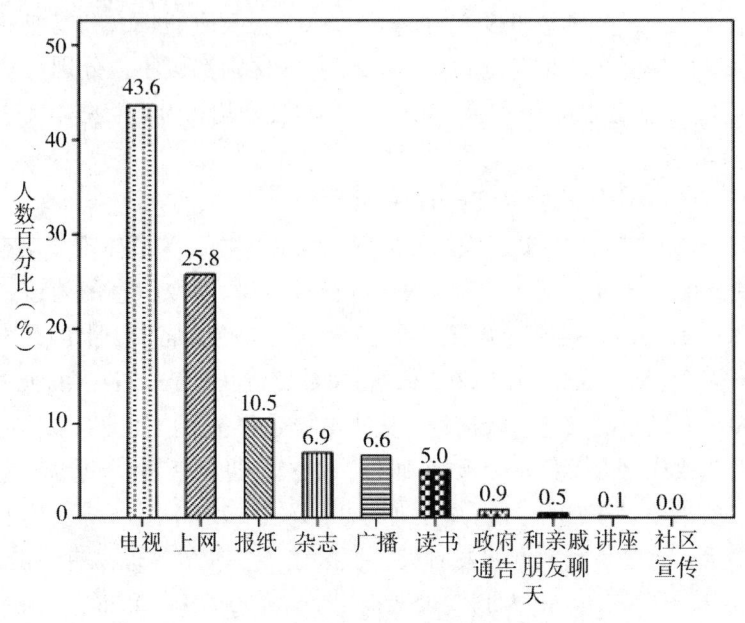

图 4—17　公众获取信息的主要渠道

表 4—28　　　　　　　公众最信任的获取信息的主要渠道

选项	人数（人）	有效百分比（%）	累计百分比（%）
电视	511	24.5	24.5
广播	107	5.1	29.7
报纸	180	8.6	38.3
杂志	107	5.1	43.5
读书	129	6.2	49.7
上网	464	22.3	72.0
政府通告	481	23.1	95.1
社区宣传	11	0.5	95.6
和亲戚朋友聊天	34	1.6	97.2
讲座	53	2.5	99.8
其他	5	0.2	100.0
合计	2082	100.0	

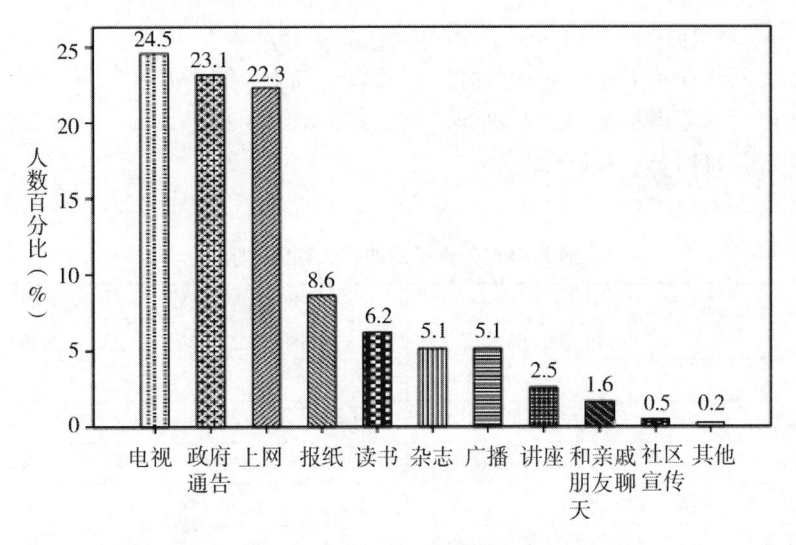

图4—18 公众最信任的获取信息的主要渠道

（数据：电视 24.5，政府通告 23.1，上网 22.3，报纸 8.6，读书 6.2，杂志 5.1，广播 5.1，讲座 2.5，和亲戚朋友聊天 1.6，社区宣传 0.5，其他 0.2）

四 风险沟通状况

气候变化是全球关注的国际问题，决策者和专家一直是探讨问题的主体，但是公众却没有发言权，甚至连知晓权利都没有得到保障。决策者和专家虽然是气候变化问题的主要研究者和参与者，但这两个群体毕竟只占世界人口的少数，而广大公众才是全球气候变化影响的主要人群。因此，只有加强政府、专家、企业、媒体、决策者和环保组织等与公众之间的沟通才能有利于气候变化风险的治理。那么，这些群体之间的风险沟通情况如何呢？调查风险沟通的内容主要包括：其他群体向公众组织调研或宣传的情况、公众主动沟通的方式和公众参与风险沟通的情况。

（一）其他群体向公众组织调研或宣传的情况

其他群体向公众组织调研或宣传的情况中，认为组织过相关活动的占比例最多的是环保组织等机构，占总人数的71.2%；其次是媒体，占67.0%；第三是政府，占53.6%（见表4—29）。这说明：首先，环保机构对气候变化问题的研究和评估比较多，可能经常要对公众做民意调查和知识的传播工作，并且有些环保组织本身就是民间组织，他们会经常举行一些讲座、发布宣传册子等活动向公众宣传气候变化的信息；其次，媒体是政府、专家和公众的沟通桥梁，很多时候都是媒体代表群众表达意见和建议，所以媒体也可能在气候变化问题上展开过相关的调研或宣传；最后,政府在做出一项政策和措施之前,越来越需要得到公众的认可和支持,尤其是在核电站、垃圾焚烧厂的建设过程中,很多公众的反抗行为使得政府对此不得不重视,在气候变化的相关问题上也是如此,所以政府也可能进行过相关工作。

表4—29 其他群体向公众组织调研或宣传的情况

选项	是		否		不知道	
	人数(人)	百分比(%)	人数(人)	百分比(%)	人数(人)	百分比(%)
政府	1115	53.6	401	19.3	566	27.2
企业	577	27.7	715	34.3	790	37.9
媒体	1394	67.0	309	14.8	379	18.2
环保组织等机构	1482	71.2	259	12.4	341	16.4
决策者	653	31.4	428	20.6	1001	48.1
专家	1056	50.7	340	16.3	686	33.0

(二)公众主动沟通的方式

在公众主动进行沟通的方式中,"通过网络联名提议相关意见"所占比例最大,为28.7%;其次为"写信或打电话向有关部门反映",占比17.8%;"直接到政府或机构上访"和"向专家求助,专家代公众反映意见"所占比例均为17.3%;最后是"组织公众进行示威游行",占3.8%(见表4—30和图4—19)。这与上一组数据中"环保组织、媒体和政府向公众作的宣传工作最多"有正相关关系,正是由于以上这些部门做过这些调研和宣传工作,公众才知道找谁、用什么方式来进行沟通,以及怎样能最有效地达到公众目的。"通过网络联名提议相关意见"是通过媒体的力量来提议;"写信或打电话向有关部门反映"、"直接到政府或机构上访"是向政府求助;"向专家求助,专家代公众反映意见"是通过环保组织中的专家来替公众代言。

表4—30 公众主动沟通的方式

发生自然灾害或突发危机事件时,您会通过哪种途径与政府、企业、媒体或专家进行沟通?			
选项	人数(人)	有效百分比(%)	累计百分比(%)
直接到政府或机构上访	361	17.3	17.3

续表

选项	人数（人）	有效百分比（%）	累计百分比（%）
向专家求助，专家代公众反映意见	360	17.3	34.6
通过网络联名提议相关意见	597	28.7	63.3
组织公众进行示威游行	80	3.8	67.1
写信或打电话向有关部门反映	371	17.8	85.0
通过媒体曝光引起管理机构的关注	313	15.0	100.0
合计	2082	100.0	

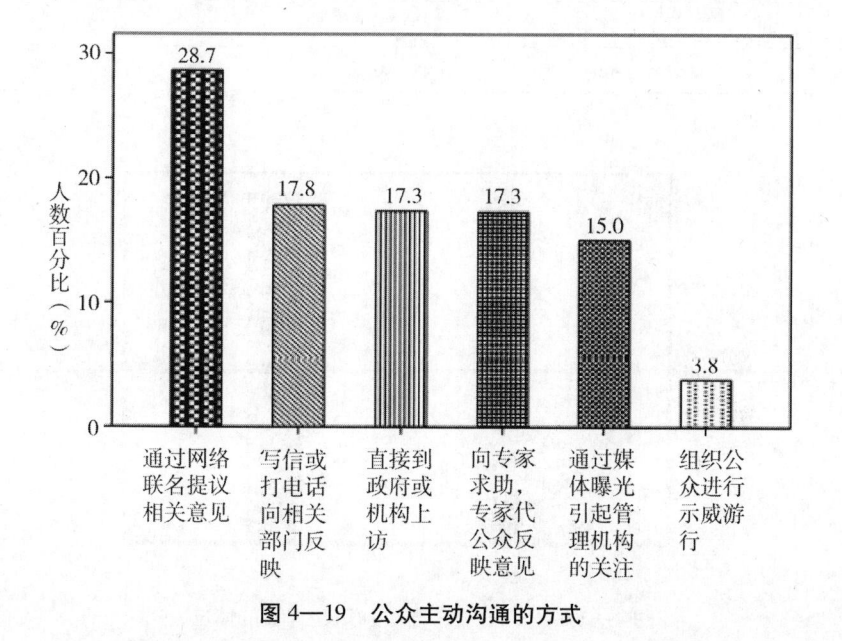

图4—19 公众主动沟通的方式

（三）公众参与风险沟通的情况

当然，其他群体向公众进行调研和宣传后，公众知道怎样进行沟通，但公众是否会在现实中参与沟通呢？从表4—31和图4—20可知，只有20.7%的公众在一年之中主动参与过沟通，而79.3%的公众都没有参与过相关沟通活动。

综上所述，向公众作调研和宣传工作最多的是环保组织、媒体和政府，这些部门的宣传工作促进了环保组织、媒体、政府和公众的风险沟通。但是在2012年中，很少一部分公众参与过风险沟通，一方面可能因为过去一年中很少一部分公众遇到了风险事件,大部分公众没有遇到需要解决的问题;另一方面可能由于公众不信任环保组织、媒体和政府及相关人员,公众不支持他们所提供的处理风险问题的方案和措施,所以公众不愿进行沟通。

表4—31　　　　　　　公众过去一年参加风险沟通的情况

在过去的一年中,您是否参与过上一题中的任何活动?

选项	人数(人)	有效百分比(%)	累计百分比(%)
是	430	20.7	20.7
否	1652	79.3	100.0
合计	2082	100.0	

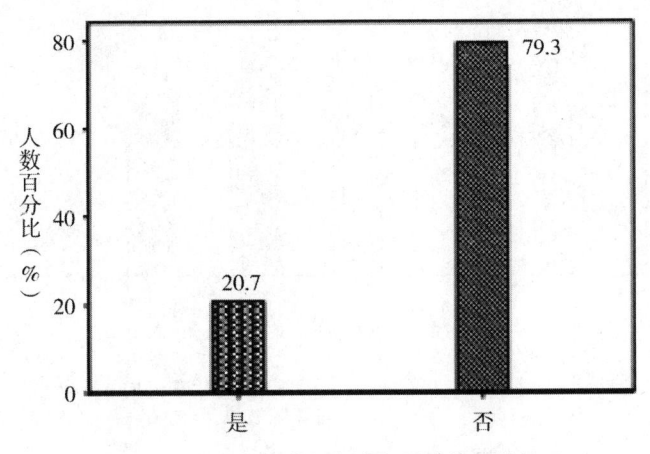

图4—20　公众过去一年参加风险沟通的情况

五　文化价值的测量

文化价值的测量包括三个部分:一是个体文化主义倾向,包括等级主义、个人主义、平均主义和宿命主义;二是事件文化,主要通过个人经验来测量;三是信任价值一致性的判断,主要考量受访者是否与政府、专家、企业、媒体、决策者和环保组织等的价值观相一致。

(一)个体文化主义倾向

个体文化主义倾向包括等级主义(a、b)、个人主义(c、d)、平均主义(e、f)和宿命主义(g)。本题中,"1—5分"分别表示:非常赞成、比较赞成、无所谓、比较反对、非常反对。得分越低,则代表个人偏向哪一种文化主义。

从统计数据可以看出,个人主义的平均分最高为 3.55 分,且是唯一超过 3 分的,说明普遍公众反对个人主义居多。等级主义是得分最低的,仅为 1.93 分,说明公众赞成等级主义。同时,宿命主义的得分也很低,为 1.95 分,说明公众对于风险问题漠不关心。平均主义得分为 2.45 分,处于比较赞成和无所谓之间,说明公众对资源、税收和经济收入等国家发展问题不是特别关注,但还是有一点赞同(见表 4—32 和图 4—21)。

另外,从表 4—33 和图 4—22 可以看出,等级主义占百分比最多,为 40.9%,说明以政治风险作为最大风险的公众占比最多;其次是宿命主义,为 33.1%,说明对各种风险不关注的人群比例较大;第三位的是平均主义,占 20.0%,说明经济风险作为最大风险的人有少部分;最少的是个人主义者,占 6.0%,说明将自然风险作为最大风险的比例极小。

表 4—32　　　　　　个人文化主义变量的描述性统计

选项	样本量(份)	最小值(分)	最大值(分)	均值(分)
a. 我的行为完全是为了祖国利益,完全服从政府和管理机构的决策	2082	1	5	2.21
b. 我认为凝聚力是有利于国家发展的要素之一	2082	1	5	1.65
c. 如果政府不干预,环境等问题将得到更好的解决	2082	1	5	3.51
d. 我的生活所得都是通过个人努力得来的,与我所在的组织和环境没有关系	2082	1	5	3.60
e. 如果资源能够平均分配,那么社会冲突将会减少	2082	1	5	2.55
f. 支持税收转移,赞成通过高收入企业或个人的税收来减少负担	2082	1	5	2.35
g. 对社会问题和风险治理都漠不关心,听天由命	2082	1	5	3.89
有效样本(份)	2082			

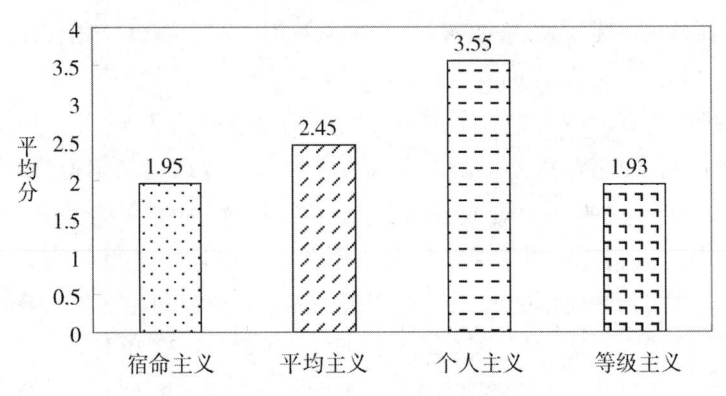

图 4—21 个人文化主义变量的描述性统计

表 4—33　　　　　　　　个人文化主义分类统计

选项	人数（人）	有效百分比（%）	累计百分比（%）
等级主义	851	40.9	40.9
个人主义	125	6.0	46.9
平均主义	416	20.0	66.9
宿命主义	690	33.1	100.0
合计	2082	100.0	

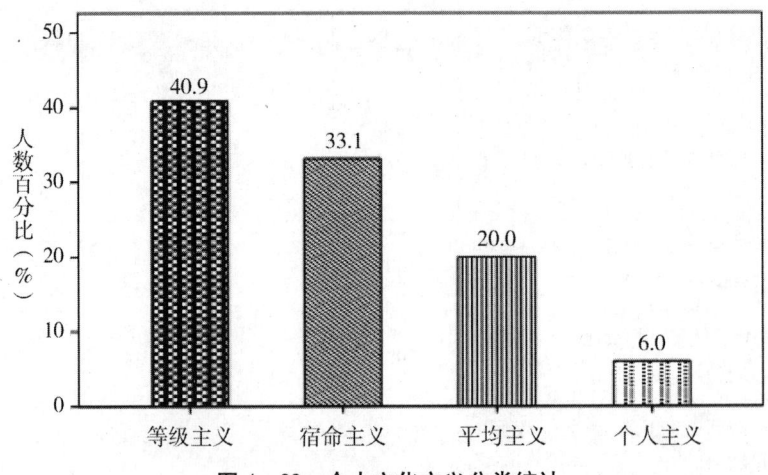

图 4—22　个人文化主义分类统计

总的来说，我国公众普遍赞成等级主义，比较赞成宿命主义，有一点赞成平均主义，反对个人主义。

（二）事件文化

事件文化，是公众感知到的特定事件具有的独特的文化背景。每一种风险事件所携带的背景文化是不一样的，这与公众的感知和公众经历此类风险事件的经验有关。

1. 公众对风险严重性的感知

表4—34显示，公众感知的风险中最大的风险事件是核污染，占总数的47.8%；其次是气候变化，占17.0%；第三位的是垃圾处理，占10.0%。风险最大的前三者各自的比例都超过了10.0%，且比例总和为74.8%，说明大部分公众倾向于认为这三类风险的危害最大。中间位置的几项分别为：食品添加剂9.4%，高铁事故5.9%，电磁波辐射4.3%。风险被认为最小的是火灾，占0.7%；第二是接种疫苗，占1.2%；第三位是抽烟，占1.4%；第四位是医疗事故，占2.4%（见图4—23）。

以上说明公众认为核污染、气候变化、垃圾处理是公众感知风险最大的三项，相比较而言，火灾、接种疫苗、抽烟被感知的风险较小。

表4—34　　　　　　　　公众对各类风险的感知

下列技术风险中，您认为哪一项风险最大？				
选项	人数（人）	百分比（%）	有效百分比（%）	累计百分比（%）
核污染	995	47.8	47.8	47.8
气候变化	353	17.0	17.0	64.8
垃圾处理	208	10.0	10.0	74.8
食品添加剂	195	9.4	9.4	84.1
高铁事故	123	5.9	5.9	90.0
抽烟	29	1.4	1.4	91.4
火灾	15	0.7	0.7	92.1
医疗事故	50	2.4	2.4	94.5
电磁波辐射	89	4.3	4.3	98.8
接种疫苗	25	1.2	1.2	100.0
合计	2082	100.0	100.0	

50 ┤ 47.8

人数百分比（%）

核污染 47.8　气候变化 17.0　垃圾处理 10.0　食品添加剂 9.4　高铁事故 5.9　电磁波辐射 4.3　医疗事故 2.4　抽烟 1.4　接种疫苗 1.2　火灾 0.7

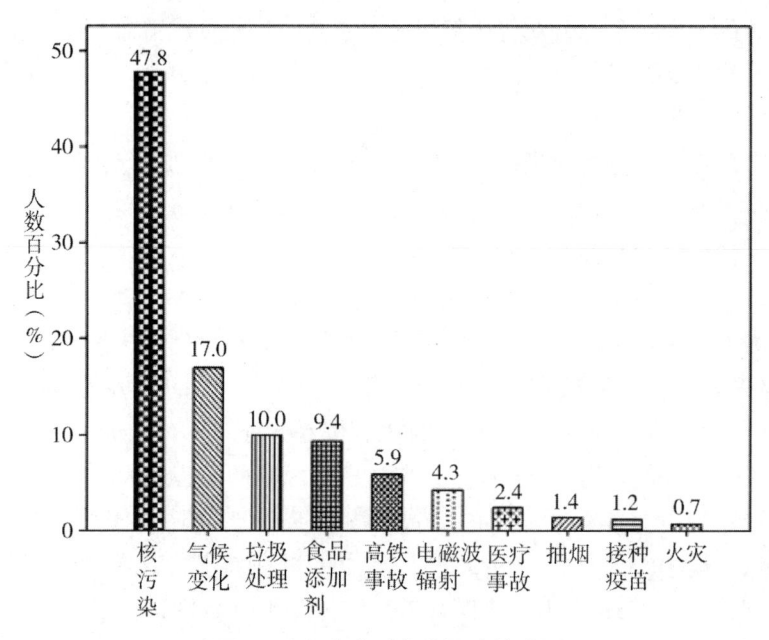

图4—23　公众对各类风险的感知

2. 公众经历类似风险事件的经验

当被问及"以前是否经历过气候变化引起的风险事件"时，54.6%的公众表示经历过，45.4%的公众表示没有经历过相关事件，基本上数量相当（见表4—35和图4—24）。

公众感知的事件的风险大小与公众是否经历过类似风险事件的经验是相关联的。由表4—36可以看出，皮尔逊相关系数为0.054，显著性系数为0.014<0.05，说明二者显著相关。

表4—35　　　　　公众对气候变化相关风险事件的经验

以前是否经历过气候变化引起的风险事件？			
选项	人数（人）	有效百分比（%）	累计百分比（%）
是	1136	54.6	54.6
否	946	45.4	100.0
合计	2082	100.0	

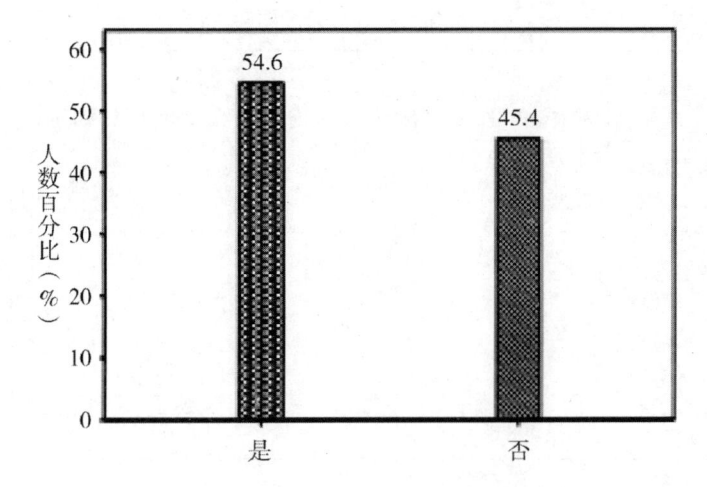

图 4—24　公众对气候变化相关风险事件的经验

表 4—36　　　　　　　　公众感知与公众经验的相关性

题目列项		1	2
1. 下列技术风险中，您认为哪一项风险最大？	皮尔逊相关系数	1	.054*
	显著系数		.014
	人数（人）	2082	2082
2. 以前是否经历过气候变化引起的风险事件？	皮尔逊相关系数	.054*	1
	显著系数	.014	
	人数（人）	2082	2082

注：*表示在 0.05（2-tailed）双侧显著相关。

设自变量 X 为公众经验，因变量 Y 为公众感知风险。根据表 4—37，得出回归方程为：

$$Y = 2.258 + 0.247X \tag{4—6}$$

这进一步说明，随着公众对某类事件经验的增加，公众感知的这类风险会增大。

表 4—37　　公众感知与公众经验的回归分析

模型		未标准化系数		标准化系数	t 检验系数	显著系数（Sig）
		未标准化回归系数（B）	标准误	标准化回归系数（Beta）		
1	常数（Constant）	2.258	.155		14.601	.000
	以前是否经历过气候变化引起的风险事件？	.247	.101	.054	2.459	.014

a. 因变量：下列技术风险中，您认为哪一项风险最大？

（三）信任价值一致性的判断

信任价值一致性的判断主要考察受访者是否与政府、专家、企业、媒体、决策者等主体的价值观相一致。

1. 文化价值判断

文化价值的判断包含六部分：是否价值一致、是否立场一致、是否同一目标、是否支持您的观点、是否行为一致、是否观点一致。本部分采用打分制，1—5 分分别代表：非常一致、比较一致、不清楚、比较不一致、非常不一致。

表 4—38　　公众对不同群体的文化价值一致性的评价得分情况

选项	您认为以下主体是否与您的文化价值一致？					
	价值一致		立场一致		同一目标	
	均值	标准差	均值	标准差	均值	标准差
政府	2.370	1.001	2.340	0.977	2.340	0.962
企业	2.690	0.971	2.560	0.979	2.590	0.956
媒体	2.400	0.887	2.350	0.878	2.290	0.883
环保组织	2.270	0.968	2.270	0.939	2.270	0.932
决策者	2.580	1.013	2.520	1.001	2.530	0.996
专家	2.630	1.054	2.470	1.000	2.440	0.994

续表

选项	价值一致		立场一致		同一目标	
	均值	标准差	均值	标准差	均值	标准差
朋友	2.080	0.824	1.970	0.831	1.980	0.818
亲人	1.890	0.827	1.850	0.829	1.910	0.862

选项	支持观点		行为一致		观点一致	
	均值	标准差	均值	标准差	均值	标准差
政府	2.440	0.956	2.480	0.985	2.410	0.977
企业	2.650	0.906	2.650	0.963	2.570	0.951
媒体	2.420	0.844	2.410	0.865	2.350	0.887
环保组织	2.380	0.914	2.370	0.951	2.360	0.940
决策者	2.630	0.935	2.640	0.972	2.570	0.976
专家	2.530	0.974	2.530	0.988	2.460	0.996
朋友	2.020	0.800	2.050	0.854	1.980	0.807
亲人	1.890	0.825	2.010	0.852	1.910	0.859

从表4—38可以看出，公众对政府、企业、媒体、环保组织、决策者、专家的价值因素方面的平均分基本在2—3分，比较一致；对于亲人的各项平均分都在1—2分，说明公众认为亲人是文化价值最一致的；对于朋友的平均分：在立场、目标和观点一致性方面的平均分是在1—2分，非常一致，在价值、对观点的支持、行为三个方面是2—3分，比较一致，说明公众认为朋友是处于较亲人远而较其他群体都相对近一些的关系。另外，从表4—38中还可以看到标准差都在0.8—1.1，差异很小，说明公众与其他群体的文化价值一致性保持在正态分布的68%—95%的范围内，公众的共识度比较高。

公众对专家的一致性平均分与对其他群体的平均分并有太大的差别，而且标准差有两项高于1：价值一致性为1.054、立场一致性为1.000，说明公众对专家的价值和立场一致性的判断平均分较分散，表示一致和不一致的都占有一定比例。因此需要单独考察公众对价值一致性的判断。

2. 价值判断

当问及"您认为以下主体是否与您价值一致"时，公众认为价值一致占比例最大的是亲人，为 91.9%；其次是朋友，为 75.0%；第三位是环保组织，为 63.4%。专家是与公众价值不一致占比例最高的群体，为 19.7%；其次是企业，为 17.6%；第三位是决策者，为 13.9%（见表 4—39）。

公众与亲人和朋友的价值一致较高，是因为他们有着共同的生活习惯和看待问题的观点，而公众对于环保组织的一致性也很高，这是因为民间的很多环保组织成员都是由普通公众构成的，而且即使是政府方面的环保机构，在表 4—39 中我们也可以得出环保组织或其他机构向公众组织调研或宣传的占比最多，说明环保机构与公众保持了良好的沟通状态，公众与环保组织的价值也相应地会更一致。

表 4—39 公众对不同群体的文化价值一致性的评价百分比

选项	非常一致（%）	比较一致（%）	不清楚（%）	比较不一致（%）	非常不一致（%）
政府	20.4	36.7	31.2	8.6	3.1
企业	10.4	32.1	39.8	13.5	4.1
媒体	14.9	40.6	36.2	6.2	2.1
环保组织	22.1	41.3	27.3	6.4	2.8
决策者	15.4	30.0	40.7	9.0	4.9
专家	14.7	32.0	33.5	15.0	4.7
朋友	23.2	51.8	20.2	3.7	1.2
亲人	44.0	47.5	13.9	3.3	0.8

公众对专家和决策者的价值不一致，这与以往的研究结果相似，因为在风险事件中决策者和专家往往是站在同一个立场上，考虑政府的政策制定和实施，无形中可能与公众立场不一致，这在表 4—39 中也可以看出，公众对决策者和专家的价值和立场的标准差都大于 1，且公众与政府的价值的标准差也大于 1，说明在平均分附近的波动较大，公众可能偏向于一致，同时更可能偏向于不一致。而处于第二位价值不一致的是企业，占比 17.6%，这个比例高于公众与决策者的不一致性，因为企业在技术或产品上革新的目的是为了获得更大的收益，但正是这些技术或产品可能会造成更多的风险，公众认为企业为了获得利益而损害了人民的权益，所以公众认为与企业的价值不相一致。为了进一步证明这一观点，应分析价值一致

性与感知风险的相关性（见表4—40）。

表4—40　公众、企业的价值一致性与感知风险的相关性

题目列项		1	2
1. 您认为企业是否与您价值一致？	皮尔逊相关系数	1	.093＊＊
	显著系数		.000
	人数（人）	2082	2082
2. 政府减缓气候变化的过程中可能会带来其他风险，您最担心的是什么？	皮尔逊相关系数	.093＊＊	1
	显著系数	.000	
	人数（人）	2082	2082

注：＊＊表示在0.01（2-tailed）双侧显著相关。

由表4—40可以看出，公众与企业的价值一致性与感知风险显著相关，皮尔逊相关系数为0.093，显著系数为0.000<0.001。

设自变量X为价值一致性，因变量Y为感知风险。根据表4—41，得出回归方程为：

$$Y = 3.099 + 0.184X \tag{4—7}$$

这进一步说明，随着价值一致性的减少（平分升高；1：一致；5：不一致），公众感知的风险会增大。

表4—41　公众、企业的价值一致性与感知风险的回归分析

模型		未标准化系数		标准化系数	t检验系数	显著系数（Sig）
		未标准化回归系数（B）	标准误	标准化回归系数（Beta）		
1	常数（Constant）	3.099	.124		25.050	.000
	您认为企业是否与您价值一致？	.184	.043	.093	4.255	.000

a. 因变量：政府减缓气候变化的过程中可能会带来其他风险，您最担心的是什么？

从图4—25中只能看到公众对各个群体的价值一致性的比例，而无法看出为什么专家的得分趋向于2，说明公众与专家价值比较一致。我们单独来看专家的价值一致性具体情况。

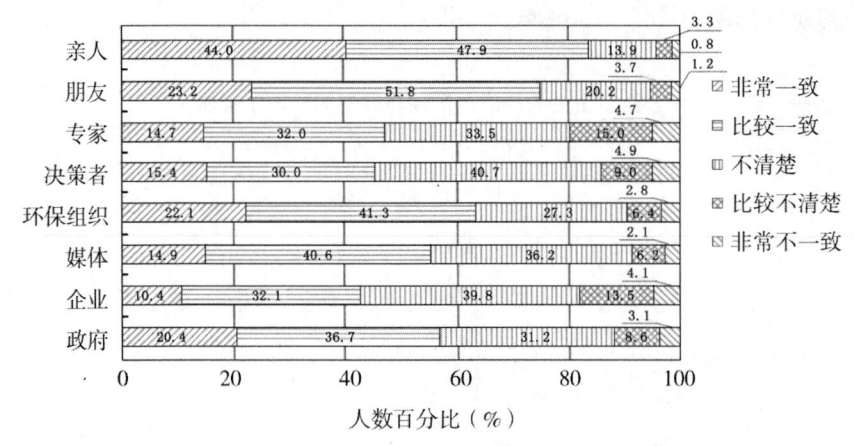

图 4—25　公众对不同群体的文化价值一致性的评价

3. 与专家价值一致性的判断

从表 4—42 中可以看出，公众认为与专家价值一致的比例占 46.7%，不一致的比例占 19.7%，一致所占比例是不一致所占比例的两倍多，说明将近一半的公众认为与专家的价值相一致。同时，表示"不清楚"的公众占 33.5%，占总人数的 1/3，这来自于两方面原因：一是有一部分人不清楚价值的含义，不知道怎样作答；二是另一部分人对此问题不表态，表示中立态度。

表 4—42　　　　　　　公众与专家价值一致性的程度

选项	人数（人）	有效百分比（%）	累计百分比（%）
非常一致	306	14.7	14.7
比较一致	667	32.0	46.7
不清楚	698	33.5	80.3
比较不一致	313	15.0	95.3
非常不一致	98	4.7	100.0
合计	2082	100.0	

您认为专家是否与您价值一致？

如果说选择 3 分（不清楚）为中间界线，那么，由于选择"比较一致"的人数比例（32.0%）是"比较不一致"的人数比例（15.0%）的两倍多，而选择"非常一致"的人数比例（14.7%）是选择"非常不一致"的人数比例（4.7%）的 3 倍多（见图 4—26）。所以，虽然与其他群体来比较，专家的不一致性百分比最高，但是平均分并没有因此而偏高，而是偏向于基数较大的"比较一致"和"比较不一致"，所以得出平均分基本上都在 2—3 分。综上，公众与专家的价值观偏向于比较一致。

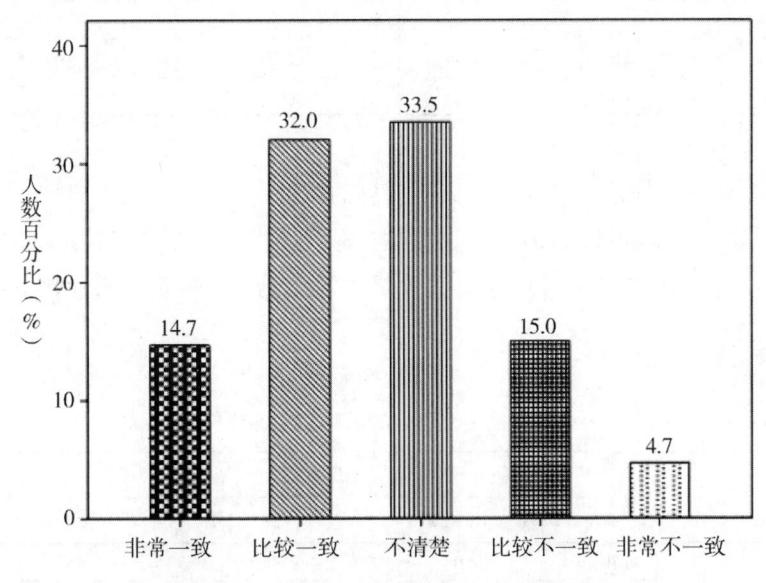

图 4—26　公众与专家价值一致性的程度

六　信任度的测量

信任度的测量包括四个部分：一是感知到的事件的可信性，主要考察对气候变化这一事件是否认为可信；二是决定事件和信息可信性的因素，即信息的来源、信息的传播和接受信息的主体的一般信任；三是公众对社会各种群体的信任度，如对政府、专家、企业、媒体、决策者和环保组织等的信任；四是对公众信心的测量，主要通过绩效评价和公众对专家及其决策的支持度来衡量。

（一）感知到的事件的可信性

事件的可信性对信任有重要影响。事件的可信性包括两部分：一是气候变化这一个风险事件属实；二是气候变化引发的风险信息属实。

1. 公众对气候变化风险事件的信任

由表 4—43 可以看出，公众相信气候变化已经是一个事实的占 85.3%，不相信的仅占 14.7%，说明极大部分的公众相信气候变化事件已成为事实。

表 4—43 公众对气候变化事件的信任度

您是否相信气候变化已成为事实？				
选项	人数（人）	百分比（%）	有效百分比（%）	累计百分比（%）
是	1776	85.3	85.3	85.3
否	306	14.7	14.7	100.0
合计	2082	100.0	100.0	

2. 公众对气候变化引发的风险信息的信任

由表 4—44 可以看出，公众相信气候变化引发的风险信息属实的占 85.0%，不相信的仅占 15.0%，说明极大部分的公众相信气候变化引发的风险信息属实。

表 4—44 公众对气候变化引起的风险信息的信任度

是否相信气候变化引发的风险信息属实？				
选项	人数（人）	百分比（%）	有效百分比（%）	累计百分比（%）
是	1770	85.0	85.0	85.0
否	312	15.0	15.0	100.0
合计	2082	100.0	100.0	

综上，通过公众对"气候变化已经成为事实"和"气候变化引发的风险信息属实"的评价，可以得出超过 85.0% 的公众相信两者都已经成为事实，说明公众感知气候变化这一风险事件具有可信性。

（二）决定事件和信息可信性的因素

1. 信息的来源

关于专家提供的气候变化信息，公众看法不一。超过一半的公众赞成"大部分科学家认为气候变化已经发生"，占总样本量的 58.4%；将近 1/4 的公众赞成"科学家内部对于气候变化的问题并没有统一意见"，占总样本量的 24.9%；9.9% 的人赞成"大部分科学家认为气候变化没有发生"；还有 6.8% 的公众对此问题"没有想法"（见表 4—45 和图 4—27）。

从表 4—45 中可以看出，公众对问题的四个选项的选择率依次降低。

相信专家所说的气候变化事实发生或没发生的公众占总数量的 68.3%，认为专家内部没有统一意见和没有想法的公众占 31.7%，说明大部分公众相信专家所说的造成气候变化的原因，无论是自然因素还是人为因素。这进一步证明公众对专家的信任度较高。

表 4—45　　　　公众对专家提供的气候变化信息的信任度

选项	人数（人）	百分比（%）	有效百分比（%）	累计百分比（%）
关于专家提供的气候变化信息，您怎么认为？				
大部分科学家认为气候变化已经发生	1216	58.4	58.4	58.4
大部分科学家认为气候变化没有发生	206	9.9	9.9	68.3
科学家内部对于气候变化的问题并没有统一意见	519	24.9	24.9	93.2
没有想法	141	6.8	6.8	100.0
合计	2082	100.0	100.0	

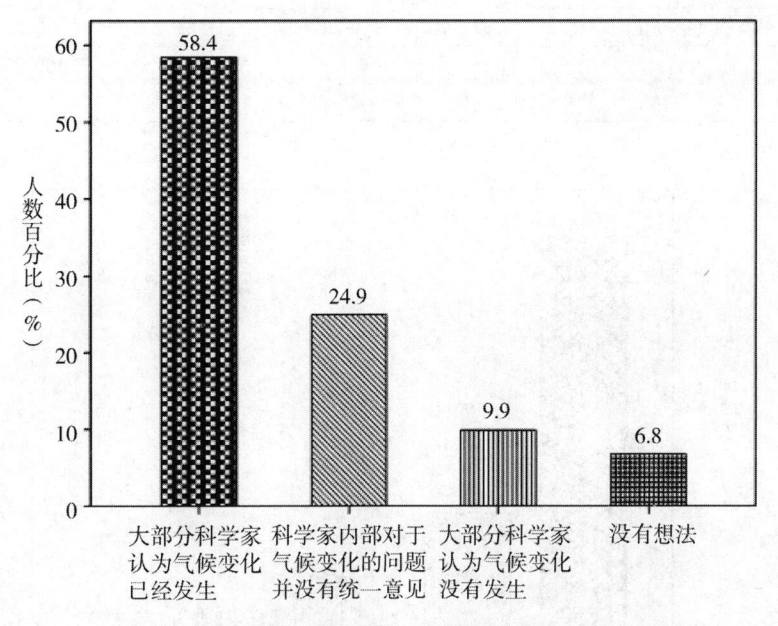

图 4—27　公众对专家提供的气候变化信息的信任度

那么公众认为引起气候变化的原因到底是什么呢？由表 4—46 可以看

出，65.8%的公众认为气候变化是由于人类的生产活动引起的，赞成自然界的生态变化引起的公众仅占 19.5%，还有 2.6%的公众认为是其他因素，8.8%的公众对此事表示不清楚，而表示根本不存在气候变化的公众占 3.2%。这说明大部分公众认为气候变化是由人类的生产活动引起的，极少部分公众认为气候变化是由自然因素引起的。这与表 4—15 的结论相一致，即少数公众（仅占 14.0%）认为气候变化是自然界引起的；极少部分公众认为气候变化根本没有发生，占 3.2%，这与 9.9%的公众赞成"大部分科学家认为气候变化没有发生"相一致，数量上的差异说明公众相信专家的判断胜于自己对此问题的判断（见图 4—28）。

表 4—46　　公众对专家提供的气候变化原因的看法

选项	人数（人）	百分比（%）	有效百分比（%）	累计百分比（%）
如果气候变化确实发生了，您认为其原因是什么？				
生产活动引起的	1370	65.8	65.8	65.8
自然界的生态变化引起的	407	19.5	19.5	85.3
不知道	183	8.8	8.8	94.1
根本不存在气候变化	67	3.2	3.2	97.3
其他	55	2.6	2.6	100.0
合计	2082	100.0	100.0	

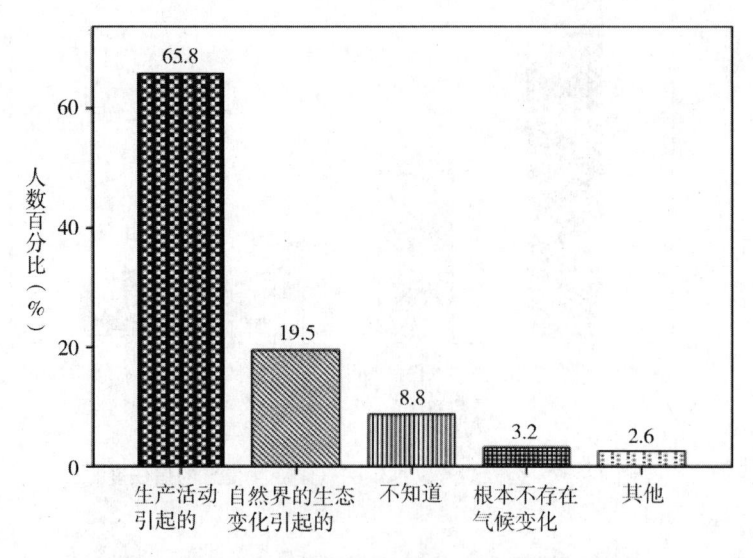

图 4—28　公众对专家提供的气候变化原因的看法

2. 信息的传播

（1）气候变化相关信息传播的及时性

从表4—47可以看出，在公众认为气候变化相关信息的传播是否及时的问题中，占比例最大的是公众认为气候变化传播效果一般，占总人数的34.9%；而认为信息传播及时（非常及时和比较及时）的公众占总人数的39.3%；认为信息传播不及时（比较不及时和非常不及时）的公众占25.7%。相比较而言，认为信息传播及时的公众是认为信息传播不及时的公众比例的约1.5倍。

表4—47　　　　　公众对信息传播的及时性的看法

选项	人数（人）	百分比（%）	有效百分比（%）	累计百分比（%）
您认为气候变化相关信息的传播是否及时？				
非常及时	254	12.2	12.2	12.2
比较及时	565	27.1	27.1	39.3
一般	727	34.9	34.9	74.3
比较不及时	392	18.8	18.8	93.1
非常不及时	144	6.9	6.9	100.0
合计	2082	100.0	100.0	

从图4—29可以清晰地看到，公众认为信息传播比较及时的比例大于比较不及时的比例，认为信息传播非常及时的比例大于非常不及时的比例。所以，公众认为信息传播的平均数应该偏向于比较及时。

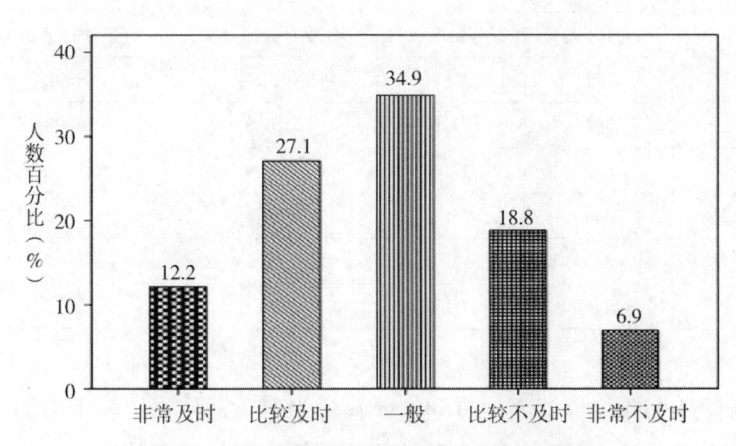

图4—29　公众对信息传播的及时性的看法

如表 4—48 所示，信息传播及时性的平均分为 2.81 分，标准差为 1.091，说明 95%以上的数据都在 2.81±1.091 范围内，正态分布的中心是在比较信任和一般信任中间。可见，大部分公众认为信息的传播比较及时。

表 4—48　　　　　　　　信息传播及时性的描述性统计

题目列项	样本量（份）	最小值（分）	最大值（分）	均值（分）	标准差
您认为气候变化相关信息的传播是否及时？	2082	1	5	2.81	1.091
有效样本	2082				

（2）公众认为自己掌握的信息量

由表 4—49 可以看出，公众对已获得的信息量的评价的问题中，占比例最大的是公众认为已有信息量一般，占总人数的 39.4%；而认为信息量不足的公众占总人数的 37.3%；认为信息量比较多的公众占总人数的 23.3%。相比较而言，认为信息量不足的公众是认为信息量比较多的公众比例的约 1.5 倍多。这与信息的传播中，公众认为信息传播及时是信息传播不及时的 1.5 倍刚好相反，也就是说信息传播较及时，但公众掌握的信息量不够多。

表 4—49　　　　　　　　公众对已获得的信息量的评价

选项	人数（人）	百分比（%）	有效百分比（%）	累计百分比（%）
\multicolumn{5}{c}{您认为自己已经获得足够多的气候变化信息吗？}				

选项	人数（人）	百分比（%）	有效百分比（%）	累计百分比（%）
足够多	177	8.5	8.5	8.5
比较多	308	14.8	14.8	23.3
一般	820	39.4	39.4	62.7
比较不足	544	26.1	26.1	88.8
非常不足	233	11.2	11.2	100.0
合计	2082	100.0	100.0	

从图 4—30 可以清晰地看到，公众认为自己的信息比较不足的比例大于比较多的比例，认为信息非常不足的比例大于足够多的比例。所以，公

众认为掌握信息量的平均数应该偏向于比较不足。

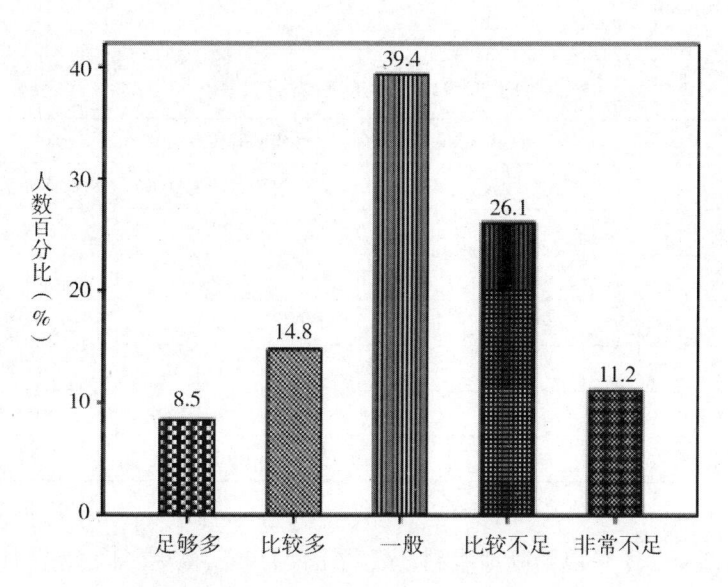

图4—30 公众对已获得的信息量的评价

如表4—50所示，信息掌握量的平均分为3.17分，标准差为1.081，说明95%以上的数据都在3.17±1.081范围内，正态分布的中心是在比较不足和一般中间。可见，大部分公众认为信息的掌握量比较不足。

表4—50　　　　　　　信息量掌握程度的描述性统计

题目列项	样本量（份）	最小值（分）	最大值（分）	均值（分）	标准差
您认为自己已经获得足够多的气候变化信息吗？	2082	1	5	3.17	1.081
有效样本	2082				

（3）公众获得更多气候变化信息的愿望

由表4—51可以看出，公众对获得更多信息的迫切程度的问题中，占比例最大的是公众需要获得更多的信息，占总人数的62.6%；而认为一般的公众占总人数的28.0%；认为不需要获取更多信息的公众占总人数的9.4%。相比较而言，认为需要获得更多信息的公众是认为不需要获得更多信息的公众比例的近 7 倍,说明公众迫切希望获得更多关于气候变化的相关信息。

表 4—51　　　　　　　　公众对获得更多信息的迫切程度

您是否想要获得更多的气候变化信息?

选项	人数(人)	百分比(%)	有效百分比(%)	累计百分比(%)
非常需要	478	23.0	23.0	23.0
比较需要	825	39.6	39.6	62.6
一般	584	28.0	28.0	90.6
不太需要	152	7.3	7.3	97.9
一点不需要	43	2.1	2.1	100.0
合计	2082	100.0	100.0	

从图 4—31 可以清晰地看到,公众比较需要获得更多信息量的比例高于其他任意一个选项的比例,而非常需要获得更多信息量的比例也比较多,且都大于不太需要和一点不需要的比例。所以,公众认为需要获得更多信息量的平均数应该偏向于比较需要。

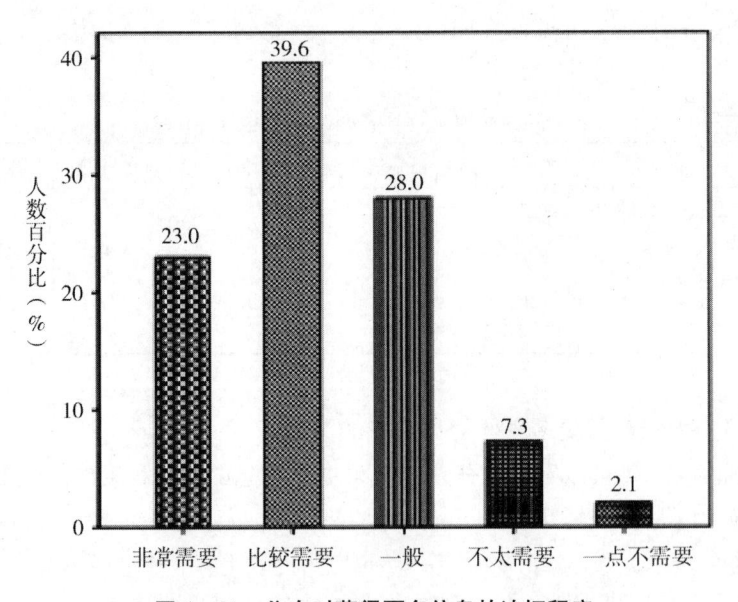

图 4—31　公众对获得更多信息的迫切程度

如表 4—52 所示，公众获得信息迫切程度的平均分为 2.26 分，标准差为 0.960，说明 68% 以上的数据都在 2.26±0.960 范围内，正态分布的中心是在比较需要和一般中间。可见，大部分公众认为比较需要获得更多的信息。

表 4—52　　　　　　　　公众获得信息迫切程度的描述性统计

	样本量（份）	最小值（分）	最大值（分）	均值（分）	标准差
您是否想要获得更多的气候变化信息？	2082	1	5	2.26	.960
有效样本	2082				

综上所述，公众普遍认为信息的传播较及时，但公众自身掌握的信息量不够多，大部分公众认为比较需要获得更多的信息。信息传播及时，为什么公众自身掌握的信息量不够多呢？主要原因包括：一是公众的知识量不够；二是公众对风险沟通的参与不足。从表 4—53 可以看出，公众关于气候变化风险知识的答对率的平均值为 4.57 分，不及全部题目的一半。答对率最多为 11 个，最少为 0 个，分布较离散，且按照知识指数的分布，答对率属于较差。这说明公众掌握的知识量不足，直接影响公众所掌握的信息量。

表 4—53　　　　　　　公众关于气候变化风险知识的答对率统计

	样本量（份）	最小值（分）	最大值（分）	均值（分）	标准差
气候变化风险知识的答对率	2082	0	11	4.57	1.644
有效样本	2082				

从表 4—54 可以看出，公众表示愿意参加风险沟通活动的占 70.0%，不愿意参加的占 30.0%，不愿意参加的人数占到总人数的将近 1/3。这说明有近 1/3 数量的公众不愿意参加风险沟通相关的活动，从而使活动中传播的信息公众无法获得，直接影响公众所掌握的信息量。

表 4—54　　　　　　　公众对风险沟通的参与态度

如果气候变化相关管理机构组织座谈会或者实践参观等活动，您是否愿意参加？

选项	人数（人）	百分比（%）	有效百分比（%）	累计百分比（%）
是	1457	70.0	70.0	70.0
否	625	30.0	30.0	100.0
合计	2082	100.0	100.0	

我们进一步分析信息量、知识掌握量和公众参与风险沟通的态度之间的相关性。信息量的多少与知识、参与沟通的意愿有着显著相关关系。信息量与知识的皮尔逊相关系数为-0.088，显著性均为0.000（<0.01），双侧非常显著相关。信息量与参与沟通的意愿也有着显著的相关，皮尔逊相关系数为-0.052，显著性为0.018（<0.05），双侧显著相关（见表4—55）。这说明信息量的多少会随着知识、参与沟通的意愿的不同而明显不同，且两个因素与信息量的评分都是负相关，即知识的掌握度越高、参与沟通的意愿越强烈，对信息量的掌握度评分就会越低，感知的信息掌握度越高。

表 4—55　　　　　　知识、风险沟通和信息量的相关性

		1	2	3
1. 气候变化风险知识的答对率	皮尔逊相关系数	1	-.085**	-.088**
	显著系数		.000	.000
	人数（人）	2082	2082	2082
2. 如果气候变化相关管理机构组织座谈会或者实践参观等活动，您是否愿意参加？	皮尔逊相关系数	-.085**	1	-.052*
	显著系数	.000		.018
	人数（人）	2082	2082	2082
3. 您认为自己已经获得足够多的气候变化信息吗？	皮尔逊相关系数	-.088**	-.052*	1
	显著系数	.000	.018	
	人数（人）	2082	2082	2082

注：**表示在0.01（2-tailed）双侧显著相关；*表示在0.05（2-tailed）双侧显著相关。

（三）公众对社会各种群体的信任度

1. 公众对各类群体的信任（1—5分分别代表：非常信任、比较信任、

一般、比较不信任、非常不信任)

由表 4—56 可以看出,公众对群体的信任平均分偏向于 2—3 分,平均分最高的是企业,为 3.03 分,说明公众对企业的信任度一般;然后平均分由高到低依次是公众对决策者、政府和媒体的信任度,分别为 2.68 分、2.67 分、2.61 分,说明比较信任,但是偏向于一般;公众对专家的信任度平均分为 2.47 分,说明介于比较信任和一般中间位置。以上说明公众对专家的信任度高于公众对企业、决策者、政府和媒体的信任度。公众对环保组织的信任为比较信任,平均分为 2.21 分。最后是公众对家庭和朋友的信任,对家庭的信任平均分最低,为 2.09 分,说明公众对家庭最信任;对朋友的信任平均分是 2.18 分,也是偏向于较信任。以上说明公众对专家的信任度低于家庭、朋友和环保组织。但是仅从平均分上是看不出对专家的信任与对其他群体的信任的具体区别的,所以我们还需考虑各选项的百分比。

表 4—56　　公众对社会各种群体的信任度的描述性统计

题目列项	样本量(份)	最小值(分)	最大值(分)	均值(分)	标准差
您是否信任气候变化活动中的专家?	2082	1	5	2.47	1.137
您是否信任气候变化活动中的决策者?	2082	1	5	2.68	1.054
您是否信任气候变化活动中的政府?	2082	1	5	2.67	1.097
您是否信任气候变化活动中的企业?	2082	1	5	3.03	1.094
您是否信任气候变化活动中的媒体?	2082	1	5	2.61	1.014
您是否信任气候变化活动中的环保组织?	2082	1	5	2.21	1.026
您是否信任气候变化活动中的家庭?	2082	1	5	2.09	.928
您是否信任气候变化活动中的朋友?	2082	1	5	2.18	.925
有效样本	2082				

在公众评价对群体的信任时,公众信任度最高的是家庭,占总人数的68.7%;第二位是环保组织,占总人数的66.7%;第三位是朋友,占总数的64.7%;对专家的信任排在第四位,占总人数的56.6%;信任占比最少的是企业,占总人数的29.7%(见表4—57)。

表4—57　　　公众对社会各种群体的信任度的百分比

	非常信任(%)	比较信任(%)	一般(%)	比较不信任(%)	非常不信任(%)
专家	20.6	36.0	27.2	8.6	7.6
决策者	13.3	30.0	38.7	11.4	6.7
政府	13.8	33.3	32.1	13.4	7.3
企业	9.6	20.1	38.3	22.3	9.8
媒体	13.3	34.1	36.2	11.6	4.9
环保组织	26.4	40.3	22.0	8.0	3.3
家庭	30.0	38.7	25.3	4.6	1.5
朋友	25.3	39.4	28.3	5.5	1.5

但是从不信任的比例来看,公众最不信任的是企业,占比为32.1%;其次是政府,占比为20.7%;第三位是决策者,占比为18.1%;第四位是媒体,占比为16.5%;专家的不信任比例排在第五位,为16.2%;环保组织、朋友和家庭的不信任度相对较低,依次为11.3%、7.0%、6.1%。由此可以看出,公众对专家的信任度并没有很明显的特征,没有特别信任,也没有特别不信任。于是,我们需要单独来考察公众对专家的信任程度。

从表4—58可以看出,公众对专家表现为信任的占总人数的56.6%,表现为不信任的比例为16.2%,表现为一般的占27.2%,可见信任专家的比例是不信任专家的比例的3倍之多,差异很明显。另外,图4—32显示,比较信任的比例最高,正态分布的波峰偏向于比较信任。但同时表示信任一般的比例处于第二位,高于非常信任的比例,所以公众对专家的信任的平均水平在比较信任和一般之间,这进一步解释了公众对专家的信任的平均分为2.47分。

表4—58　　　　　　　　　公众对专家的信任度

您是否信任气候变化活动中的专家？

选项	人数（人）	百分比（%）	有效百分比（%）	累计百分比（%）
非常信任	429	20.6	20.6	20.6
比较信任	749	36.0	36.0	56.6
一般	566	27.2	27.2	83.8
比较不信任	179	8.6	8.6	92.4
非常不信任	159	7.6	7.6	100.0
合计	2082	100.0	100.0	

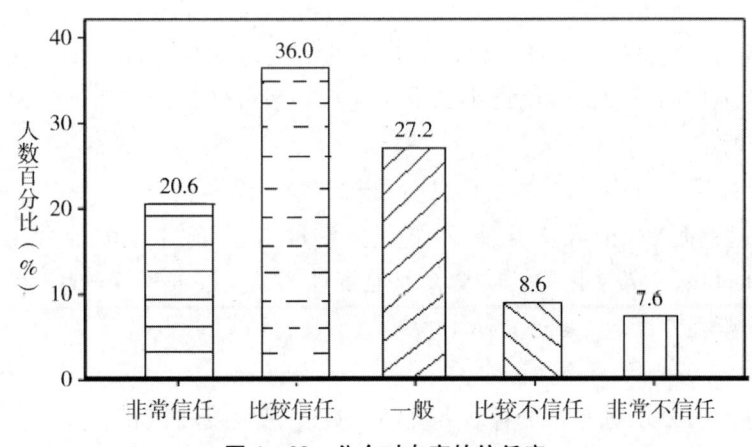

图4—32　公众对专家的信任度

综上所述，第一，公众对专家的信任在公众对其他群体的信任比较之下，并没有明显的差异。公众最信任的前三位群体是亲人、环保组织和朋友，公众最不信任的前三位群体是企业、政府和决策者。专家既不属于最信任的群体，也不属于最不信任的群体。第二，专家内部比较而言，公众对专家的信任占56.6%，是不信任比例16.2%的3倍多，说明一半以上的公众对专家是信任的，而只有极少部分公众不信任专家。第三，公众对专家信任的平均分是2.47分，进一步说明公众对专家比较信任。

2. 信任与文化

判断个人文化主义与信任的关系，首先看二者的相关性。从表4—59可以看出，二者皮尔逊相关系数均为0.074，显著系数为0.001<0.05，说

明文化主义和信任的相关性非常显著。

表4—59　　　　　　　　　　信任与文化的相关性

题目列项		1	2
1. 您属于哪一种文化主义类型?	皮尔逊相关系数	1	.074**
	显著系数		.001
	人数（人）	2082	2082
2. 您是否信任气候变化活动中的专家?	皮尔逊相关系数	.074**	1
	显著系数	.001	
	人数（人）	2082	2082

注：**表示在 0.01（2-tailed）双侧显著相关。

我们分别将控制变量（公众对专家的信任）和自变量（个人文化主义）引入回归模型，运用最小二乘法进行一般线性估计，估计结果如表4—60所示。

根据回归分析，建立二元线性回归方程。设"公众对专家的信任"作为因变量 Y，个人文化主义作为自变量 X_1。表 4—60 显示，常数（Constant）、个人文化主义（X_1）具有统计意义。根据表 4—60，可以推出回归模型方程：

$$Y = 2.624 + 0.064 X_1 \qquad (4—8)$$

这说明公众对专家的信任与个人文化主义呈线性正相关关系，随着 X_1 的升高，公众对专家的信任度 Y 得分相应增加。在现实中解释为，随着文化主义从等级主义—个人主义—平均主义—宿命主义依次变化，公众对专家的信任度逐渐降低。

表4—60　　　　　　　　　　信任与文化的回归分析

模型		未标准化系数		标准化系数	t检验系数	显著系数（Sig）
		未标准化回归系数（B）	标准误	标准化回归系数（Beta）		
1	常数（Constant）	2.624	.053		49.868	.000
	您属于哪一种文化主义类型?	.064	.019	.074	-3.385	.001

a. 因变量：您是否信任气候变化活动中的专家?

3. 信任与共识度

共识度，前面已经运用价值一致性量表对其进行了测量，结果显示，中国公众在价值观的共识度较高。在此，为了从不同的侧面反映公众共识度，需考察"公众对专家和决策者的风险治理的评价"。如果公众集中认为风险治理有效或无效，那么说明公众共识度高；如果公众的评价没有集中度，那么说明共识度低。

从表4—61中可以看出，公众认为风险治理比较有效的占总样本量的44.7%，是认为无效（20.1%）的样本量的2倍之多，说明公众认为风险治理有效的人数远大于无效的人数。但是由于公众认为风险治理效果一般的样本占35.3%，所以无法看出样本的集中程度。

表4—61　　　　　　　公众对风险治理的评价的描述性统计

选项	人数（人）	有效百分比（%）	累计百分比（%）
非常有效	246	11.8	11.8
比较有效	684	32.9	44.7
一般	734	35.3	79.9
不太有效	348	16.7	96.6
完全无效	70	3.4	100.0
合计	2082	100.0	

同样地，从表4—58中可以看出，公众信任气候变化专家的占总样本量的56.6%（非常信任和比较信任之和），是不信任专家（16.2%，非常不信任和比较不信任之和）的样本量的3倍之多，说明信任专家的公众占大多数。但是由于公众表示信任程度一般的样本占27.2%，近1/3的公众没有明确表态，所以无法看出样本的集中程度。

为了具体考察两组变量的样本集中程度，下面进行方差分析。如表4—62所示。公众对风险治理的评价中，均值为2.67分，标准差为0.997，即样本中有68%的样本量取值在2.67±0.997范围内；公众对专家的信任度评价中，均值为2.47分，标准差为1.137，即样本中有95%的样本量取值在2.47±1.137范围内。两个变量的取值都很集中，离散程度小，且都偏向于比较有效和比较信任的选项，说明公众的共识度和风险效果的评价都较高，信任度和一致性也都很高。所以我国公众偏向于信任度高且共识度也高。

表 4—62　公众对专家的信任和对风险治理的评价的方差分析

题目列项	样本量（份）	最小值（分）	最大值（分）	均值（分）	标准差
您认为专家和决策者的治理是否有效？	2082	1	5	2.67	.997
您是否信任气候变化活动中的专家？	2082	1	5	2.47	1.137
有效样本	2082				

（四）对公众信心的测量

1. 公众对风险治理的绩效评价和对风险治理的支持度

公众对风险治理的绩效评价和对风险治理的支持度中，平均分最低的是对相关机构执行措施的配合度，为 2.09 分，标准差为 0.985，说明 68% 的公众对这一项的评分在 2.09±0.985 范围内，表示非常同意和比较同意；其次为公众对现在政策的支持度，平均分为 2.46 分，标准差为 0.978，说明 68% 的公众对这一项的评分在 2.46±0.978 范围内，大部分表示非常同意和比较同意；第三位是公众对过去风险治理的效果的满意度，平均分为 2.91 分，标准差为 1.143，说明 95% 的公众对这一项的评分在 2.91±1.143 范围内，大部分表示比较同意、一般和比较不同意；分数最高的是公众相信风险治理的过程公平、合法，平均分为 2.98 分，标准差为 1.113，说明 95% 的公众对这一项的评分在 2.98±1.113 范围内，大部分表示比较同意、一般和比较不同意（见表 4—63）。总之，对于政策和措施来说，公众表示比较支持；而对过去的风险治理的效果满意和合法公平的判断，公众有的比较同意，有的比较不同意。

表 4—63　公众对风险治理的评价和支持度的描述性统计

题目列项	样本量（份）	最小值（分）	最大值（分）	均值（分）	标准差
您对过去风险治理的效果非常满意	2082	1	5	2.91	1.143

续表

题目列项	样本量（份）	最小值（分）	最大值（分）	均值（分）	标准差
您相信风险治理的过程公平、合法	2082	1	5	2.98	1.113
您支持气候变化风险治理的相关政策	2082	1	5	2.46	.978
您愿意配合风险治理机构执行政策和措施	2082	1	5	2.09	.985
有效样本/份	2082				

通过各选项的百分比来详细判断究竟有多少公众能够同意，多少公众表示不同意。如表4—64所示，29.3%的公众对过去风险治理的效果满意（非常同意和比较同意），26.9%的公众认为对治理效果不满意（比较不同意和非常不同意）；30.9%的公众认为风险治理的过程公平、合法（非常同意和比较同意），30.7%的公众认为对治理过程不公平、合法（比较不同意和非常不同意）；50.2%的公众支持风险治理的相关政策（非常同意和比较同意），10.8%的公众不支持风险治理的相关政策（比较不同意和非常不同意），支持的公众总比例是不支持公众的近五倍；69.1%的公众表示愿意配合风险治理相关机构执行政策和措施（非常同意和比较同意），7.3%的公众表示不愿意配合（比较不同意和非常不同意），愿意配合治理的公众是不愿意配合的近7倍。总体看来，公众对风险治理的效果比较满意的比例远大于不满意的比例，但是与公众对风险治理的支持度相比较，风险治理效果的差异远小于支持度的差异。

表4—64　　　　　　　　公众对风险治理的评价和支持度

题目列项	非常同意（%）	比较同意（%）	一般（%）	比较不同意（%）	非常不同意（%）
您对过去风险治理的效果非常满意	15.8	13.5	43.9	17.6	9.3
您相信风险治理的过程公平、合法	11.4	19.5	38.5	21.3	9.4

续表

题目列项	非常同意(%)	比较同意(%)	一般(%)	比较不同意(%)	非常不同意(%)
您支持现在气候变化风险治理的相关政策	17.7	32.5	39.1	7.3	3.5
您愿意配合风险治理机构执行政策和措施	31.7	37.4	23.5	4.7	2.6

2. 绩效评价与支持度的关系——显著相关

为了进一步验证公众对风险治理的满意度和支持度的关系，我们对两者进行相关性分析：公众对风险治理的满意度和支持度之间有着显著的正相关关系，皮尔逊相关系数为 0.173，显著系数为 0.000<0.001，双侧非常显著相关，说明公众对风险治理的配合度会随着公众对治理效果的满意度的不同而明显不同（见表 4—65）。

表 4—65　　　　　　风险治理评价与支持度的相关性

题目列项		1	2
您对过去风险治理的效果非常满意	皮尔逊相关系数	1	.173**
	显著系数		.000
	人数（人）	2082	2082
您愿意配合风险治理机构执行政策和措施	皮尔逊相关系数	.173**	1
	显著系数	.000	
	人数（人）	2082	2082

注：**表示在 0.01 (2-tailed) 双侧显著相关。

我们分别将控制变量 Y（公众对风险治理的配合度）和自变量 X1（公众对风险治理的满意度）分别引入回归模型，运用最小二乘法进行一般线性估计，估计结果如表 4—66 所示。常数（Constant）、X1 都具有统计意义，推出回归模型方程：

$$Y = 1.656 + 0.149 X1 \qquad (4—9)$$

这说明公众对风险治理的配合度与 X1 呈线性正相关关系，即随着公众对风险治理的满意度评分升高,公众对风险治理的配合度评分越高,反之则分数越低。即公众对风险治理的满意度越高时,公众对风险治理的配合度越高。而公众对风险治理的满意度就是信心的直接体现,公众的信心度越高越愿意配合风险治理,公众的信心度越低越不愿意配合风险治理。

表 4—66　　　　　　　风险治理评价与支持度的回归分析

模型		未标准化系数		标准化系数	t 检验系数	显著系数 (Sig)
		未标准化回归系数（B）	标准误	标准化回归系数（Beta）		
1	常数（Constant）	1.656	.058		28.456	.000
	您对过去风险治理的效果非常满意	.149	.019	.173	8.023	.000

a. 因变量：您愿意配合风险治理机构执行政策和措施。

七　风险治理的评价与建议

对于气候变化的相关治理的衡量,公众每个人心中都有一把尺子,治理是否起到预期的效果,专家和公众的评价是有很大差异的。专家的评价主要以年度报告呈现出来,而公众的评价却没有相关数据证明。本小节测量公众对气候变化的治理的评价,主要包括公众参与气候变化活动的意愿、公众感知的气候变化的利益与风险、公众对过去气候变化风险治理的评价、公众参与风险治理的意愿和个人行为、对未来治理的建议五部分。

（一）公众参与气候变化活动的意愿

从表 4—67 可以看出,公众对风险沟通相关活动的参与态度表示愿意参加的占 70.0%,不愿意参加的占 30.0%,不愿意参加的人数占到总人数的将近 1/3。这说明有一定数量的公众不愿意参加气候变化相关管理机构组织的座谈会或者实践参观等活动。

表4—67　　　　　　　公众参与气候变化活动的意愿

如果气候变化相关管理机构组织座谈会或者实践参观等活动,您是否愿意参加?

选项	人数（人）	百分比（%）	有效百分比（%）	累计百分比（%）
是	1457	70.0	70.0	70.0
否	625	30.0	30.0	100.0
合计	2082	100.0	100.0	

对于公众参加气候变化风险治理的相关活动想要了解的信息统计可知,公众最想了解的是气候变化对人类健康的危害,占愿意参加活动总人数的33.0%;其次是对气候变化原因的了解,占总人数的29.8%,这两项占总人数的百分比是62.8%,可见公众想要了解气候变化的信息很集中,主要是对人类健康的危害和气候变化的原因。第三位的是对环境的危害,占9.5%;第四位的是对气候变化的预防政策和措施,占7.7%。公众了解最少的是气候变化对生物的生存危害,占2.5%;其次是疾病预防相关信息,占2.7%（见表4—68和图4—33）。综上,大部分公众愿意参加气候变化风险沟通活动,占比70%;普遍公众较关注气候变化对人类健康的危害和气候变化原因,但对气候变化给生产生活带来的危害关注不高。

表4—68　　　　　　　公众想要了解的气候变化信息

您参加此类活动最迫切想要了解气候变化的哪方面信息?

选项	人数（人）	百分比（%）	有效百分比（%）	累计百分比（%）
气候变化原因	621	29.8	29.8	29.8
对人类的健康危害	687	33.0	33.0	62.8
对环境的危害	198	9.5	9.5	72.3
农业生产相关信息	123	5.9	5.9	78.2
疾病预防相关信息	56	2.7	2.7	80.9
对生物的生存危害	52	2.5	2.5	83.4
近期可能发生哪些危害	79	3.8	3.8	87.2

续表

选项	人数（人）	百分比（%）	有效百分比（%）	累计百分比（%）
未来可能发生的气候变化风险事件	106	5.1	5.1	92.3
预防政策和措施	160	7.7	7.7	100.0
合计	2082	100.0	100.0	

对人类的健康危害 33.0
气候变化原因 29.8
对环境的危害 9.5
预防政策和措施 7.7
农业生产相关信息 5.9
未来可能发生的气候变化风险事件 5.1
近期可能发生哪些危害 3.8
疾病预防相关信息 2.7
对生物的生存危害 2.5

人数百分比（%）

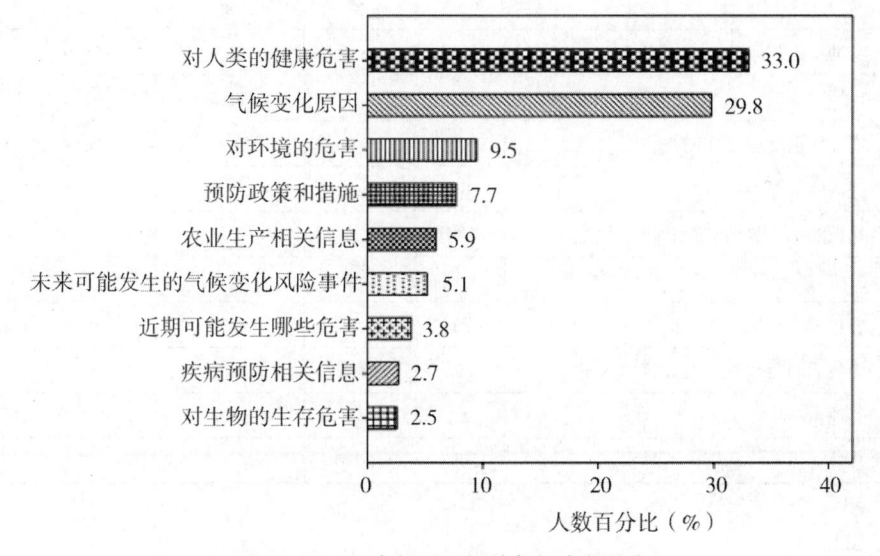

图4—33 公众想要了解的气候变化信息

（二）公众感知的气候变化的利益与风险

公众对风险的感知除了对知识的感知外，还有感知的利益和感知的风险。下面对感知利益和感知风险进行分析。

1. 感知利益

从表4—69中可以看出，在气候变化背景下，公众感知利益最多的是有助于人类健康，占总人数的48.9%，这与公众参加气候变化相关活动中公众最想了解的信息是"人类的健康"相一致；其次是气候变化为我们的后代提供更好的生活，占总人数的12.6%，这两项占总人数的比例为61.5%，说明大部分公众认为气候变化能够为人类健康和后代生存带来利益。9.1%的公众认为气候变化能够为更多的人提供绿色环保工作，8.8%的公众认为气候变化能够挽救濒临灭绝的动物和植物种类。

选项占比例最小的是气候变化能够挽救贫穷和饥饿的人们，只有2.4%；其次是气候变化能够促进经济发展，占比4.3%；减少贫富差距和提高国家安全分别占4.9%和8.3%；选其他的占0.5%。

表4—69　　　　　　　　　　公众感知的利益

气候变化治理能为人类带来的利益中，您最关心的利益是什么？

选项	人数（人）	百分比（%）	有效百分比（%）	累计百分比（%）
有助于人类健康	1018	48.9	48.9	48.9
提高国家安全	175	8.4	8.4	57.3
增加绿色环保工作的机会	189	9.1	9.1	66.4
促进经济发展	89	4.3	4.3	70.7
挽救濒临灭绝的动物和植物种类	184	8.8	8.8	79.5
减少贫富差距	103	4.9	4.9	84.4
挽救贫穷和饥饿的人们	51	2.4	2.4	86.9
为我们的后代提供更好的生活	262	12.6	12.6	99.5
其他	11	0.5	0.5	100.0
合计	2082	100.0	100.0	

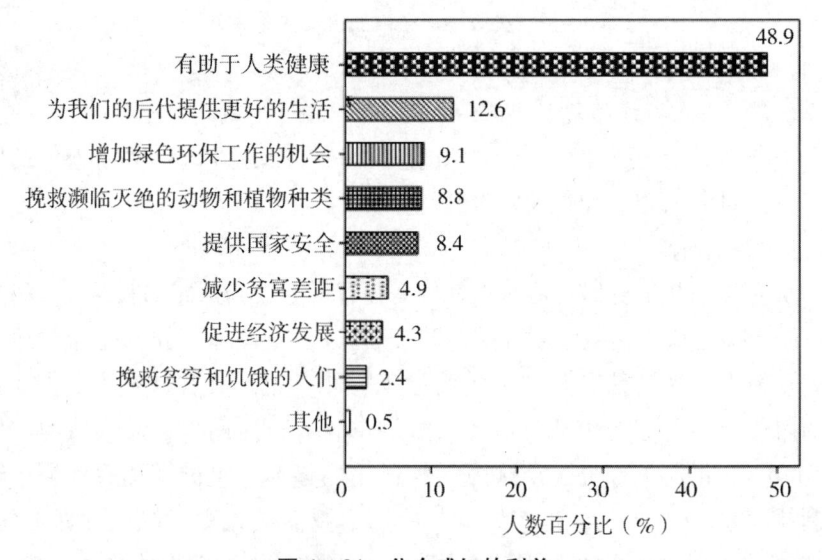

图4—34　公众感知的利益

2. 感知风险

与感知利益相对应的是感知风险，公众认为气候变化会带来最大风险是什么呢？感知风险最大的选项是"对于贫困人群来说可能弊大于利"，占总人数的24.1%，这与感知利益中比例最小的"气候变化能够挽救贫穷和饥饿的人们"（只有2.4%）相一致；感知风险第二大的是"损害经济"，占总人数的21.1%，这与感知利益中比例第二小的"能够促进经济发展"（占比4.3%）相一致；第三位的风险是"增加工作成本"，占总人数的18.6%；第四位的风险是"引起能源价格上涨"，占总人数的17.0%。

感知风险最小的选项是"其他"风险，占总人数比例的1.1%；第二位的是"干预市场自由"，占总人数的7.2%；第三位的是"导致更多的政府监管"，占总人数的10.9%（见表4—70和图4—35）。

表4—70　　　　　　　　　公众感知的风险

选项	人数（人）	百分比（%）	有效百分比（%）	累计百分比（%）
政府减缓气候变化的过程中可能会带来其他风险，您最担心的是什么？				
增加工作成本	388	18.6	18.6	18.6
损害经济	440	21.1	21.1	39.7
导致更多的政府监管	227	10.9	10.9	50.6
干预市场自由	149	7.2	7.2	57.8
引起能源价格上涨	353	17.0	17.0	74.8
对于贫困人群来说可能弊大于利	502	24.1	24.1	98.9
其他	23	1.1	1.1	100.0
合计	2082	100.0	100.0	

对于贫困人群来说可能弊大于利 24.1
损害经济 21.1
增加工作成本 18.6
引起能源价格上涨 17.0
导致更多的政府监管 10.9
干预市场自由 7.2
其他 1.1

人数百分比（%）

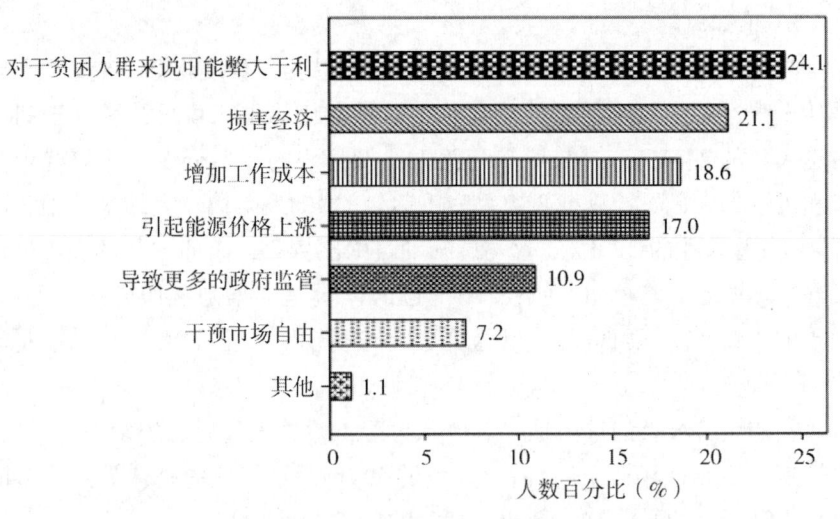

图4—35　公众感知的风险

3. 公众感知的气候变化的利益、风险、知识了解程度的相关性

感知的利益与风险是与个体的知识了解程度相关的，知识的了解程度在本问卷中可以从两个变量测量："气候变化风险知识的答对率"、"您是否了解气候变化相关知识或政策？"

从表4—71中可知，公众感知的风险与知识的知晓度、了解程度和感知利益有着显著的正相关关系，皮尔逊相关系数分别为 -0.058、0.126、0.223，显著性系数分别为 0.008、0.000、0.000，均小于 0.05，双侧显著相关。这说明公众感知的风险会随着知识和感知利益的不同而明显不同。

表4—71　　　　感知风险与感知利益、风险知识的相关性

题目列项		1	2	3	4
1. 气候变化风险知识的答对率	皮尔逊相关系数	1	-.029	-.011	-.058**
	显著系数		.193	.613	.008
	人数（人）	2082	2082	2082	2082
2. 您是否了解气候变化相关的知识或政策？	皮尔逊相关系数	-.029	1	.052*	.126**
	显著系数	.193		.017	.000
	人数（人）	2082	2082	2082	2082

续表

题目列项		1	2	3	4
3. 气候变化治理能为人类带来的利益中，您最关心的利益是什么？	皮尔逊相关系数	-.011	.052*	1	.223**
	显著系数	.613	.017		.000
	人数（人）	2082	2082	2082	2082
4. 政府减缓气候变化的过程中可能会带来其他风险，您最担心的是什么？	皮尔逊相关系数	-.058**	.126**	.223**	1
	显著系数	.008	.000	.000	
	人数（人）	2082	2082	2082	2082

注：**表示在 0.01（2-tailed）双侧显著相关；*表示在 0.05（2-tailed）双侧显著相关。

根据研究假设的内容，我们分别将控制变量（公众感知的风险）和自变量（知识的知晓度、了解程度和感知利益）引入回归模型进行一般线性估计，估计结果如表 4—72 所示。

表 4—72　　感知风险与感知利益、风险知识的回归分析

模型		未标准化系数		标准化系数	t 检验系数	显著系数（Sig）
		未标准化回归系数（B）	标准误	标准化回归系数（Beta）		
1	常数（Constant）	3.903	.124		31.389	.000
	气候变化风险知识的答对率	-.068	.026	-.058	-2.638	.008
2	常数（Constant）	2.841	.137		20.800	.000
	您是否了解气候变化相关的知识或政策？	.243	.042	.126	5.790	.000
3	常数（Constant）	3.083	.064		48.175	.000
	气候变化治理能为人类带来的利益中，您最关心的利益是什么？	.167	.016	.223	10.430	.000

续表

模型		未标准化系数		标准化系数	t检验系数	显著系数（Sig）
		未标准化回归系数（B）	标准误	标准化回归系数（Beta）		
4	常数（Constant）	2.700	.182		14.798	.000
	气候变化风险知识的答对率	-.061	.025	-.052	-2.456	.014
	您是否了解气候变化相关的知识或政策？	.218	.041	.113	5.325	.000
	气候变化治理能为人类带来的利益中，您最关心的利益是什么？	.162	.016	.216	10.192	.000

a. 因变量：政府减缓气候变化的过程中可能会带来其他风险，您最担心的是什么？

在模型1中，气候变化风险知识的答对率与感知风险回归系数为B=-0.068（P=0.008<0.05），说明公众风险知识的答对率发生变化时，公众感知的风险变化差异比较明显。在模型2中，公众感知的知识的了解与感知风险回归系数为B=0.243（P=0.000<0.001），说明当感知的知识了解度发生变化时，感知风险的变化差异非常明显。在模型3中，公众感知的利益与感知风险回归系数为B=0.167（P=0.000<0.001），说明当感知的利益发生变化时，将会很大程度上影响感知风险。

模型4是前3个模型的联合模型，将前三个自变量因素放入一个模型中，我们可以比较各种因素同时存在时对信任度的影响效应。从系数的显著性来看，在联合模型中，气候变化风险知识的答对率（B=-0.061，P=0.014<0.05）、公众感知的知识的了解（B=0.218，P=0.000<0.001）、公众感知的利益（B=0.162，P=0.000<0.001）都与感知风险有显著相关性。根据回归分析，建立三元线性回归方程。设"感知风险"作为因变量Y，气候变化风险知识的答对率、公众感知的知识的了解、公众感知的利益作为自变量X_1、X_2、X_3。表4—72显示，常数（Constant）、X_1、X_2、X_3具有统计意义。从表4—73可以推出回归模型方程：

$$Y = 2.700 - 0.061X_1 + 0.218X_2 + 0.162X_3 \qquad (4-10)$$

这说明感知风险与X_1呈线性负相关关系，即随着知识的答对率升高，感知风险程度降低；感知风险与X_2、X_3呈线性正相关关系，即随着X_2、X_3的升高，感知风险程度也相应增加。知识的答对率与感知风险呈现负相关关系，说明如果掌握的知识越多越准确，那么感知的风险得分越低，感知风险越高（分数越低，风险越高）；而公众感知的知识的了解、公众感知的利益越高，感知的风险得分越高，感知风险则越低。

然而，知识越多感知的风险越高，并不代表受教育程度越高感知风险越高。由表4—73中的统计数据可知，本调查中受教育程度与知识、感知风险两者之间没有任何相关性。

表4—73　　　　　　学历与知识、感知风险的相关性

题目列项		1	2	3
1. 气候变化风险知识的答对率	皮尔逊相关系数	1	-.058**	.025
	显著系数		.008	.261
	人数（人）	2082	2082	2082
2. 政府减缓气候变化的过程中可能会带来其他风险，您最担心的是什么？	皮尔逊相关系数	-.058**	1	.037
	显著系数	.008		.092
	人数（人）	2082	2082	2082
3. 学历	皮尔逊相关系数	.025	.037	1
	显著系数	.261	.092	
	人数（人）	2082	2082	2082

注：**表示在0.01（2-tailed）双侧显著相关。

（三）公众对过去气候变化风险治理的评价

在处理气候变化风险事件中，公众对专家和决策者的治理的有效性的评价为：44.7%的公众认为气候变化治理有效（非常有效和比较有效），20.1%的公众认为气候变化治理无效（不太有效和完全无效），有效所占的比例是无效的比例的两倍多，但同时认为治理效果一般的公众占35.3%。这说明三种选择之间有一定的差距，但是比较小（见表4—74和图4—36）。

表4—74　　　　　公众对气候变化风险治理的有效性的评价

处理气候变化风险事件中，您认为专家和决策者的治理是否有效？				
选项	人数（人）	百分比（%）	有效百分比（%）	累计百分比（%）
非常有效	246	11.8	11.8	11.8

续表

选项	人数（人）	百分比（%）	有效百分比（%）	累计百分比（%）
比较有效	684	32.9	32.9	44.7
一般	734	35.3	35.3	79.9
不太有效	348	16.7	16.7	96.6
完全无效	70	3.4	3.4	100.0
合计	2082	100.0	100.0	

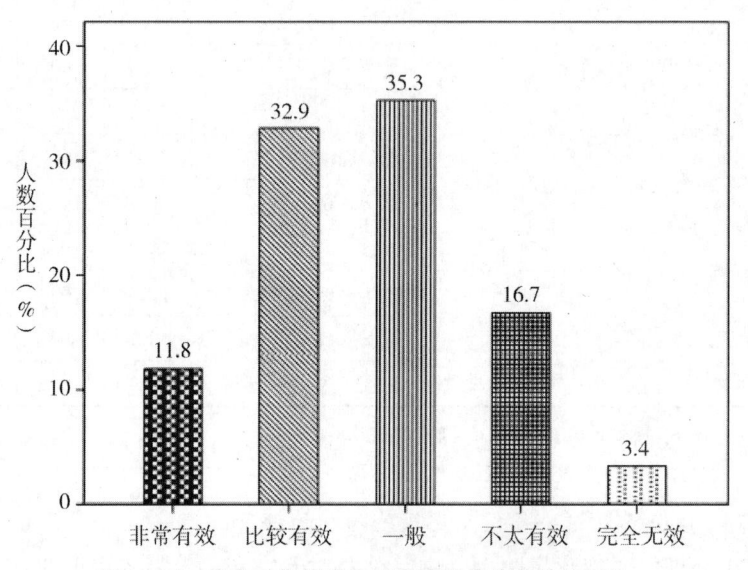

图4—36 公众对气候变化风险治理的有效性的评价

在气候变化的政府管理决策中，公众认为最有效的管理措施回答情况如下：公众认为最有效的管理决策是"运用科学技术方法，新技术代替老旧技术，提高能源效能"，占总人数的53.4%；其次是"制定相关气候变化公约，加强国际合作"，占总人数的24.5%；第三位的是"通过政策法规规范公民行为，改变生活方式，节能减排"，占比为20.5%；其他占1.5%。这说明一半以上的公众认为应通过各改革创新、革新技术来进行风险管理，从而最有效地达到预期目的（见表4—75和图4—37）。

表 4—75　　　　　　　公众认为最有效的政府管理的决策

您认为哪一项关于气候变化的政府管理决策最有效?

选项	人数（人）	百分比（%）	有效百分比（%）	累计百分比（%）
制定相关气候变化公约，加强国际合作	511	24.5	24.5	24.5
运用科学技术方法，新技术代替老旧技术，提高能源效能	1112	53.4	53.4	78.0
通过政策法规规范公民行为，改变生活方式，节能减排	427	20.5	20.5	98.5
其他	32	1.5	1.5	100.0
合计	2082	100.0	100.0	

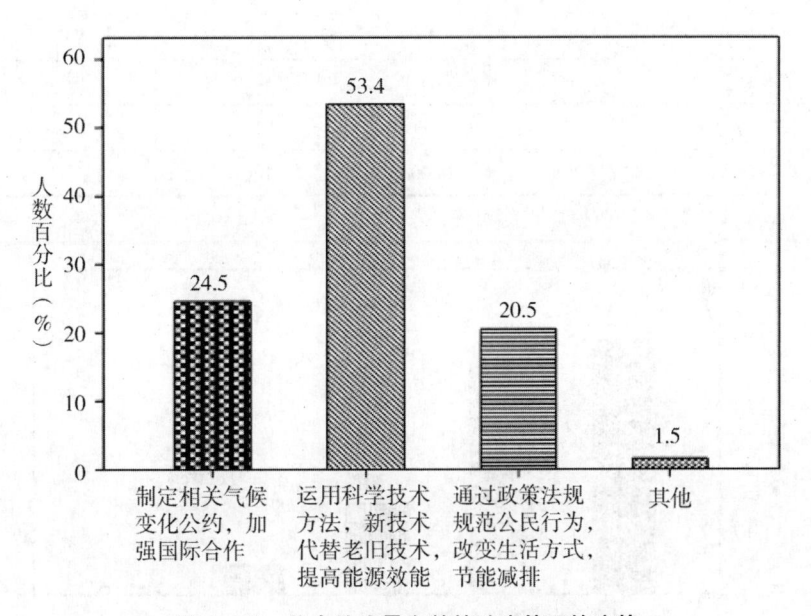

图 4—37　公众认为最有效的政府管理的决策

（四）公众参与风险治理的意愿和个人行为

公众参与风险治理的意愿和行为决定了风险治理能否顺利而有效地进行，只有取得公众的支持才能促进风险治理。下面对公众参与风险治理的意愿和行为分别进行分析。

如表4—76所示,表示非常愿意为风险治理付出个人努力的人数占总人数的比例最大,为41.2%;表示比较愿意的为37.9%,这两者的总比例为79.1%,说明大部分公众愿意配合风险治理。表示不太愿意(4.9%)和非常不愿意(1.4%)的比例和为6.3%,说明极少数人不愿意配合风险的治理。还有14.6%的人表示配合意愿为一般,说明有一部分人对此问题漠不关心(见图4—38)。

表4—76　　　　　　　公众为风险治理付出努力的意愿

您是否愿意为气候变化的治理付出个人的努力?				
选项	人数(人)	百分比(%)	有效百分比(%)	累计百分比(%)
非常愿意	857	41.2	41.2	41.2
比较愿意	789	37.9	37.9	79.1
一般	305	14.6	14.6	93.7
不太愿意	101	4.9	4.9	98.6
非常不愿意	30	1.4	1.4	100.0
合计	2082	100.0	100.0	

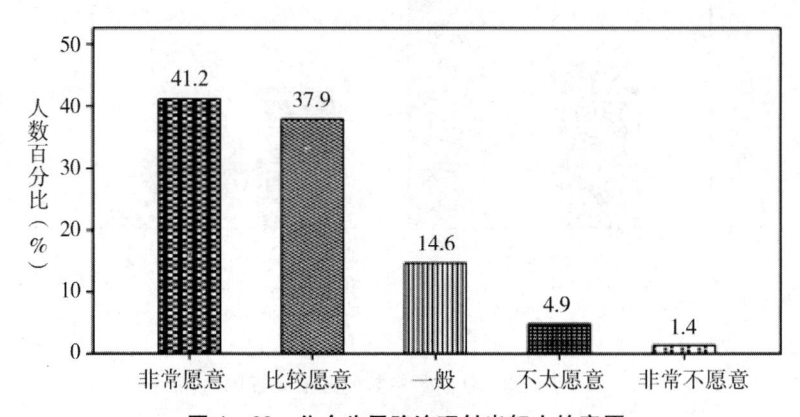

图4—38　公众为风险治理付出努力的意愿

公众认为最有效减缓气候变化的措施中:(1)运用新技术或措施来减缓气候变暖的比例较大,总比例为42.9%:选择最多的是"用新能源代替化石燃料",占总人数的27.0%;其次是"多种树",占15.9%。(2)节能方面,总比例为29.0%:低碳办公占9.4%,节约用电、用水占

5.6%,购买节能产品占 4.3%,选择耗能相对少的生活用具占 5.8%,购买本地水果和蔬菜占 1.1%,严格执行计划生育,限制人口增长占 2.8%。(3)减排方面,总比例为 28.2%:减少开车占 8.4%,减少有毒废物的产生占 5.7%,尽量减少坐飞机次数占 1.4%,减少奢侈品的购买和使用占 6.4%,尽量选用公共交通工具出行占 6.3%(见表 4—77)。

表 4—77   公众认为最有效减缓气候变化的措施

选项	人数(人)	百分比(%)	有效百分比(%)	累计百分比(%)
您认为对于减缓气候变化的个人行为中,以下哪一项最有效?				
多种树	330	15.9	15.9	15.9
减少开车	174	8.4	8.4	24.2
低碳办公	195	9.4	9.4	33.6
购买节能产品	89	4.3	4.3	37.8
节约用电、用水	117	5.6	5.6	43.5
减少有毒废物的产生	118	5.7	5.7	49.1
用新能源代替化石燃料	562	27.0	27.0	76.1
选择耗能相对少的生活用具	120	5.8	5.8	81.9
尽量减少坐飞机次数	30	1.4	1.4	83.3
购买本地水果和蔬菜	22	1.1	1.1	84.4
减少奢侈品的购买和使用	134	6.4	6.4	90.8
尽量选用公共交通工具出行	132	6.3	6.3	97.2
严格执行计划生育,限制人口增长	59	2.8	2.8	100.0
合计	2082	100.0	100.0	

图 4—39 很清晰地显示出各选项的比例,公众中 27.0% 的比例认为最有效的减缓气候变化的措施应该是运用新能源代替化石燃料;其次认为多种树来减少碳排放量的比例也较多,为 15.9%。

```
用新能源代替化石燃料  27.0
多种树                15.9
低碳办公              9.4
减少开车              8.4
减少奢侈品的购买和使用  6.4
尽量选用公共交通工具出行 6.3
选择耗能相对少的生活用具 5.8
减少有毒废物的产生     5.7
节约用电、用水         5.6
购买节能产品           4.3
严格执行计划生育,限制人口增长 2.8
尽量减少坐飞机次数     1.4
购买本地水果和蔬菜     1.1
```

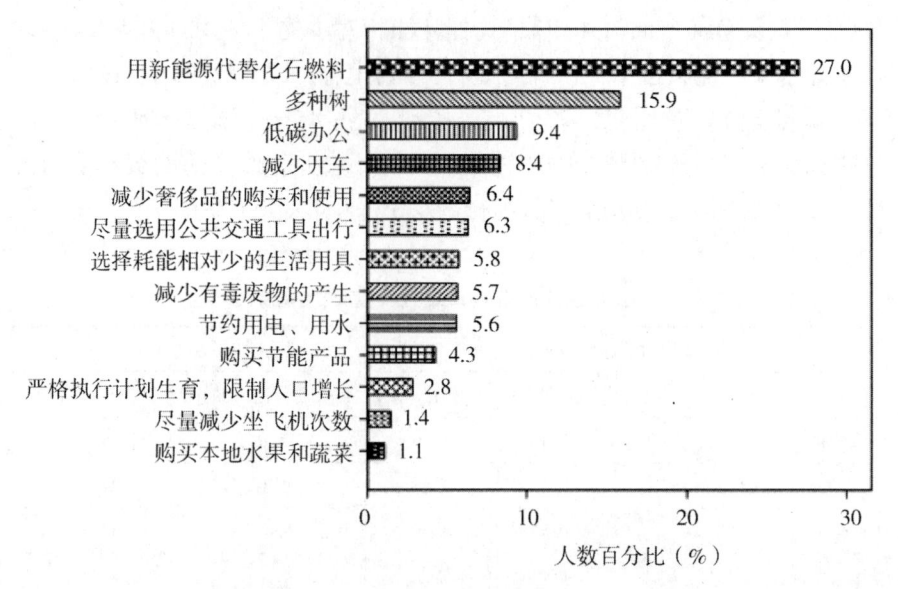

图 4—39 公众认为最有效减缓气候变化的措施

（五）对未来治理的建议

对于气候变化的治理，您有哪些建议或意见？（开放题）

1. 节能减排

提倡多种树，少开车，减少化石燃料的燃烧，减少二氧化碳的排放；提倡节约用电用水、低碳办公和生活，购买节能产品；杜绝建设高污染企业，严格控制污染源的排放。

2. 开发新能源，研发新技术

加快科技创新，研发新能源材料、新型可再生资源等，新能源替代旧能源，并且要合理有节制地开发资源；开发新技术代替传统耗能大、污染重的生产类机器或技术。

3. 加强政府监管，完善政策制度

加大政府管理力度，严格监管，对破坏环境的企业绝不姑息；加强法制管理，出台相关政策，完善相关惩罚机制，并严格执行相关措施；加大对污染源的治理，对污染气体应该投入经济与技术进行再处理，达标后再排放；推选有能力的决策者，选出真正具有专业技能的可利用人员，真正为人民办事，对人民负责；决策者和政府要多听取公众意见，树立政府公信力，实现政府、专家、公众三方配合共同治理。

4. 加大治理力度和预防措施

决策者和专家少说话，多做事，加大治理力度，科学治理污染。工业生产要做好废气、废水、废料的处理；气候监测要做到公开透明，保证公众也能看到实时监控的数据；凝聚群众力量，责任落实到个人，不能用相关部门、某专家推卸责任；预防控制为主，有专门的预防机制，并且倡导公众从各方面做好预防工作。

5. 做好科学知识的宣传工作

加强对气候变化相关知识的宣传，首先政府要更加公开透明，向公众普及政策法规知识，让公众了解法制的重要性；其次，媒体要广泛地宣传，通过一些宣传活动让公众深刻了解气候变化对我们造成的危害；再次，专家要提倡公众养成个人节能健康的生活方式，让公众意识到气候变化人人有责，人人都行动起来，共同维护我们的环境家园。

6. 加强公民素质教育

政府要在教育制度上加强对学生的气候变化意识教育，让人们从小就学习相关科学知识，从小树立环保意识；对广大公众要倡导养成节能减排的习惯，不浪费粮食和能源；从身边小事做起，改变过去不良的生活习惯，提高公民素养。

7. 加强国际合作

气候变化是全球性的大问题，应加强国际合作，加强国与国之间彼此信任；发展新技术，强国帮助弱国提高技术，全球共同治理；气候变化的治理是长远计策，需要各国联手、持之以恒，全人类共同行动起来保护家园。

8. 气候变化是自然界变化

气候变化已经成为现实问题，不是人类努力就可以改善现状的，因为气候变化不单是人为的原因，自然自身变化、生态规律的自然演变也是造成气候变化的不可忽视的重要原因。所以，有些专家和公众认为，气候变化的治理只要顺其自然就好。

八 个人信息的考察

本次调查中，个人信息主要包括性别、年龄、学历、职业、月收入、民族、信仰、居住地。

（一）性别

受访者中，男性 1038 人，占总人数的 49.9%；女性 1044 人，占总人数的 50.1%（见表 4—78）。

表 4—78　　　　　　　　　　性别

选项	人数（人）	百分比（%）	有效百分比（%）	累计百分比（%）
男	1038	49.9	49.9	49.9
女	1044	50.1	50.1	100.0
合计	2082	100.0	100.0	

（二）年龄

受访者中，19—30 岁年龄段的人最多，共 927 人，占总人数的 44.5%；其次是 30—60 岁，共 912 人，占总人数的 43.8%；60 岁以上的有 191 人，占总人数的 9.2%；18 岁以下的有 52 人，占总人数的 2.5%（见表 4—79）。

表 4—79　　　　　　　　　　年龄

选项	人数（人）	百分比（%）	有效百分比（%）	累计百分比（%）
18 岁以下	52	2.5	2.5	2.5
19—30 岁	927	44.5	44.5	47.0
30—60 岁	912	43.8	43.8	90.8
60 岁以上	191	9.2	9.2	100.0
合计	2082	100.0	100.0	

（三）学历

受访者中，学历为大专或本科的人最多，共 612 人，占总人数的 29.4%；硕士学历共 583 人，占总人数的 28.0%；高中或中专共 356 人，占总人数的 17.1%；博士学历或以上共 329 人，占总人数的 15.8%；初中及以下共 202 人，占总人数的 9.7%（见表 4—80）。

表 4—80　　　　　　　　　　学历

选项	人数（人）	百分比（%）	有效百分比（%）	累计百分比（%）
初中及以下	202	9.7	9.7	9.7
高中或中专	356	17.1	17.1	26.8
大专或本科	612	29.4	29.4	56.2
硕士	583	28.0	28.0	84.2
博士或以上	329	15.8	15.8	100.0
合计	2082	100.0	100.0	

（四）职业

由表 4—81 可以看出，受访人群中，职业分布比例较为平均。人数占前三位的是：专业技术人员 203 人，占总人数的 9.8%；学生 200 人，占总人数的 9.6%；企业工作人员 198 人，占比为 9.5%。党政机关工作人员 189 人，占比为 9.1%；离退休人员和自由职业者分别为 188 人、187 人，占比均为 9.0%；军人和农民分别为 186 人、185 人，占比均为 8.9%；研究员 183 人，占比为 8.8%；工人和事业单位工作人员分别为 182 人、181 人，均占 8.7%。

表 4—81　　　　　　　　　　职业

选项	人数（人）	有效百分比（%）	累计百分比（%）
党政机关工作人员	189	9.1	9.1
事业单位工作人员	181	8.7	17.8
企业工作人员	198	9.5	27.3
军人	186	8.9	36.2
研究员	183	8.8	45.0
学生	200	9.6	54.6
工人	182	8.7	63.4
农民	185	8.9	72.2
专业技术人员	203	9.8	82.0
自由职业者	187	9.0	91.0
离退休人员	188	9.0	100.0
合计	2082	100.0	

(五) 月收入

受访人群的月收入分布也较为平均，占人数最多的收入是 1500—2499 元，共 409 人，占总人数的比例为 19.6%；其次是少于 1500 元，共 391 人，占总人数的比例为 18.8%；2500—3999 元的人数为 372 人，占总人数的比例为 17.9%；4000—6999 元共 334 人，占总人数的比例为 16.0%；7000—9999 元共 305 人，占总人数的比例为 14.6%；10000 元以上共 271 人，占总人数的比例为 13.0%。由表 4—82 可以看出，随着月收入的提高，人数越来越少，最低收入的人群占比例最大，说明我国贫富差距现象比较严重，且贫困人群的比例远大于富有人群的比例。因为本次调研的样本刻意选择各个收入阶层的人群来做问卷，所以贫富差距远小于实际差距。

表 4—82　　　　　　　　　　月收入

选项	人数（人）	有效百分比（%）	累计百分比（%）
少于 1500 元	391	18.8	18.8
1500—2499 元	409	19.6	38.4
2500—3999 元	372	17.9	56.3
4000—6999 元	334	16.0	72.3
7000—9999 元	305	14.6	87.0
10000 元以上	271	13.0	100.0
合计	2082	100.0	

(六) 民族

在对民族的考察中，汉族是调查人群数量最多的，共 1664 人，占总人数的 79.9%。在少数民族的考察中，回族人数最多，共 68 人，占 3.3%；其次是满族，共 52 人，占 2.5%；苗族和壮族分别为 38 人、37 人，均占总人数的 1.8%；侗族 20 人，占 1.0%；白族和布依族分别为 19 人、18 人，均占总人数的 0.9%；土家族和藏族均为 17 人，均占总人数的 0.8%；朝鲜族 10 人，占总人数的 0.5%。其余民族人数较少，均占总人数的 0.4% 的民族有：彝族、瑶族、哈尼族、畲族、穿青族、拉祜族；均占总人数的 0.3% 的民族有：蒙古族、黎族、傣族、仡佬族、水族、纳西族、羌族、布朗族、毛南族；均占总人数的 0.2% 的民族有：东乡族、珞巴族、普米族（见表 4—83）。

表 4—83　　　　　　　　　民族

选项	人数（人）	有效百分比（%）	累计百分比（%）
汉族	1664	79.9	79.9
壮族	37	1.8	81.7
满族	52	2.5	84.2
回族	68	3.3	87.5
苗族	38	1.8	89.3
土家族	17	0.8	90.1
彝族	9	0.4	90.5
蒙古族	6	0.3	90.8
藏族	17	0.8	91.6
布依族	18	0.9	92.5
侗族	20	1.0	93.5
瑶族	8	0.4	93.9
朝鲜族	10	0.5	94.3
白族	19	0.9	95.2
哈尼族	8	0.4	95.6
黎族	6	0.3	95.9
傣族	7	0.3	96.3
畲族	8	0.4	96.6
穿青族	9	0.4	97.1
仡佬族	7	0.3	97.4
东乡族	5	0.2	97.6
拉祜族	8	0.4	98.0
水族	6	0.3	98.3
纳西族	6	0.3	98.6
羌族	7	0.3	98.9
毛南族	6	0.3	99.2
布朗族	6	0.3	99.5
普米族	5	0.2	99.8
珞巴族	5	0.2	100.0
合计	2082		

（七）信仰

宗教信仰中，无神论者的人数最多，共1672人，占总人数的80.3%；伊斯兰教89人，占总人数的4.3%；天主教88人，占总人数的4.2%；佛教81人，占总人数的3.9%；基督教78人，占总人数的3.7%；道教74人，占总人数的3.6%（见表4—84）。

表4—84　　　　　　　　　　宗教信仰

选项	人数（人）	有效百分比（%）	累计百分比（%）
佛教	81	3.9	3.9
基督教	78	3.7	7.6
伊斯兰教	89	4.3	11.9
天主教	88	4.2	16.1
道教	74	3.6	19.7
无神论者	1672	80.3	100.0
合计	2082	100.0	

（八）居住省

对居住省市的考察中，占比例最大的是江西，共216人，占总人数的10.4%；其次为宁夏，共214人，占总人数的10.3%；福建212人，占总人数的10.2%；北京211人，占总人数的10.1%；贵州209人，占总人数的10.0%；辽宁208人，占总人数的10.0%；天津206人，占总人数的9.9%；河北204人，占总人数的9.8%；河南202人，占总人数的9.7%；山东200人，占总人数的9.6%（见表4—85）。

表4—85　　　　　　　　　　居住省市

选项	人数（人）	有效百分比（%）	累计百分比（%）
北京	211	10.1	10.1
天津	206	9.9	20.0
河北	204	9.8	29.8
辽宁	208	10.0	39.8

续表

选项	人数（人）	有效百分比（%）	累计百分比（%）
山东	200	9.6	49.4
福建	212	10.2	59.6
宁夏	214	10.3	69.9
河南	202	9.7	79.6
江西	216	10.4	90.0
贵州	209	10.0	100.0
合计	2082	100.0	

（九）居住地性质

居住地性质的统计中，受访者在城市、县城、农村的分布较为平均。城市居民696人，占总人数的33.4%；县城697人，占总人数的33.5%；农村689人，占总人数的33.1%（见表4—86）。

表4—86　　　　　　居住地性质

选项	人数（人）	有效百分比（%）	累计百分比（%）
城市	696	33.4	33.4
县城	697	33.5	66.9
农村	689	33.1	100.0
合计	2082	100.0	

第六节　小结

本章主要是中国公众对气候变化风险治理中专家的信任度的实践调查，调查结果可总结为以下10个方面：

一　公众对知识的知晓度一般，对气候变化风险的担忧程度较高，但关注度较低

从答题的正确率可以看出，公众对气候变化知识的知晓度一般；对于气候变化的原因的回答中，29.4%的公众认为是臭氧空洞引起的气候变化，远高于化石燃料的燃烧所占比例（20.7%），说明公众对气候变化的原因比较模糊；并且对于气候变化相关政策有一半以上的人表示"不清楚"，这也证明公众对于气候变化仅停留在"听说过"而已。公众的知识的知晓度决定公众对风险的担忧，随着公众感知的气候变化的影响越严重，公众认为气候变化问题越严重；公众表示对气候变化很担忧的比例为65.7%，占总人数的一半以上，说明公众对于气候变化的担心程度较严重；普遍公众认为气候变化的危害较为严重，危害最严重的是对未来后代的危害，其次是动物和植物物种。而考察公众对气候变化的关注度时，55.0%的公众选择"偶尔"或"从来不"谈论气候变化，说明一半以上的公众对气候变化的问题谈论极少，公众虽然担忧气候变化，但是对此问题的关注度并不高。

二 公众获取信息的渠道主要是电视和网络，最信任的渠道是电视、政府通告和网络

公众的担忧促使公众要主动获取气候变化的相关信息，在公众获取信息的途径中，电视是我国公众了解气候变化相关信息的最主要工具，通过观看电视节目了解时事新闻的公众比例达到43.6%；其次是网络途径，25.8%的公众通过网络获取信息。公众最信任获取信息渠道的前三位为电视、政府通告、上网，所占比例分别为24.5%、23.1%、22.3%，占总数比例共计69.9%，说明大部分公众对官方发布的信息比较信任。

三 风险沟通中环保机构的宣传作用最大，公众主动参与风险沟通的比例较低

风险沟通有两个方面，包括其他群体向公众组织调研或宣传以及公众主动进行沟通。其他群体向公众组织调研或宣传的情况中，公众认为组织过相关活动的占比例最多的是环保组织等机构，占总人数的71.2%；其次是媒体（67.0%）和政府（53.6%）。环保机构在与公众的沟通中发挥了重要作用，可能因为环保机构经常要对公众做民意调查和知识的传播工作，并且有些环保组织本身就是民间组织，他们深得公众的认可；而政府和媒体也越来越重视与公众的沟通。因此，在公众主动进行沟通的方式中，"通过网络联名提议相关意见"和"写信或打电话向有关部门反映"

所占的比例最大，说明只有政府、媒体和相关组织及时与公众沟通，公众才有机会了解应该向谁、通过什么方式来进行沟通，从而进一步促进双方顺利沟通。但是在过去一年中，公众参与风险沟通的比例并不高，只有 20.7%，说明公众可能并没有遇到风险事件，或者公众不信任政府、媒体和相关机构，风险沟通的效果不是很明显。

四 我国公众普遍赞成等级主义文化，公众风险感知受事件文化影响，公众与专家的价值观偏向于比较一致

总的来说，我国公众普遍赞成等级主义，比较赞成宿命主义，有一点赞成平均主义，反对个人主义。在事件文化的评价中，公众认为核风险、气候变化、垃圾处理是感知风险最大的三项。相比较而言，火灾、接种疫苗、抽烟的风险较小。另外，公众感知的事件的风险大小与公众是否经历过类似风险事件的经验是相关联的：随着公众对某类事件经验的增加，公众感知的这类风险会增大。在文化价值的一致性判断时，公众对政府、企业、媒体、环保组织、决策者、专家的价值因素方面的平均分基本在 2—3 分，比较一致，说明公众的共识度比较高。公众认为与专家价值一致的比例占 46.7%，不一致的比例占 19.7%，一致所占比例是不一致所占比例的 2 倍多，说明将近一半的公众认为与专家的价值相一致，公众与专家的价值观偏向于比较一致。个人文化主义和事件文化的背景决定了价值是否一致。

五 公众感知气候变化具有可信性，且信息的传播较及时，但公众自身掌握的信息量不够多，大部分公众认为比较需要获得更多的信息

通过公众对"气候变化已经成为事实"和"气候变化引发的风险信息属实"的评价，得出超过 85.0% 的公众相信两者都已经成为事实，说明公众感知气候变化这一风险事件具有可信性。相信专家所说的气候变化事实发生或没发生的公众占总数量的 68.3%，说明大部分公众还是相信专家所说的造成气候变化的原因的，因为公众与专家的价值比较一致。95% 以上的公众认为信息的传播在"比较信任"和"一般信任"中间，可见，大部分公众认为信息的传播比较及时。认为信息量不足的公众是认为信息量比较多的公众比例的约 1.5 倍多，这与公众认为"信息传播及时"是"信息传播不及时"的 1.5 倍刚好相反，也就是说，信息的传播较及时，但公众掌握的信息量不够多。同时，公众对获得更多信息的迫切程度的问题中，占比例最大的是公众需要获得更多的信息，占总人数的62.6%；认为不需要的公众占总人数的9.4%，说明公众迫切希望获得更多关于气候变化的相关信息。

六 我国一半以上公众信任专家，信任与个人文化和风险治理有关

虽然数据显示公众最信任的前三位群体是亲人、环保组织和朋友，公众最不信任的前三位群体是企业、政府和决策者，专家既不属于最信任的群体，也不属于最不信任的群体。但是就专家内部比较而言，公众对专家的信任占56.6%，是不信任群体比例（16.2%）的3倍多，说明一半以上的公众对专家是信任的，而只有极少部分公众不信任专家。

描述性统计得出，随着文化主义从等级主义—个人主义—平均主义—宿命主义依次变化，公众对专家的信任度逐渐降低。我国公众属于等级主义文化类型，公众的信任度较高，视政治风险为最大风险；公众对风险治理的评价中，公众集中评价度较高，说明公众的共识度较高，所以我国公众的信任度和共识度都很高。厄尔和茨维特科维奇的一项研究中，美国402个受访者中有282人选择了平均主义（考察变量只有等级主义、个人主义和平均主义），[①] 持平均主义文化的公众信任度较低，进一步证明了美国属于低信任度国家，且美国公众视经济风险为最大风险。

七 大部分公众对专家的治理充满信心，并愿意支持和配合风险治理

公众相信风险治理的过程公平、合法，平均分为2.98分，标准差为1.113，说明95%的公众对这一项的评分在2.98±1.113范围内，表示大部分表示比较同意、一般和比较不同意。也就是说，对于政策和措施来说，公众表示比较支持，而对过去的风险治理的效果满意和合法公平的判断，公众有的比较同意，有的比较不同意。公众对风险治理的配合度与公众对风险治理的满意度呈线性正相关关系，即随着公众对风险治理的满意度评分升高，公众对风险治理的配合度评分越高，反之则配合度的评分越低。公众的信心度越高，越愿意配合风险治理；公众的信心度越低，越不

---

① Earle T. C., Cvetkovich G., Cvetkovich, *Social Trust: Toward a Cosmopolitan Society*. Greenwood Publishing Group, 1995, pp. 105-106.

愿意配合风险治理。大部分公众愿意参加气候变化风险沟通活动，占比70.0%；大部分公众比较关注气候变化对人类健康的危害和气候变化的原因，但是对气候变化给其他生产生活带来的危害不够关注。

八　知识答对率越高、感知知识越少、感知利益越低则感知风险越高

感知风险与知识的答对率、公众感知的知识、公众感知的利益的回归关系为：$Y = 02.700 - 0.061X_1 + 0.218X_2 + 0.162X_3$。说明感知风险与 X_1 呈线性负相关关系，即随着知识的答对率升高，感知风险程度得分降低，感知的风险就越高；感知风险得分 Y 与公众感知的知识的了解 X_2、公众感知的利益越高 X_3 呈线性正相关关系，即随着 X_2、X_3 的升高，感知风险程度得分也相应增加，感知的风险就越低。

九　大部分公众愿意参与风险治理活动，并建议采用新科技方法减缓气候变化

公众参与风险治理的意愿和个人行为很大程度上决定风险治理能否顺利而有效地进行，只有取得公众的支持才能促进风险治理。公众表示愿意为风险治理付出个人努力的人数占总人数的比例为 79.1%；公众认为最有效的管理决策是"运用科学技术方法，新技术代替老旧技术，提高能源效能"，占总人数的 53.4%；公众认为最有效减缓气候变化的措施中，运用新技术或措施来减缓气候变暖的比例较大，占比为 42.9%；选择最多的是"用新能源代替化石燃料"，占总人数的 27.0%，其次是"多种树"，占 15.9%。

十　中国公众属于高信任度、高共识度群体

在文化价值的一致性判断时，公众对政府、企业、媒体、环保组织、决策者、专家的价值因素方面的平均分基本在 2—3 分，比较一致，说明公众的共识度比较高。在公众信任度测量时，公众对专家的信任占 56.6%，是不信任比例 16.2% 的 3 倍多，说明一半以上的公众对专家是信任的，而只有极少部分公众不信任专家。这进一步说明公众的信任度和共识度都较高。所以我国公众偏向于信任度高且共识度也高。

第五章

影响中国公众对专家信任的因素

前面分析了国外公众对专家的信任,并对我国公众关于气候变化的认识、态度、治理效果的评价等方面做了调研和分析。从调研结果和数据分析中可知,在风险治理中,公众对专家的信任度是多方面因素长期影响形成的,若想重新建立或加强公众对专家的信任非常困难。我们想要提高公众的信任度,首先要清楚公众对专家的信任受哪些因素的影响,然后才能正确理解和把握公众对专家的信任的规律,从而采取提高公众信任的措施,促进风险治理。本章借助于数理统计方法对本次调查做进一步的定量分析。

第一节 影响公众对专家信任的因素假设

根据社会学和心理学关于风险的理论研究成果,并结合我国国情和气候变化的特点,可以假设影响公众对专家信任的因素主要有两大方面:一是决定个体差异的性别、年龄、学历、职业等社会基础变量;二是认知心理变量,如公众对气候变化的风险感知、风险沟通、价值一致性、公众对风险治理的评价和参与等。下面对这两个方面包含的变量做具体分析。

一 社会基础变量

社会基础不同的人,对风险的预期和心理承受能力往往不同,对评价风险的专家及其言论的信任度也不同,这就不可避免地形成了公众对专家的信任度的差异。

首先,从性别进行分析,弗里恩等人认为男性更加相信专家,他们的风险感知远远低于女性。这说明男性比女性的风险感知低，男性对专家的信任度高于女性。另有研究发现，女性对风险的敏感度或认知度要更高一些，女性相较男性而言更加不信任专家，这与女性本身的生物特性有关。不同性别的人群对专家的信任度可能存在一定的差异。本书将性别设为：男性编码为1，女性编码为2。

从年龄角度来观测，一般认为随着年龄的增长，人们越发信任专家。尤其是老年人在社会中能够接受的新鲜事物越来越少，他们最担心的是身体健康和社会保障等关于人身安全方面，只要专家评价为好的观点或事物，老年人可能就会相信。而年轻人越来越有自己的主见，他们对于专家的观点并不像从前一样盲目崇拜，更多时候表示怀疑，甚至会展开实地调查，进行媒体曝光等。所以随着年龄的增长，公众可能越来越信任专家。本书将年龄设为四个阶段：①18岁以下；②19—30岁；③30—60岁；④60岁以上。

从学历角度考察，受教育程度是影响公众信任的一个重要因素。凯尔斯泰特对年龄在18—90岁（平均47岁）的1093人进行了调查，研究表明，受教育程度越高的人对专家信任度越高，风险感知程度越低；相反，则对专家信任度越低，风险感知程度越高。分析各高学历者信任度较高的原因有：其一，有些受教育程度高者本身就是专家，出于对所在群体的拥护而信任专家。其二，受教育程度高的人接受了更多的知识培训，而知识大多数来源于专家的传授，对于师长的敬仰和信任是历史沿革的传统；而受教育程度低的人，有些人本身掌握的知识还不足以理解专家的言论，因而不信任专家，甚至认为专家的言论与自己无关。本书将学历设为五个阶段：①初中及以下；②高中或中专；③大专或本科；④硕士；⑤博士或以上。

职业也是影响信任度的一个重要因素。对于同一群体来说，在现代社会的激烈竞争环境下，公众往往在年轻时选择较稳定的、有保障的国家机构或大型国企，多数会选择公务员、管理人员等职位，虽然待遇较低，但承担风险小，对专家的信任度相对较高；随着年龄的增大，社会压力、家庭压力、自身压力增大，不得不考虑现实生活中的很多困难和不确定性，为了获得更高的收益，一些人就会选择离开稳定的岗位，从事技术工作、经商或体力劳动等风险大的工作，但安全系数较原来的职位也高很多，对专家的信任度降低。证明同一群体在不同职业选择背景下，对专家的信任度不同，职业选择明显影响信任度。本书涉及的职业分类有：①党政机关工作人员；②事业单位工作人员；③企业工作人员；④军人；⑤研究员；⑥学生；⑦工人；⑧农民；⑨专业技术人员（教师、医生、工程师等）；⑩自由职业者；⑪离退休人员；⑫其他。

从经济收入角度考虑，一般认为，收入水平高、生活状况比较好的人群对生活质量的满意度较高，但是由于这类人群占有较多的资源，他们往往比其他人群的风险敏感度更高，尤其对环境和健康风险的担忧较多，往往认为风险的发生是不可控和不可预防的，所以对专家的信任度不高。本书按月平均收入分为六类：①少于1500元；②1500—2499元；③2500—3999元；④4000—6999元；⑤7000—9999元；⑥10000元以上。

民族差异也是影响信任的一个因素。一些西方国家的研究认为，少数民族（或种族）由于社会政治地位相对较低，因而缺乏参与政治事务的积极性，对技术发展不太关心。我国是一个多民族国家，在全国很多地区都聚居或散居着少数民族，少数民族的人民积极参加政务和社会活动，并且在政治活动和经济发展方面都做出了显著贡献。因此有必要考察不同民族对专家的信任的差异。本书考察中主要涉及汉族和28个少数民族（具体见表4—83）。

宗教信仰是文化的一部分，考察要素（如个人文化主义、事件背景、公众的感知等）包含了公众的个人信仰，不同的信仰对于公众信任的判断起到不同的作用。基于我国信仰多样化，本书将考察的信仰分为六大类：①佛教；②基督教；③伊斯兰教；④天主教；⑤道教；⑥无神论者。

地域和城乡差异对信任的影响比较复杂。首先，不同地区的人在性格、文化和价值观各方面存在一定的差异，造成他们对专家的信任不同，这已经为许多跨文化的研究所证实。其次，有些省市遭受气候变化的灾害比较频繁，公众对于专家的信任度可能比较高，因为气候灾害发生几乎是无法预测的，对于灾害的危机处理只能依赖于专家；有些省市没有遭遇过或很少遭遇气候灾害，这些地区的人群可能对于专家和专家的言论就不是很关注，甚至不信任。再次，我国城市、县城和农村的经济发展存在较大差距，由于教育水平、收入水平等方面都存在差异，所以公众对专家的信任受地区和城乡的影响较大。并且，城乡差异与许多背景变量有相关性，在分析中应考虑对此变量进行控制。本书按照调查抽样的方案，选取了10个省市为抽样地区：①北京；②天津；③河北；④辽宁；⑤山东；

⑥福建；⑦宁夏；⑧河南；⑨江西；⑩贵州。另外，城乡规定为三类：①城市；②县城；③农村。

综上所述，从社会基础变量的角度，本书所分析的指标涵盖了以下9个方面：①性别；②年龄；③学历；④职业；⑤月收入；⑥民族；⑦宗教信仰；⑧居住省市；⑨城乡。

二 认知心理变量

心理学研究普遍认为，意识会影响到人的行为，而人类的行为尤其是有选择的行为都应有特定的心理动机。通过文献分析，结合相关心理学关于信任的理论，确定影响信任的因素主要有以下几个方面：

（一）风险感知

风险感知是心理学研究的一个重要内容。公众对专家的信任，首先从第一感觉上的判断就是由公众的自我感知决定的。风险感知包括公众对风险知识的知晓度、公众感知到的知识了解程度、感知的利益和感知的风险。在本书中考察的变量主要有：公众对气候变化的原因、影响、相关政策的了解，公众认为自己获得的知识的多少，公众感知的气候变化带来的利益和风险等。

（二）公众的担忧

公众对气候变化问题的担忧程度也会影响公众对专家的信任。由于公众对气候变化风险的恐慌和不知所措，公众既可能求助于专家，对专家的言论和建议十分信任，又可能因为专家的建议无效而不信任专家；表示不担忧气候变化风险的公众，则可能对专家的信任度一般，或者信任度来源与气候变化风险无关。本书考察的公众担忧的变量有：公众感知气候变化风险的严重性、公众的担忧程度、公众感知的风险会给社会群体带来的危害程度。

（三）风险沟通

风险沟通贯穿于整个风险治理当中。在气候变化风险治理中，风险沟通的主体有政府、企业、媒体、环保机构、决策者、专家、朋友、亲人等，在沟通中每个角色的作用都不一样，沟通的频率、获取相关知识、沟通的途径、沟通的主动性等方面都有可能影响公众对专家的信任。在本书中考察的变量主要有：公众与家人谈论气候变化的频率、公众获取信息的渠道、公众最信任的获取信息的渠道、其他群体是否向公众做过宣传工作、公众是否主动与有关部门进行沟通、公众是否参与过相关的沟通活动等。

（四）个人文化主义

信任受个体文化主义的影响。在等级主义、个人主义、平均主义和宿命主义的分类中，由于不同的个体选择的文化类型不同，所以个体的信任也就会随着文化主义的不同而不同。比如，选择等级主义的人群更加相信政府和决策者。在本书中考察的变量主要有：对国家发展的态度、对自然环境的态度、对资源分配的态度、对风险治理和社会问题的态度。

（五）事件文化

前面已经分析过，气候变化风险有其特殊性，它与核风险、转基因风险等不同，事件的可信性会直接影响公众对专家的信任。那么，气候变化事件的文化背景不同点究竟在哪里，这需要我们进行考察，也就是针对这一特定的风险事件的文化背景的测量。在本书中考察的变量主要有：公众认为最大的风险是什么、公众是否经历过由气候变化引起的风险事件。

（六）价值一致性

价值一致性是显著价值相似模型（SVS模型）的核心思想，公众与专家的价值观是否一致将直接影响公众对专家的信任。而价值是一个较为模糊的概念，为了能准确测量价值的一致性，SVS模型中提供了测量价值的六个变量：价值是否一致、立场是否一致、目标是否一致、观点是否一致、行为是否一致、是否支持对方的观点。根据这6个测量价值一致性的标准变量，可以直接测量我国公众与专家的价值观是否一致。

（七）事件可信性

事件可信性是影响信任的重要因素。由SVS模型可知，除了价值一致性可以导向社会信任，另外一条途径就是事件可信性。如果公众认为事件可信，那么将有助于增强公众对专家的信任；如果公众认为事件不可信，那么将减弱公众对专家的信任。事件的可信性通常由以下几组变量组成，也是本书选取的变量：公众对事件可信性的直接判断、公众对气候变化原因的判断、公众对信息传播的真实性和及时性的判断等。

（八）风险治理的评价

公众对风险治理的评价直接影响公众对专家的信任，原因包括两个方面：第一，专家治理风险的效果和经验，反映了专家的专业素质和应对风险的处理能力，如果公众对过去的风险治理不满意，那么公众将可能不再信任治理风险的有关专家；第二，风险治理的绩效评价会影响公众的信心，只有绩效评价较好，公众对未来才会有信心；如果绩效评价不好，那么公众的信心也会大大减弱。根据信任、信心与协作模型（TCC模型），信任和信心都会导向风险治理过程中的协作，因此风险治理的评价将会影响信任和信心，进而影响公众在风险治理中的配合度。在本书中考察的变量主要有：公众对风险治理的有效性评价、满意度评价、对风险治理决策的评价等。

（九）公众参与

风险治理中的公众参与是很重要的一部分，但是公众参与可能有利于增强公众对专家的信任，也可能削弱公众对专家的信任。当公众看到专家的治理和政策建议有效时，公众就会偏向于信任专家；但是当公众参与过程中，如果专家的治理没有收到预期效果，那么公众对专家的信任就可能减弱甚至消失。在本书中考察的变量主要有：公众是否支持气候变化治理的相关政策、是否愿意配合执行相关措施、是否愿意参加管理机构组织的相关活动、是否愿意为治理气候变化风险付出个人努力等。

以上是本书考察的认知心理学变量相关的9个方面：风险感知、公众担忧、风险沟通、个人文化主义、事件文化、价值一致性、事件可信性、风险治理的评价、公众参与。除此之外，还考察了公众对气候变化问题的关注度、公众对气候变化治理提出的建议等。

第二节 回归模型

从问卷的调查和相关的数据描述性分析中可以很明显地看出，信任与公众的风险感知、风险沟通、价值一致性、事件的可信性、风险治理的评价与支持等因素都有相关性，但是单从描述性分析难以看出量化关系。以下将对信任的影响因素作进一步相关分析和回归分析，以找出影响信任的最核心的因素。

一 相关性分析和回归分析

由因子分析可以看出，公众的风险感知、公众信任的信息传播途径、公众与专家的价值一致性程度、个人对风险治理的付出都会影响公众对专家的信任，尤其是公众与专家的价值一致性程度与信任的相关系数为0.984，接近于1，说明价值一致与信任强相关。反过来，信任也反映了价值一致性、知识的掌握程度、风险治理的效果评价和支持。本节将运用相关性分析和回归分析，建立回归分析模型，逐步分析影响信任的因素。

（一）风险感知与信任

风险感知是由公众感知的知识知晓度、感知的利益与感知的风险三项构成的，在问卷中对应的变量与公众对专家的信任呈现出表 5—1 所示的关系。

表 5—1　　　公众对专家的信任与风险感知因子的相关性分析

题目列项		1	2	3	4
1. 您是否了解气候变化相关的知识或政策？	皮尔逊相关系数	1	.052*	.126**	.201**
	显著系数		.017	.000	.000
	人数（人）	2082	2082	2082	2082
2. 气候变化治理能为人类带来的利益中，您最关心的利益是什么？	皮尔逊相关系数	.052*	1	.223**	.047*
	显著系数	.017		.000	.033
	人数（人）	2082	2082	2082	2082
3. 政府减缓气候变化的过程中可能会带来其他风险，您最担心的是什么？	皮尔逊相关系数	.126**	.223**	1	.113**
	显著系数	.000	.000		.000
	人数（人）	2082	2082	2082	2082
4. 您是否信任气候变化活动中的专家？	皮尔逊相关系数	.201**	.047*	.113**	1
	显著系数	.000	.033	.000	
	人数（人）	2082	2082	2082	2082

注：**表示在 0.01（2-tailed）双侧显著相关；*表示在 0.05（2-tailed）双侧显著相关。

公众对专家的信任与风险感知的各因素有着显著的正相关关系。尤其是公众感知的知识知晓度、感知的风险的皮尔逊相关系数为 0.201 和 0.113，显著性均为 0.000（<0.01），双侧非常显著相关。其次，信任与感知的利益也有着显著的相关，皮尔逊相关系数为 0.047，显著性为 0.033（<0.05），双侧显著相关。这说明公众对专家的信任度会随着的公众感知的知识知晓度、感知的利益与风险的不同而明显不同。

根据研究假设的内容，我们分别将控制变量（公众对专家的信任）和主要自变量（感知的知识知晓度、感知的利益与感知的风险）分别引入回归模型，运用最小二乘法进行一般线性估计。主要的回归模型是：

$$Y = b_0 + b_i X_i + e_\circ$$

Y 表示公众的信任因子得分；b_0 是截距，当 X_i 都为 0 时，表示 Y 的均值；X_i 是主要自变量和控制变量组成的向量（包括感知的知识知晓度、感知的利益、感知的风险）；b_i 是各向量对应的回归系数，表示 X_i 每变化 1 个单位，Y 的该变量（见表 5—2）。

表 5—2　影响公众对专家的信任的风险感知因子的回归分析

模型		未标准化系数		标准化系数	t 检验系数	显著系数（Sig）
		未标准化回归系数（B）	标准误	标准化回归系数（Beta）		
1	常数（Constant）	1.759	.080		22.070	.000
	您是否了解气候变化相关的知识或政策？	.229	.025	.201	9.337	.000
2	常数（Constant）	2.404	.039		62.055	.000
	气候变化治理能为人类带来的利益中，您最关心的利益是什么？	.021	.010	.047	2.132	.033
3	常数（Constant）	2.226	.052		42.439	.000
	政府减缓气候变化的过程中可能会带来其他风险，您最担心的是什么？	.067	.013	.113	5.200	.000
4	常数（Constant）	1.594	.089		17.913	.000
	您是否了解气候变化相关的知识或政策？	.215	.025	.189	8.752	.000
	气候变化治理能为人类带来的利益中，您最关心的利益是什么？	.008	.010	.018	.808	.419
	政府减缓气候变化的过程中可能会带来其他风险，您最担心的是什么？	.051	.013	.086	3.869	.000

a. 因变量：您是否信任气候变化活动中的专家？

在模型1—4中，我们分别建立感知的知识知晓度、感知的利益与感知的风险关于公众对专家信任的独立回归模型，从而单独检验研究假设1。

在模型1中，感知的知识知晓度与人们的信任度回归系数为B=0.229（P=0.000<0.001），说明当自变量（感知的知识知晓度）发生变化时，因变量（公众对专家信任）变异非常明显。在模型2中，公众感知的利益与对专家的信任度回归系数为B=0.021（P=0.033<0.05），差异性上比较显著，说明公众感知的利益对信任度的影响比较明显，但还需要进一步的验证。在模型3中，公众感知的风险与对专家的信任度回归系数为B=0.067（P=0.000<0.001），说明随着公众感知的风险的变化，信任的差异性非常显著。

模型4是前3个模型的联合模型，同时将三个自变量因素放入一个模型中，我们可以比较各种因素同时存在时对信任度的影响效应。从系数的显著性来看，在联合模型中，感知利益系数的显著性消失（B=0.008，P=0.419>0.05）。但我们并不能据此判断感知利益的效应不存在，而是由于感知利益所能解释的方差相对于感知的风险和感知的知识来说显得很弱。因为，感知的利益与感知的风险和感知的知识存在高度的共线性关系，简单二元相关分析中，感知的利益和感知的知识的皮尔逊相关系数达到-0.052（P=0.017<0.05），二者比较相关；而感知的利益与感知的风险的皮尔逊相关系数达到0.223（P=0.000<0.001），二者非常相关。这些充分说明感知的知识和感知的风险很大程度上决定了感知的利益。

根据回归分析，建立二元线性回归方程。设"公众对专家的信任"作为因变量Y，感知的知识和感知的风险作为自变量X_1、X_2。表5—3显示，常数（Constant）、感知的知识（X_1）、感知的风险（X_2）具有统计意义。从表5—3可以推出回归模型方程：$Y=1.609+0.216X_1+0.053X_2$。这说明公众对专家的信任与感知的知识和感知的风险呈线性正相关关系，随着X_1、X_2的升高，公众对专家的信任度得分Y也相应增加（1—5：信任—不信任），越不信任专家。这支持了假设1"公众的风险感知越高越不信任专家"。

表 5—3　　　　信任对其风险感知影响因子的回归分析

模型		未标准化系数		标准化系数	t检验系数	显著系数（Sig）
		未标准化回归系数（B）	标准误	标准化回归系数（Beta）		
1	常数（Constant）	1.609	.087		18.437	.000
	您是否了解气候变化相关的知识或政策？	.216	.025	.189	8.776	.000
	政府减缓气候变化的过程中可能会带来其他风险，您最担心的是什么？	.053	.013	.089	4.146	.000

a. 因变量：您是否信任气候变化活动中的专家？

（二）风险沟通与信任

风险沟通主要包括公众与周围人进行风险沟通的频率、沟通的方式、信息获取途径、风险沟通现状四部分。问卷中对应的变量与公众对专家的信任呈现以下关系：公众对专家的信任与风险沟通的部分因素有着显著的正相关关系。首先，"政府、企业和媒体对气候变化问题做过公众调研或相关知识的宣传"与公众对专家的信任没有相关性。其次，环保组织、决策者和专家的调研或宣传工作与信任显著相关，皮尔逊相关系数分别为0.048、0.080、0.125，显著系数分别为0.029、0.000、0.000，均小于0.05，双侧显著相关（见表5—4）。

表 5—4　公众对专家的信任与风险沟通因子①的相关性分析（风险沟通现状）

题目列项		1	2	3	4	5	6	7
1. 政府是否针对气候变化问题做过公众调研或相关知识的宣传工作？	皮尔逊相关系数	1	.372**	.350**	.263**	.385**	.432**	.026
	显著系数		.000	.000	.000	.000	.000	.240
	人数（人）	2082	2081	2082	2082	2082	2082	2082
2. 企业是否针对气候变化问题做过公众调研或相关知识的宣传工作？	皮尔逊相关系数	.372**	1	.313**	.314**	.429**	.201**	.042
	显著系数	.000		.000	.000	.000	.000	.055
	人数（人）	2081	2081	2081	2081	2081	2081	2081

① 风险沟通因子：风险沟通的频率、沟通的方式、信息获取途径。

续表

题目列项		1	2	3	4	5	6	7
3. 媒体是否针对气候变化问题做过公众调研或相关知识的宣传工作？	皮尔逊相关系数	.350**	.313**	1	.459**	.295**	.305**	.041
	显著系数	.000	.000		.000	.000	.000	.061
	人数（人）	2082	2081	2082	2082	2082	2082	2082
4. 环保组织等机构是否针对气候变化问题做过公众调研或相关知识的宣传工作？	皮尔逊相关系数	.263**	.314**	.459**	1	.250**	.289**	.048*
	显著系数	.000	.000	.000		.000	.000	.029
	人数（人）	2082	2081	2082	2082	2082	2082	2082
5. 决策者是否针对气候变化问题做过公众调研或相关知识的宣传工作？	皮尔逊相关系数	.385**	.429**	.295**	.250**	1	.499**	.080**
	显著系数	.000	.000	.000	.000		.000	.000
	人数（人）	2082	2081	2082	2082	2082	2082	2082
6. 专家是否针对气候变化问题做过公众调研或相关知识的宣传工作？	皮尔逊相关系数	.432**	.201**	.305**	.289**	.499**	1	.125**
	显著系数	.000	.000	.000	.000	.000		.000
	人数（人）	2082	2081	2082	2082	2082	2082	2082
7. 您是否信任气候变化活动中的专家？	皮尔逊相关系数	.026	.042	.041	.048*	.080**	.125**	1
	显著系数	.240	.055	.061	.029	.000	.000	
	人数（人）	2082	2081	2082	2082	2082	2082	2082

注：**表示在0.01（2-tailed）双侧显著相关；*表示在0.05（2-tailed）双侧显著相关。

其次，信任与沟通的频率、沟通的方式、信息获取途径、最信任的信息获取途径均有着显著的相关，表5—5显示皮尔逊相关系数分别为0.194、0.189、0.124、0.066，显著性系数均小于0.01，显著相关。这说明公众对专家的信任度会随着风险沟通的频率、沟通的方式、信息获取途径、决策者和最信任的信息获取途径不同而不同。

表 5—5　公众对专家的信任与风险沟通因子的相关性分析

题目列项		1	2	3	4	5
1. 您与家人和朋友谈论气候变化的话题的频率是多少?	皮尔逊相关系数	1	.209**	.160**	.137**	.194**
	显著系数		.000	.000	.000	.000
	人数（人）	2082	2082	2082	2082	2082
2. 发生自然灾害或突发危机事件时，您会通过哪种途径与政府、企业、媒体或专家进行沟通?	皮尔逊相关系数	.209**	1	.153**	.097**	.189**
	显著系数	.000		.000	.000	.000
	人数（人）	2082	2082	2082	2082	2082
3. 您通过哪种方式获取气候变化相关信息?	皮尔逊相关系数	.160**	.153**	1	.246**	.124**
	显著系数	.000	.000		.000	.000
	人数（人）	2082	2082	2082	2082	2082
4. 您最信任哪种获取信息的方式?	皮尔逊相关系数	.137**	.097**	.246**	1	.066**
	显著系数	.000	.000	.000		.003
	人数（人）	2082	2082	2082	2082	2082
5. 您是否信任气候变化活动中的专家?	皮尔逊相关系数	.194**	.189**	.124**	.066**	1
	显著系数	.000	.000	.000	.003	
	人数（人）	2082	2082	2082	2082	2082

注：**表示在 0.01 (2-tailed) 双侧显著相关。

根据研究假设的内容，我们分别将控制变量（公众对专家的信任）和主要自变量风险沟通的频率，沟通的方式，信息获取途径，最信任的信息获取途径，环保组织、决策者和专家的调研或宣传工作分别引入回归模型，运用最小二乘法进行一般线性估计，估计结果如表 5—6 所示。

表 5—6　影响公众对专家的信任的风险沟通因子的回归分析

模型		未标准化系数		标准化系数	t 检验系数	显著系数（Sig）
		未标准化回归系数（B）	标准误	标准化回归系数（Beta）		
1	常数（Constant）	1.810	.077		23.509	.000
	您与家人朋友谈论气候变化话题的频率是多少?	.198	.022	.194	9.000	.000

续表

模型		未标准化系数		标准化系数	t检验系数	显著系数（Sig）
		未标准化回归系数（B）	标准误	标准化回归系数（Beta）		
2	常数（Constant）	2.045	.054		37.900	.000
	发生自然灾害或突发危机事件时，您会通过哪种途径与政府、企业、媒体等进行沟通？	.127	.014	.189	8.781	.000
3	常数（Constant）	2.269	.043		53.092	.000
	您通过哪种方式获取气候变化相关信息？	.064	.011	.124	5.689	.000
4	常数（Constant）	2.336	.050		46.641	.000
	您最信任哪种获取信息的方式？	.029	.010	.066	3.008	.003
5	常数（Constant）	2.364	.053		44.654	.000
	环保组织等机构是否针对气候变化问题做过公众调研或相关知识的宣传工作？	.070	.032	.048	2.190	.029
6	常数（Constant）	2.259	.062		36.321	.000
	决策者是否针对气候变化问题做过公众调研或相关知识的宣传工作？	.094	.026	.080	3.644	.000
7	常数（Constant）	2.204	.052		42.502	.000
	专家是否针对气候变化问题做过公众调研或相关知识的宣传工作？	.139	.024	.125	5.758	.000
8	常数（Constant）	1.155	.110		10.521	.000
	您与家人和朋友谈论气候变化的话题的频率是多少？	.164	.022	.161	7.355	.000
	发生自然灾害或突发危机事件时，您会通过哪种途径与政府、企业、媒体或专家进行沟通？	.093	.015	.138	6.355	.000

续表

模型	未标准化系数		标准化系数	t检验系数	显著系数 (Sig)
	未标准化回归系数（B）	标准误	标准化回归系数（Beta）		
您通过哪种方式获取气候变化相关信息？	.038	.011	.073	3.310	.001
您最信任哪种获取信息的方式？	.014	.010	.032	1.463	.144
环保组织等机构是否针对气候变化问题做过公众调研或相关知识的宣传工作？	-.011	.032	-.008	-.344	.731
决策者是否针对气候变化问题做过公众调研或相关知识的宣传工作？	-.006	.029	-.005	-.198	.843
专家是否针对气候变化问题做过公众调研或相关知识的宣传工作？	.162	.028	.146	5.812	.000

a. 因变量：您是否信任气候变化活动中的专家？

在模型 1—7 中，我们分别建立公众对专家信任与风险沟通的频率，沟通的方式，信息获取途径，最信任的信息获取途径，环保组织、决策者和专家的调研或宣传工作等因素独立回归模型，从而单独检验研究假设 2。

在模型 1 中，风险沟通的频率与人们的信任度回归系数为 B = 0.198（P = 0.000<0.001），说明当自变量（风险沟通的频率）发生变化时，因变量（公众对专家信任）变异非常明显。在模型 2 中，沟通的方式与对专家的信任度回归系数为 B = 0.127（P = 0.000<0.001），说明当风险沟通的方式发生变化时，公众对专家信任差异非常明显。在模型 3 中，公众获取信息的渠道与对专家的信任度回归系数为 B = 0.064（P = 0.000<0.001），说明公众获取信息的渠道变化时，信任的差异性非常显著。在模型 4 中，公众最信任的获取信息的渠道与对专家的信任度回归系数为 B = 0.029（P = 0.003<0.005），说明公众获取信息的渠道变化时，信任的差异性比较显著。在模型 5 中，环保组织的调研或宣传工作与对专家的信任度回归系数为 B = 0.070（P = 0.029<0.05），差异性上比较显著，说明公众感知的利益对信任度的影响比较明显，但还需要进一步的验证。在模

型 6 中，决策者的调研或宣传工作与对专家的信任度回归系数为 $B=0.094$（$P=0.000<0.001$），说明当决策者的沟通工作发生变化时，公众对专家信任差异非常明显。在模型 7 中，专家的调研或宣传工作与对专家的信任度回归系数为 $B=0.139$（$P=0.000<0.001$），说明当专家的沟通工作发生变化时，公众对专家信任差异非常明显。

模型 8 是前 7 个模型的联合模型，将前 7 个自变量因素放入一个模型中，我们可以比较各种因素同时存在时对信任度的影响效应。从系数的显著性来看，在联合模型中，公众最信任的信息获取渠道（$B=0.014$，$P=0.144>0.05$）、环保组织的沟通工作（$B=-0.011$，$P=0.731>0.05$）、决策者的沟通工作（$B=-0.006$，$P=0.843>0.05$）三个系数的显著性消失。这三个因素的显著性消失，是因为它们所能解释的方差相对于其他几个因素来说显得很弱。

根据回归分析，建立四元线性回归方程。设"公众对专家的信任"作为因变量 Y，风险沟通的频率、沟通的方式、公众获取信息的渠道、专家的调研或宣传工作作为自变量 X_1、X_2、X_3、X_4。表 5—7 显示，常数（Constant）、风险沟通的频率（X_1）、沟通的方式（X_2）、公众获取信息的渠道（X_3）、专家的调研或宣传工作（X_4）具有统计意义。从表 5—7 可以推出回归模型方程：$Y = 1.188 + 0.166X_1 + 0.093X_2 + 0.042X_3 + 0.153X_4$。这说明公众对专家的信任与 X_1、X_2、X_3、X_4 呈线性正相关关系，即随着 X_1、X_2、X_3、X_4 的升高，公众对专家的信任度 Y 也相应增加。这与假设 2 "风险沟通越顺畅，公众对专家的信任度越高"一致，因此支持了假设 2。

表 5—7　　　　　信任对其风险沟通影响因子的回归分析

模型		未标准化系数		标准化系数	t 检验系数	显著系数（Sig）
		未标准化回归系数（B）	标准误	标准化回归系数（Beta）		
1	常数（Constant）	1.188	.097		12.217	.000
	您与家人和朋友谈论气候变化的话题的频率是多少？	.166	.022	.163	7.494	.000
	发生自然灾害或突发危机事件时，您会通过哪种途径与政府、企业、媒体或专家进行沟通？	.093	.015	.139	6.428	.000

续表

模型	未标准化系数		标准化系数	t检验系数	显著系数（Sig）
	未标准化回归系数（B）	标准误	标准化回归系数（Beta）		
您通过哪种方式获取气候变化相关信息？	.042	.011	.080	3.740	.000
专家是否针对气候变化问题做过公众调研或相关知识的宣传工作？	.153	.023	.137	6.497	.000

a. 因变量：您是否信任气候变化活动中的专家？

（三）价值一致性与信任

公众与专家的价值一致性主要包括公众与专家的价值、立场、目标、观点、行为、观点的执行是否一致。问卷中对应的变量与公众对专家的信任呈现以下关系：

公众对专家的信任与价值的相关因素有着显著的正相关关系。信任，与公众和专家的价值一致、立场一致、同一目标、观点的支持、行为一致、观点一致的皮尔逊相关系数分别为 0.286、0.314、0.308、0.310、0.345、0.294，显著性均小于 0.001，双侧显著相关，说明公众对专家的信任度会随着价值观相关因素的不同而明显不同（见表 5—8）。

表 5—8　　公众对专家的信任与价值因子的相关性分析

题目列项		1	2	3	4	5	6	7
1. 您认为专家是否与您价值一致？	皮尔逊相关系数	1	.630**	.573**	.569**	.568**	.573**	.286**
	显著系数		.000	.000	.000	.000	.000	.000
	人数（人）	2082	2082	2082	2082	2082	2082	2082
2. 您认为专家是否与您立场一致？	皮尔逊相关系数	.630**	1	.697**	.742**	.693**	.694**	.314**
	显著系数	.000		.000	.000	.000	.000	.000
	人数（人）	2082	2082	2082	2082	2082	2082	2082
3. 您认为专家是否与您同一目标？	皮尔逊相关系数	.573**	.697**	1	.715**	.702**	.680**	.308**
	显著系数	.000	.000		.000	.000	.000	.000
	人数（人）	2082	2082	2082	2082	2082	2082	2082

续表

题目列项		1	2	3	4	5	6	7
4. 您认为专家是否支持您的观点？	皮尔逊相关系数	.569**	.742**	.715**	1	.735**	.725**	.310**
	显著系数	.000	.000	.000		.000	.000	.000
	人数（人）	2082	2082	2082	2082	2082	2082	2082
5. 您认为专家是否与您行为一致？	皮尔逊相关系数	.568**	.693**	.702**	.735**	1	.707**	.345**
	显著系数	.000	.000	.000	.000		.000	.000
	人数（人）	2082	2082	2082	2082	2082	2082	2082
6. 您认为专家是否与您观点一致？	皮尔逊相关系数	.573**	.694**	.680**	.725**	.707**	1	.294**
	显著系数	.000	.000	.000	.000	.000		.000
	人数（人）	2082	2082	2082	2082	2082	2082	2082
7. 您是否信任气候变化活动中的专家？	皮尔逊相关系数	.286**	.314**	.308**	.310**	.345**	.294**	1
	显著系数	.000	.000	.000	.000	.000	.000	
	人数（人）	2082	2082	2082	2082	2082	2082	2082

注：**表示在0.01（2-tailed）双侧显著相关。

根据研究假设的内容，我们分别将控制变量（公众对专家的信任）和主要自变量价值、立场、目标、观点的支持、行为、观点一致分别引入回归模型，运用最小二乘法进行一般线性估计，估计结果如表5—9所示。

表5—9　　影响公众对专家的信任的价值因子的回归分析

模型		未标准化系数		标准化系数	t检验系数	显著系数（Sig）
		未标准化回归系数（B）	标准误	标准化回归系数（Beta）		
1	常数（Constant）	1.655	.064		25.779	.000
	您认为专家是否与您价值一致？	.309	.023	.286	13.625	.000
2	常数（Constant）	1.584	.063		25.115	.000
	您认为专家是否与您立场一致？	.357	.024	.314	15.097	.000

续表

模型		未标准化系数		标准化系数	t检验系数	显著系数（Sig）
		未标准化回归系数（B）	标准误	标准化回归系数（Beta）		
3	常数（Constant）	1.606	.063		25.537	.000
	您认为专家是否与您同一目标？	.352	.024	.308	14.780	.000
4	常数（Constant）	1.552	.066		23.547	.000
	您认为专家是否支持您的观点？	.362	.024	.310	14.871	.000
5	常数（Constant）	1.462	.064		22.762	.000
	您认为专家是否与您行为一致？	.397	.024	.345	16.783	.000
6	常数（Constant）	1.641	.064		25.818	.000
	您认为专家是否与您观点一致？	.335	.024	.294	14.011	.000
7	常数（Constant）	1.233	.073		16.920	.000
	您认为专家是否与您价值一致？	.093	.030	.087	3.135	.002
	您认为专家是否与您立场一致？	.072	.040	.064	1.805	.071
	您认为专家是否与您同一目标？	.066	.038	.058	1.727	.084
	您认为专家是否支持您的观点？	.038	.043	.033	.892	.373
	您认为专家是否与您行为一致？	.209	.040	.182	5.285	.000
	您认为专家是否与您观点一致？	.010	.038	.009	.258	.797

a. 因变量：您是否信任气候变化活动中的专家？

在模型1—6中，我们分别建立公众对专家的信任与价值、立场、目标、观点的支持、行为、观点一致等因素独立回归模型，从而单独检验研究假设3。

在模型1中，价值一致与人们的信任度回归系数为B=0.309（P=0.000<0.001），说明当自变量（价值）发生变化时，因变量（公众对专家信任）变化非常明显。在模型2中，立场一致与对专家的信任度回归系数为B=0.357（P=0.000<0.001），说明当公众和专家的立场发生变化时，公众对专家信任的变化差异非常明显。在模型3中，目标与对专家的信任度回归系数为B=0.352（P=0.000<0.001），说明当公众与专家的目标变化时，信任的变化差异非常显著。在模型4中，对观点的支持度与对专家的信任度回归系数为B=0.362（P=0.000<0.001），说明对观点的支持度变化时，信任的变化差异非常显著。在模型5中，行为的一致性与对

专家的信任度回归系数为 B=0.397（P=0.000<0.001），说明当行为发生变化时，信任的变化差异性显著。在模型 6 中，观点一致性与对专家的信任度回归系数为 B=0.335（P=0.000<0.001），说明当观点发生变化时，公众对专家信任的变化差异非常明显。

模型 7 是前 6 个模型的联合模型，将前六个自变量因素放入一个模型中，我们可以比较各种因素同时存在时对信任度的影响效应。从系数的显著性来看，在联合模型中，立场（B=0.072，P=0.071>0.05）、目标（B=0.066，P=0.084>0.05）、观点的支持（B=0.038，P=0.373>0.05）、观点一致性（B=0.010，P=0.797>0.05）4 个系数的显著性消失。这 4 个因素的显著性消失，是因为它们所能解释的方差相对于其他几个因素来说显得很弱，并且从表 5—9 中可以看出，这 4 个因素与价值、行为的一致性相关性很强，所以当 6 个因素同时进入一个模型考量时，价值和行为的一致性的变化严重影响另外 4 个因素的变化，而价值一致性（B=0.093，P=0.002<0.005）和行为的一致性（B=0.209，P=0.002>0.000）成为影响信任最显著的两个因素，其他因素的显著性随之消失。

根据回归分析，建立二元线性回归方程。设"公众对专家的信任"作为因变量 Y，价值一致性和行为一致性作为自变量 X_1、X_2。表 5—10 显示，常数（Constant）、价值一致性（X_1）、行为一致性（X_2）具有统计意义。从表 5—10 可以推出回归模型方程：$Y=1.305+0.143X_1+0.310X_2$。这说明公众对专家的信任与价值一致性和行为一致性呈线性正相关关系，即随着 X_1、X_2 的升高，公众对专家的信任度 Y 也相应增加。这与假设 3 "价值的相似性程度越大，公众对专家的信任度越高"相一致，因此支持假设 3。

表 5—10　　　　　　　信任对其价值影响因子的回归分析

模型		未标准化系数		标准化系数	t 检验系数	显著系数（Sig）
		未标准化回归系数（B）	标准误	标准化回归系数（Beta）		
1	常数（Constant）	1.305	.070		18.566	.000
	您认为专家是否与您价值一致？	.143	.027	.133	5.355	.000
	您认为专家是否与您行为一致？	.310	.029	.270	10.864	.000
a. 因变量：您是否信任气候变化活动中的专家？						

（四）事件的可信性

事件的可信性主要包括三个方面：一是事件真实性，包括是否相信气候变化已成为事实、是否相信气候变化引发的风险信息属实；二是事件相关信息的根源，包括对专家提供的气候变化信息的看法、气候变化发生的原因；三是信息的传播，包括信息传播的及时性、个人掌握信息的多少、个人获取信息的愿望。

公众对专家的信任与事件可信性的部分因素有着显著的正相关关系。首先，公众对专家的信任与两个变量没有相关性，这两个变量是气候变化的原因和事件真实性（是否相信气候变化已成为事实、是否相信气候变化引发的风险信息属实）。其次，公众对专家提供的气候变化信息的看法、信息的传播（信息传播的及时性、个人掌握信息的多少、个人获取信息的愿望）都与公众对专家的信任显著相关，皮尔逊相关系数分别为0.131、0.232、0.232、0.229，显著性均为0.000（<0.001），双侧显著相关，说明公众对专家的信任度会随着公众对专家提供的气候变化信息的看法和信息的传播的变化而明显变化（见表5—11）。

表5—11　　公众对专家的信任与事件可信性因子的相关性分析

题目列项		1	2	3	4	5	6	7	8
1. 您是否相信气候变化已成为事实？	皮尔逊相关系数	1	.281**	.174**	.190**	.025	-.034	.073**	.015
	显著系数		.000	.000	.000	.258	.119	.001	.491
	人数（人）	2082	2082	2082	2082	2082	2082	2082	2082
2. 您是否相信气候变化引发的风险信息属实？	皮尔逊相关系数	.281**	1	.167**	.161**	.000	-.049*	.068**	.004
	显著系数	.000		.000	.000	.995	.026	.002	.857
	人数（人）	2082	2082	2082	2082	2082	2082	2082	2082
3. 关于专家提供的气候变化信息，您怎么认为？	皮尔逊相关系数	.174**	.167**	1	.253**	.158**	.062**	.137**	.131**
	显著系数	.000	.000		.000	.000	.005	.000	.000
	人数（人）	2082	2082	2082	2082	2082	2082	2082	2082

续表

题目列项		1	2	3	4	5	6	7	8
4. 如果气候变化确实发生了，您认为其原因是什么？	皮尔逊相关系数	.190**	.161**	.253**	1	.112**	-.109**	.097**	-.011
	显著系数	.000	.000	.000		.000	.000	.000	.625
	人数（人）	2082	2082	2082	2082	2082	2082	2082	2082
5. 您认为气候变化相关信息的传播是否及时？	皮尔逊相关系数	.025	.000	.158**	.112**	1	.475**	.083**	.232**
	显著系数	.258	.995	.000	.000		.000	.000	.000
	人数（人）	2082	2082	2082	2082	2082	2082	2082	2082
6. 您认为自己已经获得足够多的气候变化信息吗？	皮尔逊相关系数	-.034	-.049*	.062**	-.109**	.475**	1	.175**	.232**
	显著系数	.119	.026	.005	.000	.000		.000	.000
	人数（人）	2082	2082	2082	2082	2082	2082	2082	2082
7. 您是否想要获得更多气候变化信息？	皮尔逊相关系数	.073**	.068**	.137**	.097**	.083**	.175**	1	.229**
	显著系数	.001	.002	.000	.000	.000	.000		.000
	人数（人）	2082	2082	2082	2082	2082	2082	2082	2082
8. 您是否信任气候变化活动中的专家？	皮尔逊相关系数	.015	.004	.131**	-.011	.232**	.232**	.229**	1
	显著系数	.491	.857	.000	.625	.000	.000	.000	
	人数（人）	2082	2082	2082	2082	2082	2082	2082	2082

注：**表示在0.01（2-tailed）双侧显著相关；*表示在0.05（2-tailed）双侧显著相关。

根据研究假设的内容，我们分别将控制变量（公众对专家的信任）和主要自变量［公众对专家提供的气候变化信息的看法、信息的传播（信息传播的及时性、个人掌握信息的多少、个人获取信息的愿望）］引入回归模型，运用最小二乘法进行一般线性估计，估计结果如表 5—12 所示。

在模型 1—4 中，我们分别建立公众对专家信任与对专家提供的气候变化信息的看法、信息传播的及时性、个人掌握信息的多少、个人获取信息的愿望等因素独立回归模型，从而单独检验研究假设 4。

表 5—12　影响公众对专家的信任的事件可信性因子的回归分析

模型		未标准化系数		标准化系数	t 检验系数	显著系数 (Sig)
		未标准化回归系数（B）	标准误	标准化回归系数（Beta）		
1	常数（Constant）	2.206	.050		44.409	.000
	关于专家提供的气候变化信息，您怎么认为？	.145	.024	.131	6.045	.000
2	常数（Constant）	1.786	.067		26.648	.000
	您认为气候变化相关信息的传播是否及时？	.242	.022	.232	10.898	.000
3	常数（Constant）	1.693	.075		22.574	.000
	您认为自己已获得足够多的气候变化信息吗？	.244	.022	.232	10.899	.000
4	常数（Constant）	1.855	.062		29.906	.000
	您是否想要获得更多的气候变化信息？	.271	.025	.229	10.717	.000
5	常数（Constant）	.978	.094		10.350	.000
	关于专家提供的气候变化信息，您怎么认为？	.083	.023	.075	3.575	.000
	您认为气候变化相关信息的传播是否及时？	.151	.025	.145	6.119	.000

续表

模型	未标准化系数		标准化系数	t检验系数	显著系数（Sig）
	未标准化回归系数（B）	标准误	标准化回归系数（Beta）		
您认为自己已获得足够多的气候变化信息吗？	.133	.025	.127	5.335	.000
您是否想要获得更多的气候变化信息？	.218	.025	.184	8.714	.000

a. 因变量：您是否信任气候变化活动中的专家？

在模型1中，公众对专家提供的气候变化信息的看法与人们的信任度回归系数为 B=0.145（P=0.000<0.001），说明当自变量发生变化时，因变量（公众对专家的信任）变异非常明显。在模型2中，信息传播的及时性与公众对专家的信任度回归系数为 B=0.242（P=0.000<0.001），说明信息传播的及时性显著影响公众对专家信任。在模型3中，个人掌握信息的多少与对专家的信任度回归系数为 B=0.244（P=0.000<0.001），说明公众掌握的信息量变化时，信任变化的差异性非常显著。在模型4中，个人获取信息的愿望与对专家的信任度回归系数为 B=0.271（P=0.000<0.001），说明公众获取信息的愿望对信任影响显著。

模型5是前4个模型的联合模型，将前4个自变量因素放入一个模型中，我们可以比较各种因素同时存在时对信任度的影响效应。从系数的显著性来看，在联合模型中，4个因素的显著性都很明显，信任度回归系数分别为 B=0.083（P=0.000<0.001）、B=0.151（P=0.000<0.001）、B=0.133（P=0.000<0.001）、B=0.218（P=0.000<0.001）。

根据回归分析，建立四元线性回归方程。设"公众对专家的信任"作为因变量 Y，对专家提供的气候变化信息的看法、信息传播的及时性、个人掌握信息的多少、个人获取信息的愿望作为自变量 X_1、X_2、X_3、X_4。表5—13显示，常数（Constant）、对专家提供的气候变化信息的看法（X_1）、信息传播的及时性（X_2）、个人掌握信息的多少（X_3）、个人获取信息的愿望（X_4）具有统计意义。从表5—13可以推出回归模型方程：$Y=0.978+0.083X_1+0.151X_2+0.133X_3+0.218X_4$。这说明公众对专家的信任与 X_1、X_2、X_3、X_4 呈线性正相关关系，即随着 X_1、X_2、X_3、X_4 的升高，公众对专家的信任度 Y 也相应增加。这与假设 4 "事件的可信度越高，公众对专家的信任度越高"一致，因此支持了假设 4。

表 5—13　　信任对其事件可信性影响因子的回归分析

模型	未标准化系数		标准化系数	t 检验系数	显著系数（Sig）
	未标准化回归系数（B）	标准误	标准化回归系数（Beta）		
常数（Constant）	.978	.094		10.350	.000
关于专家提供的气候变化信息，您怎么认为？	.083	.023	.075	3.575	.000
您认为气候变化相关信息的传播是否及时？	.151	.025	.145	6.119	.000
您认为自己已获得足够多的气候变化信息吗？	.133	.025	.127	5.335	.000
您是否想要获得更多的气候变化信息？	.218	.025	.184	8.714	.000

a. 因变量：您是否信任气候变化活动中的专家？

（五）风险治理的评价与支持

公众对风险治理的评价与支持主要包括两部分：公众对风险治理的评价、公众对风险治理的支持度。公众对专家的信任与风险治理的部分因素有着显著的正相关关系。首先，"您认为对于减缓气候变化的个人行为中，以下哪一项最有效？"与公众对专家的信任没有相关性。其次，公众对风险治理的效果的满意度、对风险治理过程公平合法的评价、对相关政策的支持度、配合风险治理措施的意愿、为治理付出个人努力的意愿、对专家和决策者风险治理的效果的评价、政府管理决策最有效的选项都与公众对专家的信任显著相关，皮尔逊相关系数分别为 0.343、0.336、0.336、0.250、0.118、0.350、0.106，显著性均为 0.000（<0.001），双侧显著相关，说明公众对专家的信任度会随着公众对风险治理的评价和支持度的变化而明显变化（见表 5—14）。

表 5—14 公众对专家的信任与风险治理因子的相关性分析

题目列项		1	2	3	4	5	6	7	8	9
1. 您对过去风险治理的效果非常满意	皮尔逊相关系数	1	.676**	.369**	.173**	-.019	.303**	.105**	-.010	.343**
	显著系数		.000	.000	.000	.394	.000	.000	.662	.000
	人数（人）	2082	2082	2082	2082	2082	2082	2082	2082	2082
2. 您相信风险治理的过程公平、合法	皮尔逊相关系数	.676**	1	.434**	.267**	.021	.337**	.181**	-.005	.336**
	显著系数	.000		.000	.000	.341	.000	.000	.812	.000
	人数（人）	2082	2082	2082	2082	2082	2082	2082	2082	2082
3. 您支持现在气候变化风险治理的相关政策	皮尔逊相关系数	.369**	.434**	1	.513**	.160**	.302**	.125**	-.058**	.336**
	显著系数	.000	.000		.000	.000	.000	.000	.008	.000
	人数（人）	2082	2082	2082	2082	2082	2082	2082	2082	2082
4. 您愿意配合风险治理相关机构执行政策和措施	皮尔逊相关系数	.173**	.267**	.513**	1	.259**	.237**	.049*	-.039	.250**
	显著系数	.000	.000	.000		.000	.000	.026	.076	.000
	人数（人）	2082	2082	2082	2082	2082	2082	2082	2082	2082
5. 您是否愿意为气候变化治理付出个人的努力？	皮尔逊相关系数	-.019	.021	.160**	.259**	1	.200**	.065**	-.027	.118**
	显著系数	.394	.341	.000	.000		.000	.003	.218	.000
	人数（人）	2082	2082	2082	2082	2082	2082	2082	2082	2082

续表

题目列项		1	2	3	4	5	6	7	8	9
6. 您认为专家和决策者的治理决策是否有效？	皮尔逊相关系数	.303**	.337**	.302**	.237**	.200**	1	.135**	.074**	.350**
	显著系数	.000	.000	.000	.000	.000		.000	.001	.000
	人数（人）	2082	2082	2082	2082	2082	2082	2082	2082	2082
7. 您认为哪一项气候变化的政府管理决策最有效？	皮尔逊相关系数	.105**	.181**	.125**	.049*	.065**	.135**	1	.054*	.106**
	显著系数	.000	.000	.000	.026	.003	.000		.013	.000
	人数（人）	2082	2082	2082	2082	2082	2082	2082	2082	2082
8. 您认为对于减缓气候变化的个人行为中，以下哪一项最有效？	皮尔逊相关系数	-.010	-.005	-.058**	-.039	-.027	.074**	.054*	1	.038
	显著系数	.662	.812	.008	.076	.218	.001	.013		.084
	人数（人）	2082	2082	2082	2082	2082	2082	2082	2082	2082
9. 您是否信任气候变化活动中的专家？	皮尔逊相关系数	.343**	.336**	.336**	.250**	.118**	.350**	.106**	.038	1
	显著系数	.000	.000	.000	.000	.000	.000	.000	.084	
	人数（人）	2082	2082	2082	2082	2082	2082	2082	2082	2082

注：**表示在 0.01（2-tailed）双侧显著相关；*表示在 0.05（2-tailed）双侧显著相关。

根据研究假设的内容，我们将控制变量（公众对专家的信任）和主要自变量（公众对风险治理的效果的满意度、对风险治理过程公平合法的评价、对相关政策的支持度、配合风险治理措施的意愿、为治理付出个人努力的意愿、对专家和决策者风险治理的效果的评价、政府管理决策最有效的选项）分别引入回归模型，运用最小二乘法进行一般线性估计，估计结果如表 5—15 所示。

表 5—15　影响公众对专家的信任的风险治理因子的回归分析

模型		未标准化系数		标准化系数	t 检验系数	显著系数（Sig）
		未标准化回归系数（B）	标准误	标准化回归系数（Beta）		
1	常数（Constant）	1.473	.064		23.006	.000
	您对过去风险治理的效果非常满意	.342	.020	.343	16.676	.000
2	常数（Constant）	1.446	.067		21.577	.000
	您相信风险治理的过程公平、合法	.343	.021	.336	16.264	.000
3	常数（Constant）	1.503	.064		23.631	.000
	您支持现在气候变化治理的相关政策	.391	.024	.336	16.291	.000
4	常数（Constant）	1.864	.057		32.924	.000
	您愿意配合风险治理相关机构执行政策和措施	.289	.024	.250	11.780	.000
5	常数（Constant）	2.196	.056		39.466	.000
	您是否愿意为气候变化治理付出个人的努力？	.144	.027	.118	5.431	.000
6	常数（Constant）	1.402	.067		21.012	.000
	处理气候变化风险事件中，您认为专家和决策者的治理是否有效？	.399	.023	.350	17.036	.000
7	常数（Constant）	2.132	.073		29.110	.000
	您认为哪一项气候变化的政府管理决策最有效？	.168	.035	.106	4.859	.000

续表

模型		未标准化系数		标准化系数	t 检验系数	显著系数 (Sig)
		未标准化回归系数（B）	标准误	标准化回归系数（Beta）		
8	常数（Constant）	.413	.100		4.126	.000
	您对过去风险治理的效果非常满意	.170	.027	.171	6.399	.000
	您相信风险治理的过程公平、合法	.069	.028	.067	2.415	.016
	您支持现在气候变化风险治理的相关政策	.157	.029	.135	5.495	.000
	您愿意配合风险治理相关机构执行政策和措施	.085	.027	.074	3.167	.002
	您是否愿意为气候变化治理付出个人的努力？	.045	.025	.037	1.787	.074
	处理气候变化风险事件中，您认为专家和决策者的治理是否有效？	.235	.024	.207	9.632	.000
	您认为哪一项气候变化的政府管理决策最有效？	.040	.031	.025	1.264	.206

a. 因变量：您是否信任气候变化活动中的专家？

在模型1—7中，我们分别建立公众对专家信任与风险治理的评价与支持度相关变量的独立回归模型，从而单独检验研究假设5。

在模型1中，公众对风险治理的效果的满意度与人们的信任度回归系数为 B=0.342（P=0.000<0.001），说明当自变量发生变化时，因变量（公众对专家的信任）变异非常明显。在模型2中，对风险治理过程公平合法的评价与对专家的信任度回归系数为 B=0.343（P=0.000<0.001），说明当对风险治理过程的评价发生变化时，公众对专家信任差异非常明显。在模型3中，对相关政策的支持度与对专家的信任度回归系数为 B=0.391（P=0.000<0.001），说明当公众对相关政策的支持度变化时，信任的差异性非常显著。在模型4中，公众配合风险治理措施的意愿与对专

家的信任度回归系数为 B=0.289（P=0.000<0.001），说明公众配合风险治理措施的意愿变化时，信任的差异性比较显著。在模型 5 中，为治理付出个人努力的意愿与对专家的信任度回归系数为 B=0.144（P=0.00<0.001），差异性比较显著，说明公众付出个人努力的意愿对信任度的影响非常明显。在模型 6 中，对专家和决策者风险治理的效果的评价与对专家的信任度回归系数为 B=0.399（P=0.000<0.001），说明当对专家和决策者风险治理的效果的评价发生变化时，公众对专家信任差异非常明显。在模型 7 中，政府管理决策最有效的选项与对专家的信任度回归系数为 B=0.168（P=0.000<0.001），说明当公众认为政府管理决策最有效的选项发生变化时，公众对专家信任差异非常明显。

模型 8 是前 7 个模型的联合模型，将前七个自变量因素放入一个模型中，我们可以比较各种因素同时存在时对信任度的影响效应。从系数的显著性来看，在联合模型中，"愿意付出个人努力"和"政府管理决策最有效的选项"两个因素的显著性消失，是因为它们所能解释的方差相对于其他几个因素来说显得很弱，且与其他因素的相关性很强。而其他 5 个因素都与公众对专家的信任显著相关：公众对风险治理的效果的满意度（B=0.170，P=0.000<0.001）、对风险治理过程公平合法的评价（B=0.069，P=0.016<0.05）、对相关政策的支持度（B=0.157，P=0.000<0.001）、配合风险治理措施的意愿（B=0.085，P=0.002<0.001）、对专家和决策者风险治理的效果的评价（B=0.235，P=0.000<0.001）。

根据回归性分析，建立五元线性回归方程。设"公众对专家的信任"作为因变量 Y，公众对风险治理的效果的满意度、对风险治理过程公平合法的评价、对相关政策的支持度、配合风险治理措施的意愿、对专家和决策者风险治理的效果的评价作为自变量 X_1、X_2、X_3、X_4、X_5。表 5—16 显示，常数、公众对风险治理的效果的满意度（X_1）、对风险治理过程公平合法的评价（X_2）、对相关政策的支持度（X_3）、配合风险治理措施的意愿（X_4）、对专家和决策者风险治理的效果的评价（X_5）具有统计意义。从表 5—16 可以推出回归模型方程：$Y = 0.529 + 0.165X_1 + 0.071X_2 + 0.161X_3 + 0.093X_4 + 0.245X_5$。说明公众对专家的信任与 X_1、X_2、X_3、X_4、X_5 呈线性正相关关系，即随着 X_1、X_2、X_3、X_4、X_5 的升高，公众对专家的信任度 Y 也相应增加。这与假设 5 "公众对风险治理的评价和支持度越高，公众对专家的信任度越高"一致，因此支持了假设 5。

表 5—16　　信任对其风险治理影响因子的回归分析

模型	未标准化系数		标准化系数	t 检验系数	显著系数
	未标准化回归系数（B）	标准误	标准化回归系数（Beta）		(Sig)
常数（Constant）	.529	.083		6.384	.000
您对过去风险治理的效果非常满意	.165	.026	.166	6.241	.000
您相信风险治理的过程公平、合法	.071	.028	.069	2.510	.012
您支持现在气候变化风险治理的相关政策	.161	.029	.139	5.647	.000
您愿意配合风险治理机构执行政策和措施	.093	.026	.081	3.541	.000
处理气候变化风险事件中，您认为专家和决策者的治理是否有效？	.245	.024	.215	10.200	.000

a. 因变量：您是否信任气候变化活动中的专家？

（六）社会学统计因素

社会学统计因素主要包括：性别、年龄、学历、职业、月收入、民族、宗教信仰、居住省市、居住地性质。问卷中对应的变量与公众对专家的信任呈现以下关系：

社会学统计因素中，只有居住地的城乡差异与公众对专家的信任有着显著的正相关关系，皮尔逊相关系数为 0.045，显著性为 $0.039<0.050$，双侧显著相关，说明公众对专家的信任度会随着城乡差异而明显变化（见表 5—17）。

根据研究假设的内容，我们分别将控制变量（公众对专家的信任）和自变量引入回归模型，运用最小二乘法进行一般线性估计，估计结果如表 5—18 所示。

表 5—17　公众对专家的信任与社会学因子的相关性分析

题目列项		1	2	3	4	5	6	7	8	9	10
1. 性别	皮尔逊相关系数	1	.030	.003	-.078**	-.034	.034	.016	-.044*	.022	-.008
	显著系数		.177	.889	.000	.118	.118	.478	.044	.320	.717
	人数（人）	2082	2082	2082	2082	2082	2082	2082	2082	2082	2082
2. 年龄	皮尔逊相关系数	.030	1	.028	.230**	-.033	-.054*	.040	-.186**	-.006	.014
	显著系数	.177		.209	.000	.137	.014	.068	.000	.790	.517
	人数（人）	2082	2082	2082	2082	2082	2082	2082	2082	2082	2082
3. 学历	皮尔逊相关系数	.003	.028	1	-.021	.074**	.004	-.034	-.019	-.679**	-.017
	显著系数	.889	.209		.345	.001	.866	.126	.379	.000	.432
	人数（人）	2082	2082	2082	2082	2082	2082	2082	2082	2082	2082
4. 职业	皮尔逊相关系数	-.078**	.230**	-.021	1	-.011	.038	.014	.031	.019	-.011
	显著系数	.000	.000	.345		.628	.082	.511	.157	.385	.610
	人数（人）	2082	2082	2082	2082	2082	2082	2082	2082	2082	2082
5. 收入	皮尔逊相关系数	-.034	-.033	.074**	-.011	1	.002	.000	.021	-.030	.024
	显著系数	.118	.137	.001	.628		.939	.990	.335	.177	.280
	人数（人）	2082	2082	2082	2082	2082	2082	2082	2082	2082	2082

续表

题目列项		1	2	3	4	5	6	7	8	9	10
6. 民族	皮尔逊相关系数	.034	-.054*	.004	.038	.002	1	-.033	.250**	-.026	-.037
	显著系数	.118	.014	.866	.082	.939		.129	.000	.231	.087
	人数（人）	2082	2082	2082	2082	2082	2082	2082	2082	2082	2082
7. 宗教	皮尔逊相关系数	.016	.040	-.034	.014	.000	-.033	1	-.109**	.012	.008
	显著系数	.478	.068	.126	.511	.990	.129		.000	.592	.719
	人数（人）	2082	2082	2082	2082	2082	2082	2082	2082	2082	2082
8. 省市	皮尔逊相关系数	-.044*	-.186**	-.019	.031	.021	.250**	-.109**	1	.000	-.024
	显著系数	.044	.000	.379	.157	.335	.000	.000		.997	.264
	人数（人）	2082	2082	2082	2082	2082	2082	2082	2082	2082	2082
9. 城乡	皮尔逊相关系数	.022	-.006	-.679**	.019	-.030	-.026	.012	.000	1	.045*
	显著系数	.320	.790	.000	.385	.177	.231	.592	.997		.039
	人数（人）	2082	2082	2082	2082	2082	2082	2082	2082	2082	2082
10. 信任	皮尔逊相关系数	-.008	.014	-.017	-.011	.024	-.037	.008	-.024	.045*	1
	显著系数	.717	.517	.432	.610	.280	.087	.719	.264	.039	
	人数（人）	2082	2082	2082	2082	2082	2082	2082	2082	2082	2082

注：** 表示在 0.01 (2-tailed) 双侧显著相关；* 表示在 0.05 (2-tailed) 双侧显著相关。

表 5—18　　影响公众对专家的信任的社会学因子的回归分析

Coefficients[a]

模型		未标准化系数		标准化系数	t检验系数	显著系数（Sig）
		未标准化回归系数（B）	标准误	标准化回归系数（Beta）		
1	常数（Constant）	2.341	.066		35.569	.000
	居住地性质（1＝城市；2＝县城；3＝农村）	.063	.031	.045	2.065	.039

a. 因变量：您是否信任气候变化活动中的专家？

在模型 1 中，公众的居住地性质与人们的信任度回归系数为 $B=0.063$（$P=0.039<0.05$），说明当自变量发生变化时，因变量（公众对专家的信任）变异比较明显。

根据回归性分析，建立一元线性回归方程。设"公众对专家的信任"作为因变量 Y，居住地性质作为自变量 X_1。表 5—18 显示，常数（Constant）、居住地性质（X_1）具有统计意义，可以推出回归模型方程：$Y=2.341+0.063X_1$。这说明公众对专家的信任与 X_1 呈线性正相关关系，即随着 X_1 的增加（1＝城市；2＝县城；3＝农村），公众对专家的信任度得分 Y 也相应增加，信任度减少。这与假设 6 "居住在城市比居住在农村的公众更加信任专家"一致，因此支持了假设 6。

另外，从表 5—17 中可以看到民族、宗教信仰与居住省市密切相关，皮尔逊相关系数分别为 0.250、-0.109，显著性均为 0.000（<0.050），双侧显著相关。这也验证了受访公众的民族和宗教信仰因居住区域不同而有所差异。

二　影响因素的确定

从上一节中可知，影响公众对专家信任的因素有 6 个，可其中涉及的变量有 18 个，数量太多而且较分散，为了相对集中地讨论影响因素的构成，需要把风险感知、风险沟通、价值一致性、事件的可信性和风险治理的各相关变量均引入回归模型中，测验在同一模型中哪些因素是影响公众对专家信任的核心因素。

在表 5—19 这一模型中，公众对专家的信任与部分影响因素有着显著的正相关关系。首先，风险感知两个变量与公众对专家的信任没有相关性："您是否了解气候变化相关的知识或政策？"（B=0.028，P=0.269>0.05）、"政府减缓气候变化的过程中可能会带来其他风险，您最担心的是什么？"（B=-0.009，P=0.413>0.05）；其次，事件可信性中"关于专家提供的气候变化信息，您怎么认为？"（B=0.023，P=0.289>0.05）、"您认为气候变化相关信息的传播是否及时？"（B=-0.004，P=0.865>0.05）、"您认为自己已经获得足够多的气候变化信息吗？"（B=0.024，P=0.314>0.05）与公众对专家的信任没有相关性；最后，风险治理中的"您相信风险治理的过程公平、合法"（B=0.047，P=0.088>0.05）与公众对专家的信任没有相关性。其他因素均与信任成正比例显著相关关系。排除不相关的6个变量后进行重新建模和二次回归分析，运用最小二乘法进行一般线性估计，结果如表5—20所示。

表5—19　　　　　　　信任对其影响因子的回归分析1

模型		未标准化系数		标准化系数	t检验系数	显著系数（Sig）
		未标准化回归系数（B）	标准误	标准化回归系数（Beta）		
	常数（Constant）	-.590	.126		-4.688	.000
风险感知	您是否了解气候变化相关的知识或政策？	.028	.025	.025	1.106	.269
	政府减缓气候变化的过程中可能会带来其他风险，您最担心的是什么？	-.009	.012	-.016	-.819	.413
风险沟通	您与家人和朋友谈论气候变化的话题的频率是多少？	.046	.022	.045	2.044	.041
	发生自然灾害或突发危机事件时，您会通过哪种途径与政府、企业、媒体或专家进行沟通？	.050	.014	.075	3.686	.000
	您通过哪种方式获取气候变化相关信息？	.020	.010	.038	1.978	.048
	专家是否针对气候变化问题做过公众调研或相关知识的宣传工作？	.088	.021	.079	4.124	.000

续表

模型		未标准化系数		标准化系数	t检验系数	显著系数（Sig）
		未标准化回归系数（B）	标准误	标准化回归系数（Beta）		
价值一致性	您认为专家是否与您价值一致？	.080	.025	.074	3.246	.001
	您认为专家是否与您行为一致？	.151	.027	.131	5.610	.000
事件可信性	关于专家提供的气候变化信息，您怎么认为？	.023	.021	.021	1.062	.289
	您认为气候变化相关信息的传播是否及时？	-.004	.024	-.004	-.170	.865
	您认为自己已经获得足够多的气候变化信息吗？	.024	.024	.023	1.007	.314
	您是否想要获得更多的气候变化信息？	.125	.024	.106	5.296	.000
对风险治理的评价与支持度	您对过去风险治理的效果非常满意	.142	.026	.143	5.444	.000
	您相信风险治理的过程公平、合法	.047	.028	.046	1.706	.088
	您支持气候变化风险治理的相关政策	.104	.028	.089	3.728	.000
	您愿意配合风险治理的相关机构执行政策和措施	.058	.026	.050	2.266	.024
	处理气候变化风险事件中，您认为专家和决策者的治理是否有效？	.164	.024	.144	6.760	.000
城乡	居住地性质	.054	.026	.039	2.078	.038

a. 因变量：您是否信任气候变化活动中的专家？

表 5—20 信任对其影响因子的回归分析 2

模型		未标准化系数		标准化系数	t 检验系数	显著系数（Sig）
		未标准化回归系数（B）	标准误	标准化回归系数（Beta）		
	常数（Constant）	-.518	.120		-4.332	.000
风险沟通	您与家人和朋友谈论气候变化的话题的频率是多少？	.055	.020	.054	2.722	.007
	发生自然灾害或突发危机事件时，您会通过哪种途径与政府、企业、媒体或专家进行沟通？	.054	.013	.081	4.145	.000
	您通过哪种方式获取气候变化相关信息？	.021	.010	.040	2.086	.037
	专家是否针对气候变化问题做过公众调研或相关知识的宣传工作？	.092	.021	.083	4.402	.000
价值一致性	您认为专家是否与您价值一致？	.081	.025	.075	3.306	.000
	您认为专家是否与您行为一致？	.155	.027	.135	5.770	.000
事件可信性	您是否想要获得更多的气候变化信息？	.131	.023	.111	5.634	.000
风险治理	您对风险治理的效果非常满意	.172	.021	.173	8.290	.000
	您支持气候变化风险治理的政策	.117	.027	.101	4.298	.000
	您愿意配合风险治理的相关机构执行政策和措施	.060	.025	.052	2.384	.017
	处理气候变化风险事件中，您认为专家和决策者的治理是否有效？	.171	.024	.150	7.241	.000
城乡	居住地性质	.055	.026	.040	2.136	.033

a. 因变量：您是否信任气候变化活动中的专家？

通过表5—20和表5—19对比可以看出，事件可信性的变量由四个减少为一个："您是否想要获得更多的气候变化信息？"风险沟通中的变量"您通过哪种方式获取气候变化相关信息？"（B=0.021，0.01<P=0.037<0.05），说明有差异性，但不是特别显著；风险治理中的变量"您愿意配合风险治理的相关机构执行政策和措施"（B=0.060，0.01<P=0.017<0.05），城乡差异的变量"居住地性质"（B=0.055，0.01<P=0.033<0.05），也是差异性不是很显著。尤其需要注意的是，表5—20中价值一致性中两个变量却比表5—19中更加显著："您认为专家是否与您价值一致？"（B=0.081，P=0.000<0.001）和"您认为专家是否与您行为一致？"（B=0.155，P=0.000<0.001），说明价值的一致性对于公众对专家的信任起到核心影响作用。

根据回归性分析，建立多元线性回归方程。设"公众对专家的信任"作为因变量Y，表5—20中涉及的相关变量作为自变量X_1—X_{12}。表5—20显示，常数（Constant）、X_1—X_{12}具有统计意义，可以推出回归模型方程：$Y=-0.518+0.055X_1+0.054X_2+0.021X_3+0.092X_4+0.081X_5+0.155X_6+0.131X_7+0.172X_8+0.117X_9+0.060X_{10}+0.171X_{11}+0.055X_{12}$。这说明公众对专家的信任与$X_1$—$X_{12}$呈线性正相关关系，即随着$X_1$—$X_{12}$的升高，公众对专家的信任度Y也相应增加。这与之前得出的6个结论相一致：随着变量值越高，公众对专家的信任度得分增高，信任度降低，因此进一步证明了前述结论。

本节通过回归分析证明，公众对专家的信任受到风险沟通、价值一致性、事件可信性、风险治理的影响，本调查背景下还有城乡差异的影响，其中，价值一致性是影响公众对专家信任的主要因素。

第三节 因果关系模型

上述回归分析模型虽然将与信任有显著关系的变量进行了单独分析和整体分析，但是仍无法看出各因素是单独作用于信任还是通过其他因素作用于信任的。为了揭示各变量之间的因果关系，本节尝试使用验证性因素分析（CFA）方法，对构建的因果概念模型进行检验和修订。

一 因果关系的概念模型

根据前面的研究首先建立一个公众对专家信任的构想模型。图5—1

中方框中的变量为观测变量（observed variable）或称显在变量（manifest variable）。椭圆形中的变量为潜在变量（laten variable），例如公众的担忧和信息的获取途径都反映了风险沟通的状况，因此，风险沟通是一个潜在变量。根据上一节的影响因素回归分析，各变量之间的关系如下：

（1）公众对专家的信任受到价值一致性、事件可信性、风险感知、风险沟通、信任度测量、社会基础变量、风险治理的影响；

（2）价值一致性与个人文化、事件文化紧密相关；

（3）事件可信性与信息的来源、信息的传播相关；

（4）风险感知与知识、感知利益和感知风险相关；

（5）风险沟通受到公众担忧、信息的获取和公众互动的影响；

（6）信心受公众对风险治理的评价态度的直接影响；

（7）风险治理受到信任、风险沟通、信心、公众支持的影响；

（8）公众对专家的信任通过影响信心进而影响风险治理；

（9）价值一致性通过影响事件可信性而影响信任；

（10）风险感知影响风险沟通，进而影响风险治理。

根据各变量之间的效应关系，可以构建概念模型（见图5—1）。

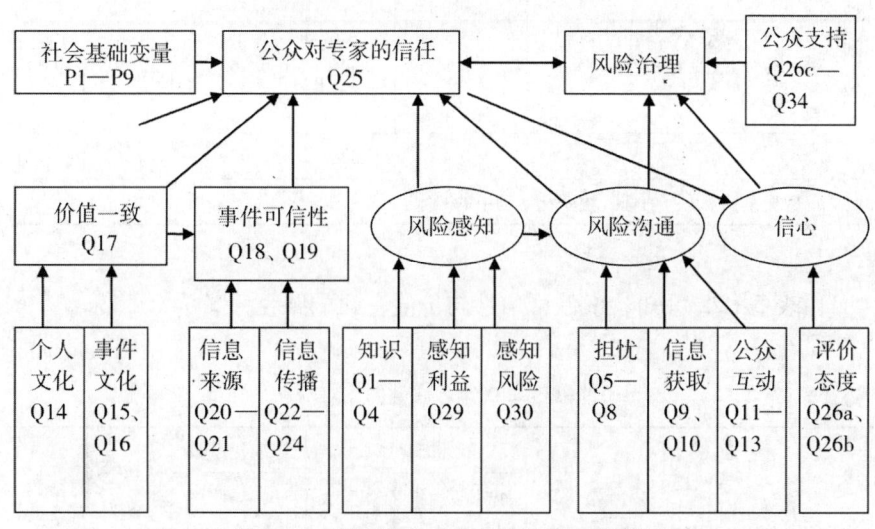

图5—1 影响公众对专家信任的概念模型

二 因果模型的验证性分析

通过回归模型的分析可知，在路径分析模型中有一些变量对因变量的影响不显著，没有统计学意义，因此可以将上述模型加以简化，去除无统计学意义的变量后重新加以拟合。拟合系数就是回归分析中标准化后的系数值。

由表 5—21 可知，信任与价值一致、事件可信、风险沟通、风险治理、城乡差异的路径系数分别为 0.196、0.145、0.081、0.262、0.039。

表 5—21　　信任与价值一致、事件可信、风险沟通等的回归分析

模型		未标准化系数		标准化系数	t 检验系数	显著系数（Sig）
		未标准化回归系数（B）	标准误	标准化回归系数（Beta）		
1	常数（Constant）	.449	.106		4.221	.000
	您认为专家是否与您价值一致？	.211	.022	.196	9.560	.000
	您是否想要获得更多的气候变化信息？	.172	.024	.145	7.159	.000
	专家是否针对气候变化问题做过公众调研或相关知识的宣传工作？	.090	.022	.081	4.071	.000
	处理气候变化风险事件中，您认为专家和决策者的治理是否有效？	.299	.024	.262	12.603	.000
	城乡差异	.054	.028	.039	1.969	.049

a. 因变量：您是否信任气候变化活动中的专家？

由表 5—22 可知，事件可信性与价值一致的路径系数为 0.145。

表 5—22　　价值一致与事件可信性的回归分析

模型		未标准化系数		标准化系数	t 检验系数	显著系数（Sig）
		未标准化回归系数（B）	标准误	标准化回归系数（Beta）		
1	常数（Constant）	1.911	.056		34.140	.000
	您认为专家是否与您价值一致？	.132	.020	.145	6.686	.000

a. 因变量：您是否想要获得更多的气候变化信息？

由表 5—23 可知，风险治理与信任、风险沟通、信心的路径系数分别为 0.269、0.078、0.207。

表 5—23　　风险治理与信任、风险沟通、信心的回归分析

模型		未标准化系数		标准化系数	t 检验系数	显著系数（Sig）
		未标准化回归系数（B）	标准误	标准化回归系数（Beta）		
1	常数（Constant）	1.417	.069		20.556	.000
	您是否信任气候变化活动中的专家？	.236	.019	.269	12.520	.000
	专家是否针对气候变化问题做过公众调研或相关知识的宣传工作？	.076	.020	.078	3.867	.000
	您对过去风险治理的效果非常满意	.181	.019	.207	9.726	.000

a. 因变量：处理气候变化风险事件中，您认为专家和决策者的治理是否有效？

由表 5—24 可知，信心与信任的路径系数为 0.343。

表 5—24　　　　　　信心与信任的回归分析

模型		未标准化系数		标准化系数	t 检验系数	显著系数（Sig）
		未标准化回归系数（B）	标准误	标准化回归系数（Beta）		
1	常数（Constant）	2.058	.056		36.598	.000
	您是否信任气候变化活动中的专家？	.345	.021	.343	16.676	.000

a. 因变量：您对过去风险治理的效果非常满意。

由表 5—25 可知，价值与个人文化主义没有统计意义，简化后再进行回归分析可得表 5—26。

表 5—25　　价值与个人文化主义、事件文化的回归分析

模型		未标准化系数		标准化系数	t检验系数	显著系数
		未标准化回归系数（B）	标准误	标准化回归系数（Beta）		(Sig)
1	常数（Constant）	2.297	.086		26.736	.000
	您属于哪一种文化主义类型？	.021	.018	.026	1.176	.240
	下列技术风险中，您认为哪一项风险最大？	.021	.010	.046	2.090	.037
	以前是否经历过气候变化引起的风险事件？	.157	.046	.074	3.385	.001

a. 因变量：您认为专家是否与您价值一致？

由表 5—26 可知，价值一致性与事件文化中最担心的风险、个人经验的路径系数分别为 0.045、0.074。

表 5—26　　价值一致性与事件文化的回归分析

模型		未标准化系数		标准化系数	t检验系数	显著系数
		未标准化回归系数（B）	标准误	标准化回归系数（Beta）		(Sig)
1	常数（Constant）	2.347	.075		31.453	.000
	下列技术风险中，您认为哪一项风险最大？	.021	.010	.045	2.073	.038
	以前是否经历过气候变化引起的风险事件？	.157	.046	.074	3.398	.001

a. 因变量：您认为专家是否与您价值一致？

根据表 5—21 至表 5—26 的回归分析可得知各路径系数，综合可得图 5—2 所示的路径图。

三　因果模型的讨论

通过对路径分析模型的建立过程，可以看出影响公众对专家信任的因素主要有 5 个：价值一致性、事件可信性、风险沟通、风险治理和城乡差异。

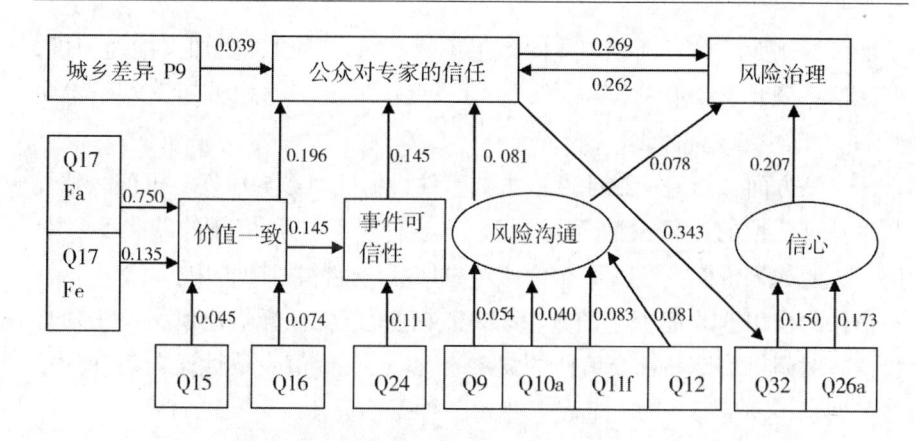

图 5—2　影响公众对专家信任的路径分析模型

（一）价值一致性

价值一致性与信任的直接路径系数为 0.196，除了风险治理对信任的路径之外，这是所有影响信任的路径中影响系数最大的，说明公众与专家的信任在很大程度上取决于价值的一致性。价值观的判断是由价值本身的判断和事件文化背景的判断综合得出的。首先，价值本身的判断中，价值的一致性和行为的一致性对价值判断影响最为明显，路径系数分别为 0.750 和 0.135，其中价值的一致性路径系数较大，说明价值一致性评价更为直接地反映了对价值的判断。其次，事件文化对价值的判断也有直接影响，路径系数分别为 0.045 和 0.074，路径系数比较小，说明事件文化的影响小于价值本身的判断。公众与专家的价值观是否一致受到公众对价值本身的判断影响较大，同时，公众对气候变化及其他风险的风险评价、对气候变化事件的经验对于价值观的影响不可忽视，经历过风险和未经历过风险的公众对同一风险事件的评价差异很大。

（二）事件可信性

事件的可信性与信任的直接路径系数为 0.145，说明事件本身是否值得信任，将会影响公众对专家的信任。尤其是在消息传播的过程中，如果消息传播的主体和传播过程受到干扰，那么信息就会出现遗漏或错误传播，公众此时可能会怀疑事件的真实性。但是，信息传播的主体、信息传播的及时性都没有体现出对事件可信性的影响，反而是公众想要获得更多信息的愿望直接影响了事件的可信性。这说明，要增强事件的可信性，关键不在于消除传播主体、传播过程的干扰，而重要的是当前传播的信息量不够多，侧面反映了风险沟通的效果不太有效。所以，要加大沟通力度，保证信息公开，政府、媒体、专家向公众传播更多的相关知识才是最主要的。

另一方面，价值一致性通过影响事件可信性而影响信任。价值一致性与事件可信性的路径系数为 0.145，与事件可信性和信任的路径系数相同，说明如果价值一致，那么价值对事件可信性的决定作用等同于可信性对信任的作用（验证了"图 3—2 基于文化价值的社会信任模型"中信任价值、时间可信性和社会信任的关系）。这也是价值一致性通向信任的第二条路径，即价值一致性通过事件可信性影响信任。

（三）风险沟通

公众对专家的信任受风险沟通的影响，路径系数为 0.081。在公众的生产生活中，无时无刻不存在沟通过程；如果沟通顺畅，那么将增强公众对专家的信任，如果沟通受阻，将会降低公众对专家的信任。而影响风险沟通的因素与交流频率、获取信息的途径、专家的宣传工作、公众主动沟通的方式有关，路径系数分别为 0.054、0.040、0.083、0.081。风险沟通的频率越高，公众对专家的疑虑才有可能消除或减弱；如果不沟通或沟通较少，那么公众与专家的分歧就可能加大，从而导致公众更加不信任专家。公众获取信息的渠道主要是电视、上网，这些都是由政府和媒体单向向公众传播信息，没有与公众的互动环节，所以公众的建议和愿望就不能及时反馈给有关部门，如果沟通不能保证双向进行，就有可能引起公众对专家和决策者的不信任。专家的宣传工作和民意调研也是影响沟通的重要因素，一般专家都是在实验室的封闭空间里做科研，向政府提供的政策信息也不能公开，形成专家和政府的独立沟通，但公众是沟通中的主体之一，为保证沟通全面而有效，专家应该定期向公众公开相关科学信息、倾听民意、收集公众建议和反馈，专家和公众面对面的交流，才能从根本上建立信任。最后，公众也应该主动与专家、决策者、媒体等进行沟通，通过各种科学合理的途径向有关部门反映民意。

（四）风险治理

风险治理与信任的路径系数是 0.262，这是影响信任因素中路径系数最大的，说明风险治理的效果和评价很大程度上影响了公众对专家的信任。如果公众认为过去的风险治理有效，表示非常满意，那么公众就会更加信任专家的治理；如果公众认为过去的风险治理效果不大，那么公众就可能不信任专家的治理。公众凭借自己的生活经验来判断是否信任专家是符合日常规律的，普通大众没有相关的专业知识的情况下，对于事情和人的第一判断往往依赖于对类似事件的经验。同时，公众对专家的信任也影响风险治理，路径系数为 0.269，说明信任对风险治理的影响大于风险治理对信任的影响。因为只有公众信任专家，才会拥护专家，并且积极配合专家提出的治理决策，才会积极参与风险治理；如果公众不信任专家，那么风险治理的每一个环节都可能遇到公众的反对。

同时，风险治理还受到风险沟通和信心的影响，路径系数分别为 0.078、0.207。风险沟通的效果直接影响风险治理，如果沟通较为顺畅，那么风险的治理就会比较顺利；如果沟通不畅，那么相应的治理工作就很难推进。信心是建立在公众对过去的风险治理的评价的基础上的，由公众对风险治理效果的评价和满意度构成，效果评价与信心的路径系数为 0.150，满意度与信心的路径系数为 0.173。公众认为风险治理有效，对风险治理的效果较满意，则会增强公众对专家和决策者以后治理风险的信心，从而会支持专家和决策者，并积极参与风险治理。

另外，公众对专家的信任可以通过影响信心来影响风险治理，信任首先影响公众对风险治理的有效性的评价，路径系数为 0.343，然后间接影响公众的信心。当公众信任专家时，对于专家的评论、决策和治理风险才会充满信心，才会支持风险治理的政策和措施；反之则信心减少，公众对风险治理的配合度将随之下降。

(五) 城乡差异

城乡差异也是影响信任的重要因素，其与信任的路径系数为 0.039。居住在城市、县城、农村的公众对于专家的信任各不相同，通过调查数据得出，居住在城市的公众比居住在农村的公众更加信任专家，这与气候变化的事件背景有关。居住在城市的居民受到气候变化带来的危害比农村多，比如温度升高，虽然温度升高是全球现象，但是城市的温度本来就比农村的温度略高，如果同时升高，那么城市的受热将比农村更明显。另外，极端天气在城市出现的频率要比农村多，因为城市没有足够多的植被缓解风沙、暴风雨等天气；而农村的植被覆盖率较大，自然生态系统还没有遭到大的破坏，生态自我调节能力比较好。气候变化作为一项不确定性风险，公众和专家都没有能力预测下一次灾害的时间和范围，尤其是经历过气候变化危害的城市居民，可能会选择相信专家的言论，至少可以减少可能遭受的损失。而农村的居民则较少经历气候变化灾害，他们认为顺其自然就好，专家的预测和建议不一定会对自己有帮助，并且可能是多此一举的行为，因此不信任专家。

另外，城市的环境为信息的传播、风险沟通提供了有利条件，更加有利于提高公众对专家的信任。首先，城市的交通比较发达，信任受沟通频率的影响较大，发达的交通正是人们重复交往得以实现的重要条件。同时，一个地区的交通设施多，意味着人们之间交往更加方便，降低了人们之间的交易成本，交往也就随之越多，从而增加了人们之间共享的信息，提高人们对专家的信任程度。进一步值得注意的是，交通带来的正效应与人口密度有关，人口密度高的地区的交通对信任的影响要比人口密度低的地区大，人口稀少、交往距离长的地区往往就减少了人们之间的沟通频率，信息获取相对减少。所以沟通频率肯定在边际上影响人们之间的信任程度。其次，城市化水平也会影响信任。一个城市化程度越高的地区，人们之间由于工作、贸易的交往次数就越多，信息交流尤其是双边信息交流对信任有显著的影响。在中国，很多农村的电话、电脑、交通设施等都还没有普及。相比较而言，城市化水平较好的县城、城市的沟通就比农村顺畅得多，所以城市居民的信任度要高于农村。

第四节 信任相关模型的验证

在信任的理论研究中，SVS 模型和 TCC 模型是最主要的两个模型，为了进一步证明这两个模型的作用，下面运用本次调查数据分别对两个模型进行验证。

一 SVS 模型的验证

在 SVS 模型中，图 5—3 和图 5—4 展现了 SVS 模型的核心要素，根据两个模型笔者归纳出本书的显著价值相似模型，即 SVS 综合模型（见图 5—5）。

根据上两节内容中对信任的回归模型和路径模型的分析，可知：事件文化的两个因素（风险评价和经验）影响价值一致性，路径系数分别为 0.045 和 0.074，说明事件文化的背景直接影响了公众与专家的价值一致性；价值一致性又直接影响公众对专家的信任，路径系数为 0.196。另外，价值一致性还可以通过影响事件可信性而影响公众对专家的信任，价值一致性与事件可信性的路径系数为 0.145，事件可信性与信任的路径系数为 0.145。接下来将进一步考察个人文化主义、感知利益、感知风险与价值一致性的关系。

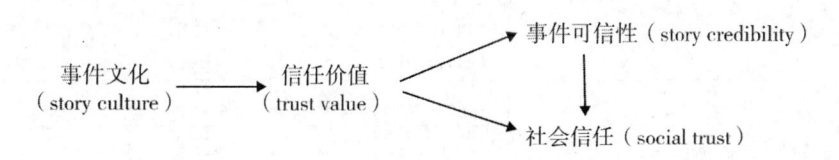

图 5—3　SVS 模型 1

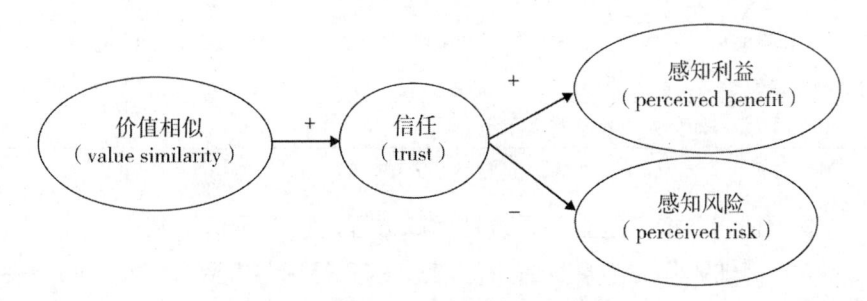

图 5—4　SVS 模型 2

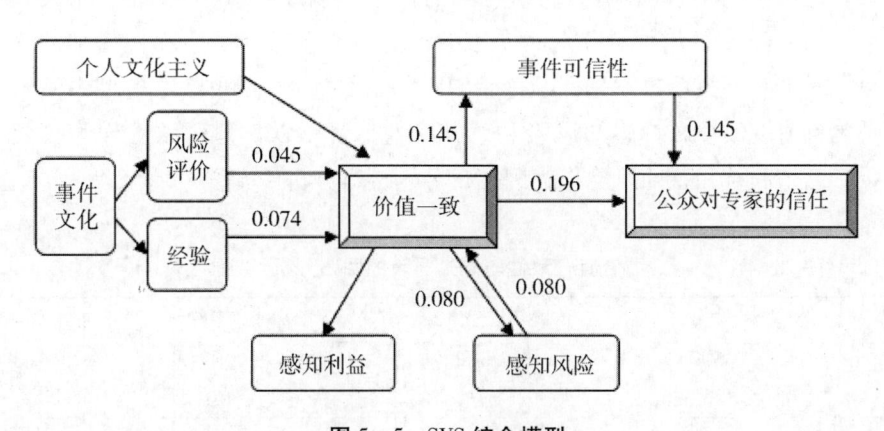

图 5—5　SVS 综合模型

由表 5—27 可知，个人文化主义与价值一致性的回归系数 B＝0.019（P＝0.283>0.05）；感知利益与价值一致性的回归系数 B＝−0.006（P＝0.530>0.05），说明相关性都不显著，没有统计学意义。感知风险与价值一致性的回归系数 B＝0.045（P＝0.000<0.001），非常显著。

表 5—27　个人文化主义、感知利益、感知风险与价值一致性的关系

模型		未标准化系数		标准化系数	t检验系数	显著系数
		未标准化回归系数（B）	标准误	标准化回归系数（Beta）		（Sig）
1	常数（Constant）	2.439	.067		36.537	.000
	您属于哪一种文化主义类型？	.019	.018	.023	1.073	.283
	气候变化治理能为人类带来的利益中，您最关心的利益是什么？	-.006	.009	-.014	-.628	.530
	政府减缓气候变化的过程中会带来其他风险，您最担心的是什么？	.045	.012	.083	3.695	.000

a. 因变量：您认为专家是否与您价值一致？

根据回归分析，建立一元线性回归方程。设"价值一致性"作为因变量 Y，感知风险作为自变量 X_1。表 5—28 显示，常数（Constant）、感知风险（X_1）具有统计意义。从表 5—28 可以推出回归模型方程：Y＝2.472+0.044X_1。这说明公众与专家的价值一致性与 X_1 呈线性正相关关系，即随着 X_1 的增加，公众对专家的价值一致性得分 Y 也相应增加，一致性减少。路径系数就是标准化后的回归系数 0.080。由于原模型中给出的是价值一致性影响感知风险和感知利益，所以以价值一致性作为自变量，感知利益和感知风险作为因变量分别进行分析。

表 5—28　　价值一致性与感知风险的回归分析

模型		未标准化系数		标准化系数	t检验系数	显著系数
		未标准化回归系数（B）	标准误	标准化回归系数（Beta）		（Sig）
1	常数（Constant）	2.472	.049		50.652	.000
	政府减缓气候变化的过程中可能会带来其他风险，您最担心的是什么？	.044	.012	.080	3.681	.000

a. 因变量：您认为专家是否与您价值一致？

由表 5—29 可以看出，感知利益与价值一致性的回归系数 B=0.011（P=0.834>0.05），相关性不显著，没有统计学意义。

表 5—29　　　　感知利益与价值一致性的回归分析

模型		未标准化系数		标准化系数	t 检验系数	显著系数（Sig）
		未标准化回归系数（B）	标准误	标准化回归系数（Beta）		
1	常数（Constant）	3.035	.152		20.030	.000
	您认为专家是否与您价值一致？	.011	.053	.005	.210	.834

a. 因变量：气候变化治理能为人类带来的利益中，您最关心的利益是什么？

由表 5—30 可以看出，感知风险与价值一致性的回归系数 B=0.147（P=0.000<0.001），回归系数非常显著。由此可以看出，不仅感知风险影响价值一致性，价值一致性在很大程度上也影响着公众的感知风险，路径系数为 0.080。根据回归性分析，建立一元线性回归方程。设"感知风险"作为因变量 Y，价值一致性作为自变量 X_1。表 5—30 显示，常数（Constant）、价值一致性（X_1）具有统计意义。从表 5—30 可以推出回归模型方程：$Y=3.208+0.147 X_1$。这说明公众感知的风险与 X_1 呈线性正相关关系，即随着 X_1 的增加，价值越不一致，公众感知风险得分 Y 相应增加，感知风险增大；价值越一致，感知风险越小。路径系数就是标准化后的回归系数 0.080。

表 5—30　　　　感知风险与价值一致性的回归分析

模型		未标准化系数		标准化系数	t 检验系数	显著系数（Sig）
		未标准化回归系数（B）	标准误	标准化回归系数（Beta）		
1	常数（Constant）	3.208	.113		28.373	.000
	您认为专家是否与您价值一致？	.147	.040	.080	3.681	.000

a. 因变量：政府减缓气候变化的过程中可能会带来其他风险，您最担心的是什么？

通过以上分析，可以将模型简化为图 5—6。

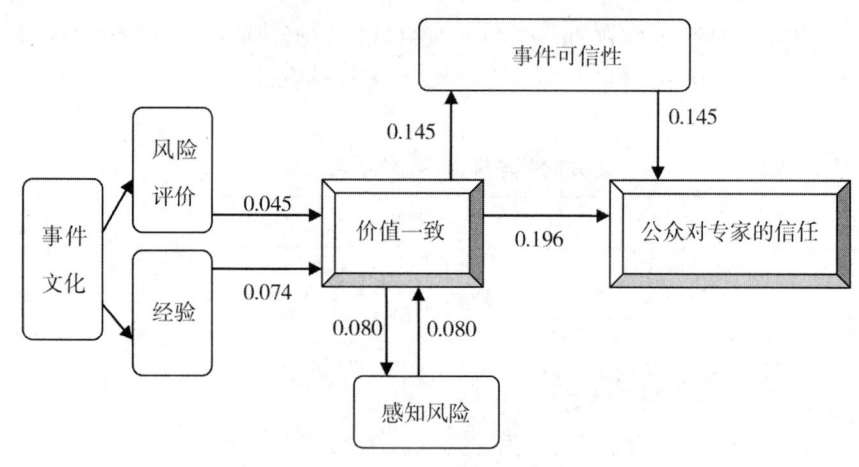

图 5—6 SVS 修正模型

以上分析验证了 SVS 模型的原始的模型 1 和模型 2，并且通过路径系数使各个影响因素之间的具体影响程度清晰地显示出来。结论得出，模型 1 中个人文化主义的测量，在气候变化这一事件背景下对价值一致性没有影响，因此删除此变量；模型 2 中，感知利益与价值一致性没有相关性，因此删除感知利益因素。风险评价和经验同时影响了价值的一致性，价值的一致性直接影响公众对专家的信任。同时，价值一致性还可以通过影响事件可信性从而影响公众对专家的信任。价值一致性影响感知风险，感知风险也影响价值一致性，当感知风险越大时，导致公众与专家的价值越不一致；当感知风险越小时，公众与专家的价值越一致。反之，当价值越一致时，感知风险越小；当价值越不一致时，感知风险越大。

二 TCC 模型的验证

SVS 模型是 TCC 模型中的一部分，是围绕信任的形成和影响因素的讨论。下面就 TCC 模型做出本书的 TCC 综合模型（见图 5—7）。

图 5—7 显示了在本调查中体现的信任、信心与协作模型。SVS 模型已经融合到 TCC 模型当中（见图 5—8）。根据图 5—8 中的路径分析可知各影响信任的因素的路径系数，结合 SVS 修正模型（见图 5—6），图 5—8 可以调整为图 5—9。

在图 5—9 所示的模型中，有两个方面的路径没有进行分析：一是事件文化对风险治理的评价有直接影响；二是感知的风险知识、感知利益、感知风险共同构成了风险感知。下面进一步对这两方面进行分析。

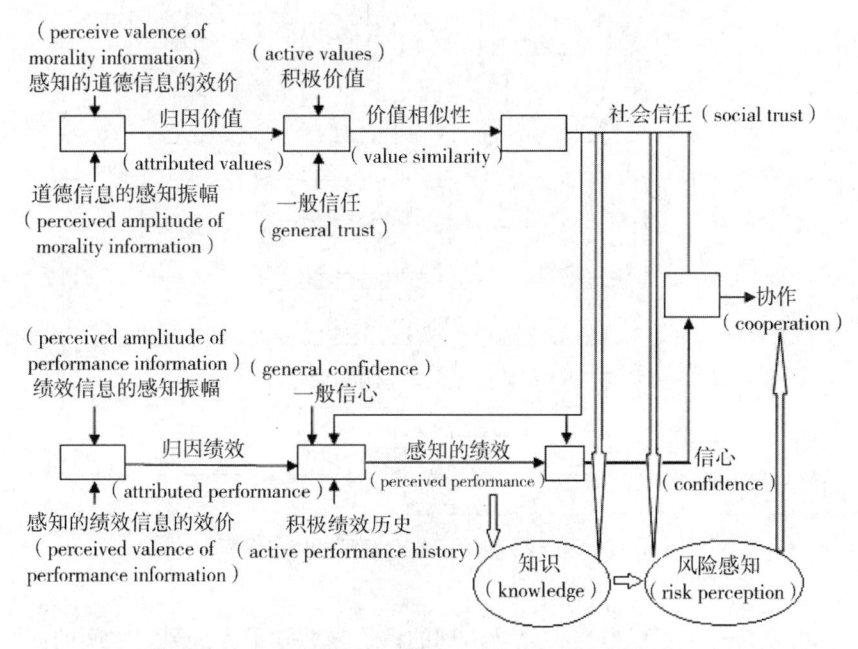

图 5—7 TCC 模型的补充模型（加入知识和风险感知）

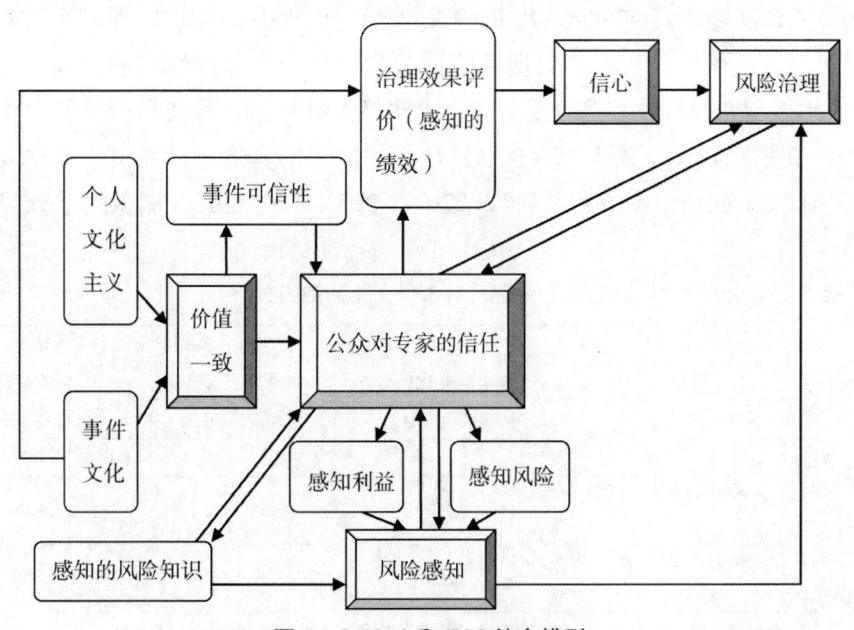

图 5—8 SVS 和 TCC 综合模型

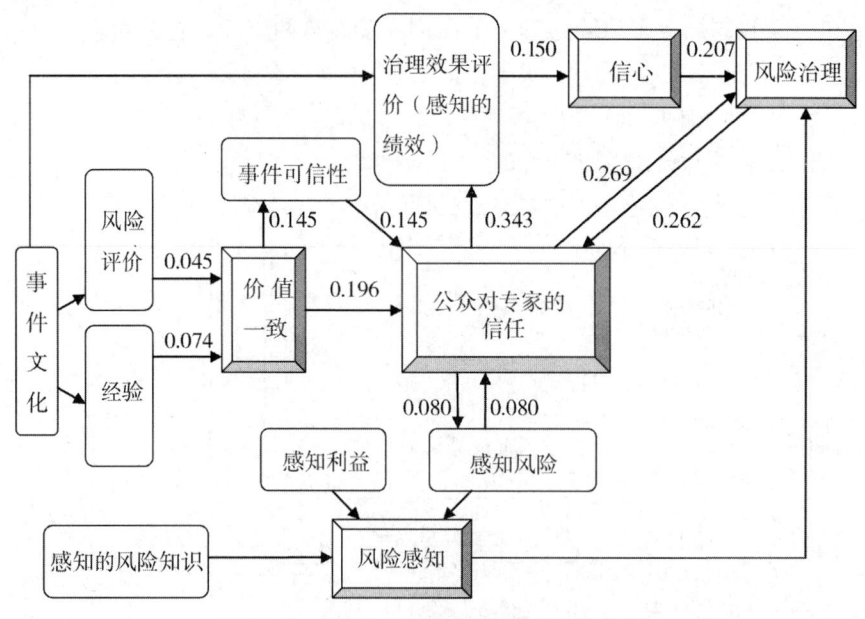

图 5—9　SVS 和 TCC 综合模型的路径分析

由表 5—31 可以看出，风险治理的评价与感知最大的风险之间的回归系数 $B=0.023$ （$P=0.017<0.05$），回归系数显著；风险治理的评价与经历风险的经验之间的回归系数 $B=0.269$ （$P=0.000<0.001$），回归系数非常显著。由此可以看出，根据回归性分析，建立二元线性回归方程。设"风险治理的评价"作为因变量 Y，感知最大的风险、经历风险的经验作为自变量 X_1、X_2。表 5—31 显示，常数、X_1、X_2 具有统计意义。根据表 5—31 推出回归模型方程：$Y=2.220+0.023X_1+0.269X_2$。这说明公众对

表 5—31　　　　　风险治理的评价与事件文化的回归分析

模型	未标准化系数		标准化系数	t 检验系数	显著系数（Sig）
	未标准化回归系数（B）	标准误	标准化回归系数（Beta）		
常数（Constant）	2.220	.070		31.662	.000
下列技术风险中，您认为哪一项风险最大？	.023	.009	.052	2.381	.017
以前是否经历过气候变化引起的风险事件？	.269	.043	.134	6.179	.000

a. 因变量：处理气候变化风险事件中，您认为专家和决策者的治理是否有效？

风险治理的评价与 X_1、X_2 呈线性正相关关系，即随着 X_1、X_2 的增加，感知的风险越大，经验越丰富，风险治理的评价得分 Y 相应增加，风险治理越无效；感知的风险越小，经验越贫乏，风险治理的评价得分 Y 相应减少，风险治理越有效。路径系数就是标准化后的回归系数 0.052、0.134。

表 5—32 显示，风险治理与风险感知之间显著相关，回归系数 B = -0.075（P = 0.000<0.001），说明相关性非常显著；风险治理与知识的答对率之间显著相关，回归系数 B = -0.037（P = 0.005<0.05），说明相关性显著；风险治理与感知知识之间显著相关，回归系数 B = 0.189（P = 0.000<0.001），说明相关性非常显著；风险治理与感知风险之间显著相关，回归系数 B = 0.109（P = 0.000<0.001），说明相关性非常显著。由此可以看出，根据回归性分析，建立四元线性回归方程。设"风险治理的评价"作为因变量 Y，风险感知、知识知晓度、感知的知识、感知风险作为自变量 X_1、X_2、X_3、X_4。表 5—32 显示，常数、风险感知（X_1）、知识知晓度（X_2）、感知的知识（X_3）、感知风险（X_4）具有统计意义。从表 5—32 可以推出回归模型方程：$Y = 2.172 - 0.075X_1 - 0.037X_2 + 0.189X_3 + 0.109X_4$。这说明公众对风险治理的评价得分与 X_1、X_2 呈线性负相关关系，即随着 X_1、X_2 的增加，风险感知越高、知识的答对率越高，风险治理的评价得分 Y 相应减少，风险治理的评价趋向于"有效"；风险感知越

表 5—32　风险治理评价与风险感知、知识知晓度、感知的知识、感知风险的回归分析

模型	未标准化系数		标准化系数	t 检验系数	显著系数（Sig）
	未标准化回归系数（B）	标准误	标准化回归系数（Beta）		
常数（Constant）	2.172	.105		20.671	.000
您认为气候变化对全球影响如何？	-.075	.018	-.094	-4.177	.000
气候变化风险知识的答对率	-.037	.013	-.060	-2.841	.005
您是否了解气候变化相关的知识或政策？	.189	.022	.189	8.552	.000
政府减缓气候变化的过程中会带来其他风险，您最担心的是什么？	.109	.011	.211	9.914	.000

a. 因变量：处理气候变化风险事件中，您认为专家和决策者的治理是否有效？

低、知识的答对率越低，风险治理的评价得分 Y 相应增加，风险治理的评价趋向于"无效"。公众对风险治理的评价得分与 X_3、X_4 呈线性正相关关系，即随着 X_3、X_4 的增加，感知知识越高、感知风险越高，风险治理的评价得分 Y 相应增加，风险治理的评价趋向于"无效"；感知知识越低、感知风险越低，风险治理的评价得分 Y 相应减少，风险治理的评价趋向于"有效"。路径系数就是标准化后的回归系数 -0.094、-0.060、0.189、0.211。

分析风险感知与感知的知识、感知利益、感知风险之间的关系如表 5—33 所示。

表 5—33　风险感知与知识的知晓度、感知知识、感知利益、感知风险的回归分析

模型	未标准化系数		标准化系数	t 检验系数	显著系数（Sig）
	未标准化回归系数（B）	标准误	标准化回归系数（Beta）		
常数（Constant）	2.294	.120		19.106	.000
气候变化风险知识的答对率	.116	.016	.153	7.480	.000
您是否了解气候变化相关的知识或政策？	.369	.026	.295	14.280	.000
气候变化治理能为人类带来的利益中，您最关心的利益是什么？	-.018	.010	-.037	-1.767	.077
政府减缓气候变化的过程中可能会带来其他风险，您最担心的是什么？	.080	.014	.124	5.857	.000

a. 因变量：您认为当前气候变化对全球的影响如何？

风险感知与知识的知晓度回归系数 B=0.116（P=0.000<0.001），说明相关性非常显著；风险感知与感知知识的回归系数 B=0.369（P=0.000<0.001），说明相关性非常显著；风险感知与感知利益的回归系数 B=-0.018（P=0.077>0.05），说明相关性不显著；风险感知与感知风险的回归系数 B=0.080（P=0.000<0.05），说明相关性显著。去掉无相关性的感知利益，再次进行回归分析可得表 5—34。

表 5—34　　风险感知与知识的知晓度、感知知识、感知风险的回归分析

模型	未标准化系数		标准化系数	t 检验系数	显著系数（Sig）
	未标准化回归系数（B）	标准误	标准化回归系数（Beta）		
常数（Constant）	2.262	.119		19.049	.000
气候变化风险知识的答对率	.116	.016	.153	7.472	.000
您是否了解气候变化相关的知识或政策？	.368	.026	.294	14.233	.000
政府减缓气候变化的过程中可能会带来其他风险，您最担心的是什么？	.075	.013	.116	5.604	.000

a. 因变量：您认为当前气候变化对全球的影响如何？

风险感知与知识的知晓度回归系数 $B=0.116$（$P=0.000<0.001$），说明相关性非常显著；风险感知与感知知识的回归系数 $B=0.368$（$P=0.000<0.001$），说明相关性非常显著；风险感知与感知风险的回归系数 $B=0.075$（$P=0.000<0.001$），说明相关性非常显著。由此可以看出，根据回归性分析，建立三元线性回归方程。设"风险感知"作为因变量 Y，知识的知晓度、感知知识、感知风险作为自变量 X_1、X_2、X_3。表 5—34 显示，常数（Constant）、知识的知晓度（X_1）、感知知识（X_2）、感知风险（X_3）具有统计意义。从表 5—34 可以推出回归模型方程：$Y=2.262+0.116X_1+0.368X_2+0.075X_3$。这说明公众的风险感知与 X_1、X_2、X_3 呈线性正相关关系，即随着知识的得分 X_1 的增加，风险感知得分 Y 相应增加，风险感知越高，反之风险感知越低；随着感知知识 X_1 的增加，风险感知得分 Y 相应增加，风险感知越高，反之风险感知越低；随着感知风险 X_2 的增加，风险感知得分 Y 相应增加，风险感知越高，反之风险感知越低。路径系数就是标准化后的回归系数，分别为 0.153、0.294、0.116。

SVS 模型与 TCC 模型结合后的修正模型如图 5—10 所示。

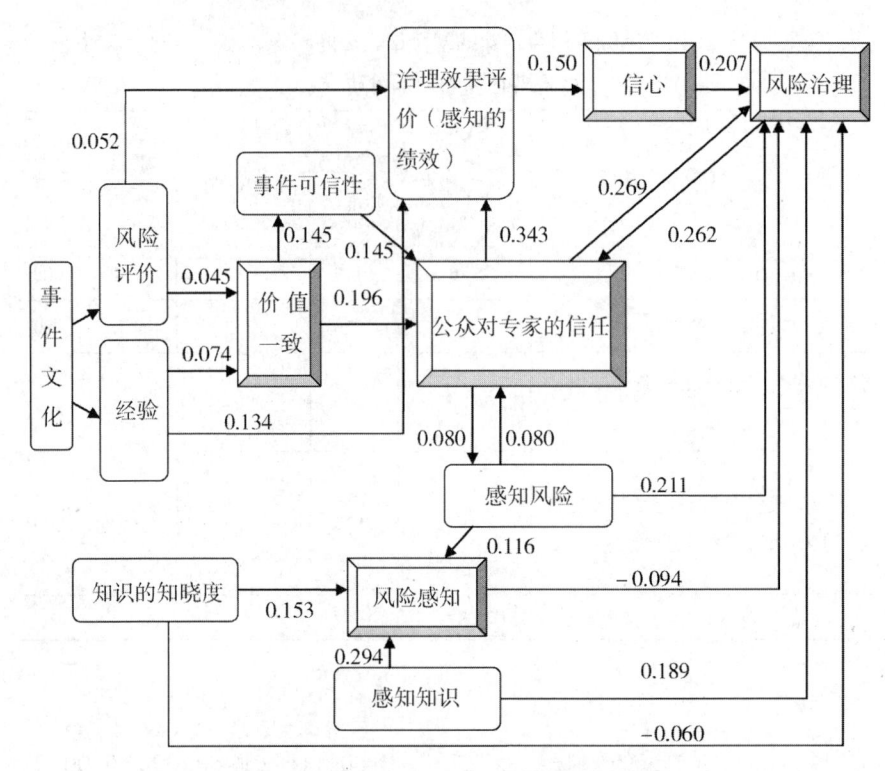

图 5—10　SVS 与 TCC 综合模型的修正模型

第五节　公众对专家信任的综合模型

根据上述分析，SVS 模型和 TCC 模型的综合模型显示了价值一致性、信任、信心和风险治理的关系，结合本书的模型构建，风险沟通在信任和风险治理中都发挥了重要作用。将风险沟通的相关因素加入模型可得图 5—11。

风险沟通对于风险治理的影响很重要，沟通是否顺畅直接影响风险治理的效果。通过图 5—11 的路径分析可以找出风险沟通与风险治理的路径系数 0.078，风险沟通导向信任的路径系数 0.081，信息获取与风险沟通的路径系数 0.040。公众对专家的信任也会影响风险沟通，进行回归分析可知：

风险沟通与信任的回归系数 B=0.112（P=0.000<0.001），说明相关性显著。由此可以看出，根据回归性分析，建立一元线性回归方程。设

"风险沟通"作为因变量 Y，信任作为自变量 X_1。表 5—35 显示，常数（Constant）、信任（X_1）具有统计意义。从表 5—35 可以推出回归模型方程：$Y=1.605+0.112X_1$。这说明风险沟通与 X_1 呈线性正相关关系，即随着 X_1 分数的增加（不信任），风险沟通得分 Y 相应增加，沟通越不顺利；信任度得分越低（信任），风险沟通得分 Y 相应减少，沟通越顺畅。路径系数就是标准化后的回归系数 0.125。

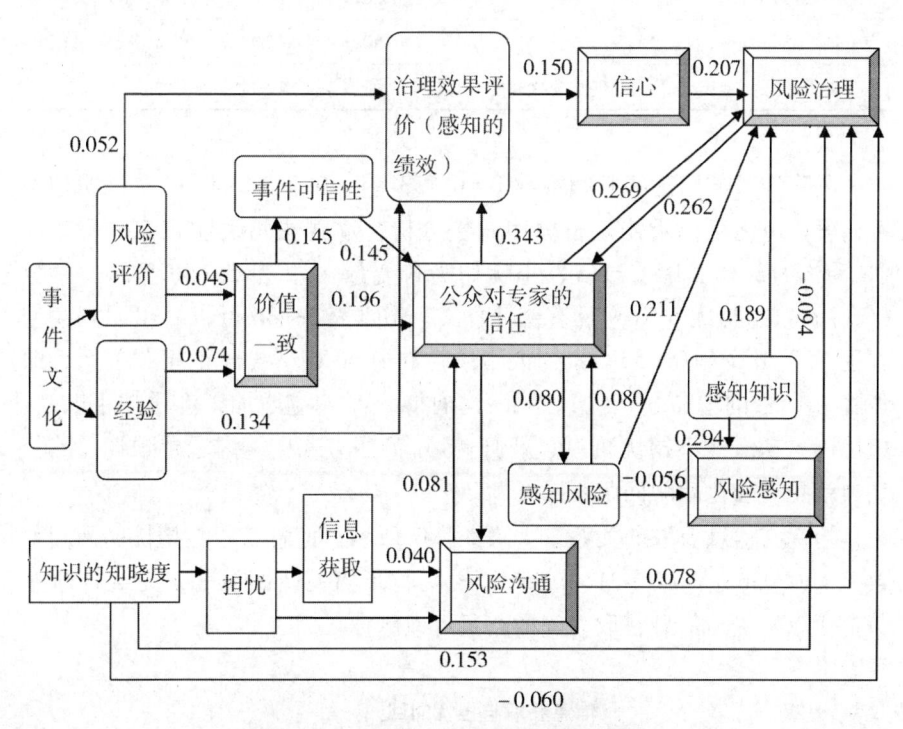

图 5—11　公众对专家信任的综合模型

表 5—35　　　　　　　　风险沟通与信任的回归分析

模型	未标准化系数		标准化系数	t 检验系数	显著系数（Sig）
	未标准化回归系数（B）	标准误	标准化回归系数（Beta）		
常数（Constant）	1.605	.053		30.245	.000
您是否信任气候变化活动的专家？	.112	.020	.125	5.758	.000
a. 因变量：专家是否针对气候变化问题做过公众调研或相关知识的宣传工作？					

关于担忧与风险沟通的关系，回归分析如表5—36所示。

表5—36　　　　　　　　风险沟通与担忧的回归分析

模型	未标准化系数		标准化系数	t检验系数	显著系数（Sig）
	未标准化回归系数（B）	标准误	标准化回归系数（Beta）		
常数（Constant）	1.686	.079		21.266	.000
您是否担心气候变化？	.053	.021	.057	2.586	.010

a. 因变量：专家是否针对气候变化问题做过公众调研或相关知识的宣传工作？

风险沟通与担忧的回归系数 $B=0.053$（$P=0.010<0.001$），说明相关性显著。由此可以看出，根据回归性分析，建立一元线性回归方程。设"风险沟通"作为因变量 Y，担忧作为自变量 X_1。表5—36显示，常数（Constant）、担忧（X_1）具有统计意义。根据表5—36可以推出回归模型方程：$Y=1.686+0.053X_1$。这说明风险沟通与 X_1 呈线性正相关关系，即随着 X_1 分数的增加（担忧），风险沟通得分 Y 相应增加，沟通越不顺利；担忧得分越低（不担忧），风险沟通得分 Y 相应减少，沟通越顺畅。路径系数就是标准化后的回归系数 0.057。

担忧与信息获取的关系，如表5—37所示。信息获取与担忧的回归系数 $B=-0.036$（$P=0.421>0.05$），说明两者相关性不显著，无统计学意义。所以担忧与信息获取之间的路径可以删掉。

表5—37　　　　　　　　信息获取与担忧的回归分析

模型	未标准化系数		标准化系数	t检验系数	显著系数（Sig）
	未标准化回归系数（B）	标准误	标准化回归系数（Beta）		
常数（Constant）	3.209	.170		18.895	.000
您是否担心气候变化？	-.036	.044	-.018	-.806	.421

a. 因变量：您通过哪种方式获取气候变化相关信息？

知识的知晓度与担忧的回归分析如表5—38所示。

表 5—38　知识的知晓度与担忧的回归分析

模型	未标准化系数		标准化系数	t 检验系数	显著系数 (Sig)
	未标准化回归系数（B）	标准误	标准化回归系数（Beta）		
常数（Constant）	3.659	.070		52.329	.000
气候变化风险知识答对率	.004	.014	.006	.270	.787

a. 因变量：您是否担心气候变化？

知识的知晓度与担忧的回归系数 B = 0.004（P = 0.787 > 0.05），说明两者相关性不显著，没有统计学意义。所以担忧与知识的知晓度之间的路径可以删掉。

通过上述分析可以得出修正模型（见图 5—12）。

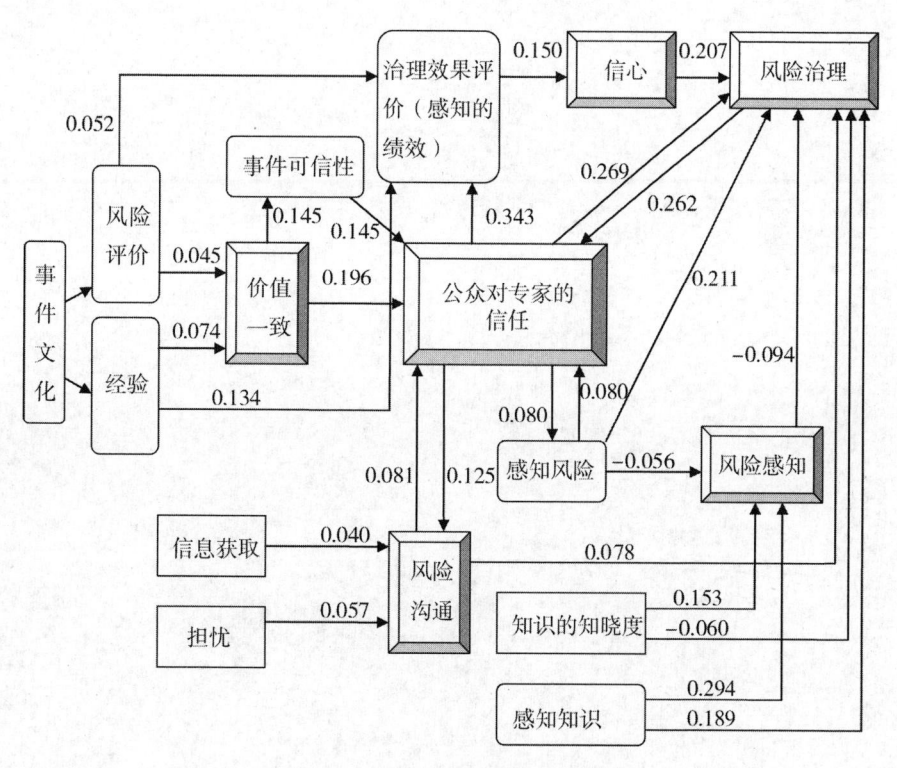

图 5—12　信任综合模型的修正模型

第六节 小结

本章在调查和数据分析基础上,运用回归分析模型和因果分析模型来提炼影响公众对专家信任的因素,并分析影响因素之间的关系。回归分析模型是将与信任有显著关系的变量进行了单独分析和整体分析,排除对信任影响微弱且不计入统计的因素,最终获得影响信任的 5 个主要因素。为了揭示各变量之间的因果关系,进一步运用验证性因素分析(CFA)方法,得出各个因素之间的路径分析系数,基于 SVS 模型和 TCC 模型的综合模型,对构建的因果概念模型进行反复的检验和修订,最终得出比较符合我国公众对专家信任的综合模型。

第六章

关于影响信任因素的讨论

本书首先进一步明晰了斯洛维奇和斯卓伯格关于信任对风险感知的影响的争论,支持斯洛维奇所持的在特定文化背景下信任影响风险感知的论断。同时,通过回归分析和路径分析验证了影响信任的因素,包括风险感知、风险沟通、价值一致性等,但是这些影响因素的验证和分析过程中也体现出一些其他问题,值得做进一步讨论和研究。

第一节 信任在特定的背景下对风险感知有一定的影响

第二章我们描述了斯洛维奇和斯卓伯格关于信任影响风险感知的争论。斯洛维奇(1991)运用具体测量感知风险的方法——心理测量模型,测量在特殊背景下的特殊人群的风险感知,测量结果显示,信任在特定情况下对风险感知有很大影响,而斯卓伯格运用抽象的普遍性的方法描述了信任在任何情况下对风险感知几乎没有影响。在本书的研究中,引用西格里斯特的TCC模型进行测量,测量结果显示,信任不仅受到风险感知的影响,同时也在很大程度上影响风险感知,尤其影响公众感知的风险,研究结果证明了斯洛维奇的观点和TCC模型中西格里斯特的观点,即信任直接或间接影响风险感知。

本书的综合模型中包含了西格里斯特等人提出的信任、风险感知和合作的模型(见图6—1)。模型显示了通向合作的两条途径:一条是信任,另一条是风险感知。信任可以直接影响风险感知,信任也可以通过对知识的作用间接影响风险感知。

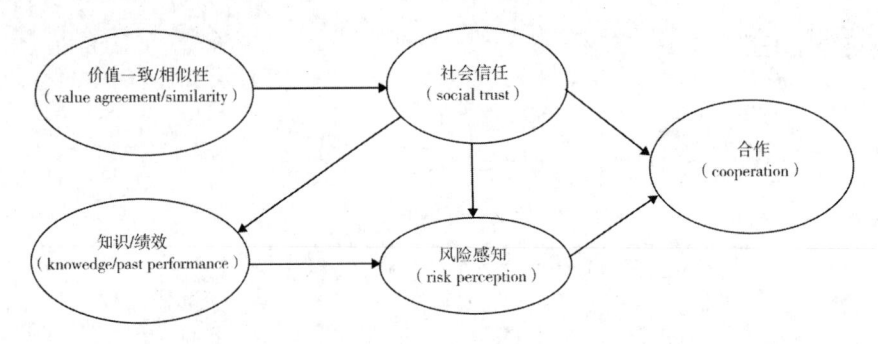

图6—1 风险感知与信任的框架（模型2）

在本书的调查分析中得出，公众的信任与公众对气候变化相关知识的掌握程度的相关性分析不显著，原因有两个：一是由于公众对于气候变化的背景知识知之甚少，知识的不足使得公众没有分析和判断气候变化风险的专业能力；二是由于气候变化风险是一个长期的且只对有些地区的影响显著的事件过程，大部分公众也许还并没有经历过气候变化带来的巨大灾害。所以，由本书数据分析得知，我国公众对专家的信任与公众的风险知识之间并没有明显的相关度，在模型中对应的"信任—知识/绩效—风险感知"的路径在我国的实际背景下没有得到证实。但是，社会信任与感知的风险相关度较高，相关系数为0.113，显著性均为0.000（小于0.01），路径系数（为0.08）也体现出信任直接影响了公众感知风险，路径"信任—风险感知"在我国的背景下得到证实。

绩效信息/知识的验证不能在此研究中得到证实是有原因的。正如模型所示，绩效信息的判断通常不能由个体判断来决定，它需要在社会关系的背景下去解释，而问卷调查的样本量虽然足够大，但是问卷包含的信息不足以全面地解释中国特定的社会制度和文化背景，所以信任对绩效信息/知识的影响的考量还有待于以后做进一步研究。另外，信任对知识的掌控不只局限于对过去行为的解释，信任关系还决定于绩效信息的合法性和信息本身的质量。在特定的社会背景下，地域特定行为的相关绩效信息可能是合法的，但其他信息有可能是不合法的，同理，信息的质量也有待于验证。

综上，本书对于气候变化治理中基于我国特定文化背景下对公众信任所做的测量，支持了斯洛维奇和斯卓伯格关于信任对风险感知的争论中斯洛维奇所持的在特定文化背景下信任影响风险感知的论断，并进一步验证了西格里斯特在 TCC 模型中信任直接影响风险感知的观点，同时也解释了本书中信任与绩效信息/知识相关性不明显的原因。

第二节 风险感知影响公众对专家的信任，但不是唯一因素

在我国，公众的风险感知并不是很高，这从本书调查的气候变化知识答题准确率就可以看出。同时，问卷统计结果证明，公众的风险感知越高越不信任专家，风险感知越低越信任专家。风险感知是由知识的知晓度、感知利益、感知风险和感知的知识构成的，我国公众的风险感知低，一方面说明公众的知识量不够，不足以分析和评估风险；另一方面是由公众的社会文化背景不同决定的，比如公众的受教育程度、生活经验、居住环境等。受教育程度高的人群掌握的知识量丰富，答题的准确率就可能会高，对于感知利益与感知风险也会相对理性；对于过去遇到过气候变化风险危害的群体来说，这样的生活经验使他们对待风险的敏感度增加，所以会积极了解相关的知识，并且感知的风险往往大于感知的利益；居住在不同区域的人群有着不同的生活习惯、文化传承、价值观和应对风险的方式，所以风险感知也会随着生活环境的不同而有所差异，尤其是我国东西部地区的经济发展不平衡、山区平原的地形地貌差异大等，都会影响风险感知。

然而，由回归分析和路径分析过程中可以看出，风险感知因素对信任的影响在多个因素共同影响下就变得不再显著。那么，为什么会与其他因素差距那么大呢？原因在于风险感知与风险沟通、价值一致性、事件可信性和风险治理的相关性很强，在同一模型中就容易受到其他多个干扰因素共同影响而引起相应变化，所以风险感知对信任的作用就很难明显表现出来。这支持了公众与专家的风险感知差异不是影响信任的唯一要素的结论。在现代社会越来越趋向于国际化发展的形势下，影响公众对专家的信任的因素也越来越多元化，比如本书所验证的信任会受到价值一致性、事件可信性、风险沟通等多种因素的影响。

第三节 显著价值一致性是影响信任的核心因素

显著价值一致性，是指在特定的事件背景下体现出的价值观相一致或

相类似。前文中以数据证明了在影响公众对专家信任的因素中，价值一致性是最重要的因素，并且随着价值一致性的升高，公众对专家的信任度也相应提高。价值的一致性受到个人文化主义和事件文化的共同影响，这在SVS模型的解释中就有所阐述。首先，如果专家与公众的个人文化都选择统一类型，那么价值一致性相对要高一些；如果专家与公众的个人文化选择不同类型，那么价值观就可能不同。其次，在个人价值观确定的情况下还要考察事件文化，本书是针对气候变化这一事件，需要考察公众对气候变化和其他风险的评价差异，比如核风险、转基因风险等与气候变化的风险感知程度是不同的。另外还要看公众是否经历过气候变化引起的风险事件，经历过类似事件的公众和未经历过的公众的经验背景是不同的，所以两个群体的事件文化背景是有差异的。个人文化主义选择和事件文化背景共同决定了公众与专家的价值是否一致。

在本书的调查中，我国公众与专家的价值一致性程度较高，说明公众的共识度较高。价值一致性与行为一致性共同影响公众对专家的信任，并且随着价值一致性和行为一致性的升高，公众对专家的信任度也相应提高。影响价值一致性的个人主义的测量中，我国公众大多数选择等级主义，说明相比较自然风险和经济风险而言，我国公众更加注重政治风险，尤其是在气候变化的风险治理中，这确实已经成为一个全球性的政治问题，而不只是一种自然风险。影响价值一致性的事件文化的测量中，我国公众选择核污染、气候变化、垃圾焚烧为最严重的前三种风险，说明公众感知的各类风险等级确实有所不同，那么对不同程度的风险事件公众的价值观也将不同；另外公众经历过气候变化的风险事件的占54.6%，未经历过的占45.4%，数量上基本均等，但是公众感知的事件文化是不一样的，经历过风险的公众对同类事件的风险判断就会比未经历过的公众更加严重，因此事件文化背景影响了公众的价值判断。

第四节　信任影响信心的建立

信心在很大程度上是以对风险治理的效果评价为前提的，而风险治理的评价又直接受信任影响。所以在TCC模型中，除了信任直接影响风险治理的合作之外，信任还影响风险治理绩效的评价，再加上一般信任的影响，共同导向信心的建立，因此信任可以通过影响绩效评价来影响信心，进而影响风险治理的合作。本书的研究表明，公众的信心越高，越愿意配合治理风险；公众的信心越低，越不愿意配合治理风险。

在我国，公众对于过去风险治理的效果评价趋向于无效，但是大部分公众表示支持气候变化的相关政策，并愿意配合风险治理的措施，愿意付出个人努力减缓或适应气候变化。这说明，我国的现状是公众虽然不满意风险治理的效果，但是对未来治理还是有信心的，说明信任在其中起到很大作用。这与大部分公众表示信任专家、与专家的价值一致性程度高相关。风险治理不仅仅是专家的事情，还有政府、企业、媒体等相关部门或组织，风险治理效果不明显受到多方面因素的影响，如果风险治理评价较差的情况下公众对专家的信任度依然不减，那么公众对未来风险治理的信心将很大程度上取决于对专家的信任。信任存在，信心一定存在，并且风险治理的合作力度将加大；如果信任不存在，信心也将大幅下降，此时只有对过去风险治理的评价和一般信心，那么风险治理的力度将大大减少，甚至不能形成合作。

第五节　公众对专家的信任影响风险沟通

风险沟通是影响信任的重要因素，同时，公众对专家的信任也影响了风险沟通，并且路径系数要高于风险沟通对信任的影响。风险沟通决定于政府、企业、媒体、环保组织、决策者、专家和公众之间的沟通交流。风险沟通既然是双向互动的，那么就包括公众与其他群体的相互交流，比如公众是否愿意主动向这些群体进行沟通，其他群体是否向公众做过相应的知识传播工作、宣传工作、交流活动等与公众进行沟通，还有沟通的过程是否顺畅、信息的传播是否及时等。

本书中，其他群体向公众作调研和宣传工作最多的是环保组织、媒体和政府，因为这些部门做过调研和宣传工作，所以公众才能了解出现问题时找谁、用什么方式来进行风险沟通，这增进了风险沟通的效率。在我国，一般认为环保组织的环评报告、专家评估都是不可信的，但是在信任度的测试中，除了对亲人和朋友的信任度最高外，第三当数对环保组织的信任，说明我国公众对环保组织的信任度要高于预期。正是由于公众对环保组织的信任度较高，所以公众愿意接受环保组织的宣传和调研。同时，公众主动向其他群体进行沟通的方式中，"通过网络联名提议相关意见"

和"写信或打电话向有关部门反映"也反映了公众相信网络媒体的力量和相关部门的管理，公众认为当专家看到这些建议后会改进治理现状，说明公众因为信任专家而希望通过风险沟通解决现实中存在的问题。

第六节　信任影响公众的风险决策和风险治理

前面的分析已经得出风险治理是影响信任因素中路径系数最大的，说明风险治理的效果和评价很大程度上影响了公众对专家的信任。但同时也发现，公众对专家的信任直接影响公众对专家的支持度、公众对专家风险治理的评价和公众参与风险治理的态度。当公众信任专家时，公众会更加支持专家和专家的决策，对于专家治理的评价也会相应提高，并且愿意参与风险治理；当公众不信任专家时，公众可能不支持专家和专家的决策，对于专家治理的评价也会相应降低，并且不愿意参与风险治理。

在本次调查中，我国公众比较信任专家，在风险治理中倾向于相信专家的评论和建议，愿意配合专家做好治理工作，但是对于专家治理的评价比较低，认为风险治理效果不明显。这源于在信任和风险治理中还有信心的因素存在，对过去的风险治理绩效评价不高导致公众对专家的信心不高，但是信心的降低不影响信任对风险治理的直接作用。与第四节中的论述结合起来可以得出，如果信任不存在，将会减弱信心，进而极大减弱风险治理的合作；如果信心不存在，不影响信任，并且对风险治理的影响也较小。所以，虽然我国公众对风险治理的效果评价不高，但还是比较信任专家并愿意配合风险治理。

第七节　社会基础变量对信任的影响

一　总体分析

从相关性分析和回归模型的推理可以看出，城乡差异对公众信任的影响很显著，并且路径分析也得出城乡差异与公众对专家的信任的路径系数为 0.039，说明在多重因素共同影响下，城乡差异对信任的作用还是存在的。但是除了城乡差异之外，其他社会基础变量的影响却没有统计学意义。通常，我们考察最多的是性别、年龄、学历、职业、收入的因素，本书中还加入了民族、宗教信仰、居住省市，但是这些因素对信任的影响都不显著。分析其原因主要表现在以下三个方面：

第一，分析数据可知，气候变化有其特殊的事件背景，公众对气候变化的认识和生活经验不像公众对核辐射、垃圾焚烧等风险事件那样是可以预测并且可以治理的，公众可以从发生和治理过程中接受许多相关知识，但是气候变化是一个长期存在又不确定的现象，公众即使做出缓解和适应气候变化的举措，也可能预防不了气候变化风险事件的再次发生，灾难依然会不定期地突发，所以公众对于参与气候变化治理的专家的信任与性别、年龄等人类个体特征的相关性不大。

第二，本书着重于群体层面的研究，不同于心理学的个体分析研究，而是通过大样本量的收集和数据归类、建模来分析公众这一群体对专家群体的信任度，所以在取样的时候尽量在性别、年龄、学历、职业、收入、省市等几方面均衡样本量，而民族和宗教信仰本来预测会影响个人文化主义和风险治理的评价的，但是分析结果并没有得出显著差异。原因在于，按照传统的观点，即文化和人类学家认为的信任是一种历史遗产，它来自长期的文化积淀，那么民族、宗教作为文化价值的一个重要内容应该对信任度会有影响，并且是长期形成的影响，不同的民族和宗教信仰会有不同的信任度，然而现在看来不同文化的人们的信任度差异并没有体现出来。所以，这迎合了社会学家的观点：人们之间普遍的信任或社会资本来自志愿性社团内部个体之间的互动，是这些互动联系推动了人们之间的合作并促使信任的形成，这就进一步证明了信任受人际互动因素的影响要高于相对不变的社会基础变量的影响。

第三，就我国的特殊国情而言，也许社会基础变量并不像其他国家那样对公众的信任度影响很大，在我国可能只有微小的影响。因为我国自古以来的传统就是尊敬师长，对于专家有一种特殊的仰慕之情，所以对专家和专家的言论会偏向于比较信任，这与调查的结果也是相一致的。而国外的公众在对待气候变化问题上会有较多不同于专家的言论，他们善于反驳专家的观点，敢于为自己的观点争辩，因为专家内部的观点也是存在差异的，公众的反驳也许更有利于事实的澄清。

综上所述，由于事件文化、调查对象和我国公众的特点，本次调研的结果显示，除城乡差异之外，其他社会基础变量对公众对专家的信任度影响甚小。

二 个案分析

（一）城乡差异、学历与信任的关系

在"社会统计学因素"的讨论中，信任与"居住地性质"强相关，并且通过回归分析得出回归模型方程：$Y=2.341+0.063X_1$。这说明公众对专家的信任与居住地性质 X_1 呈线性正相关关系，即随着 X_1 的增加（1＝城市；2＝县城；3＝农村），公众对专家的信任度得分 Y 也相应增加，信任度减少。同时，从表 5—17 中可以看出，"居住地性质"与"学历"强负相关，皮尔逊相关系数为 -0.679，显著性为 $0.000<0.050$，双侧显著负相关，说明随着居住地数值增大，学历将降低，即居住在城市的公众学历高，居住在农村的学历较低，这与现实状况相符。

由表 6—1 得出城乡差异与学历的回归模型方程：$Y=5.210-0.991X_1$（X_1＝城乡差异；Y＝学历）。这说明公众的学历与居住地性质 X_1 呈线性负相关关系，即随着居住地性质 X1 的增加，公众的学历 Y 将相应降低，生活在城市的公众学历要高于生活在农村的公众。由信任与"居住地性质"强正相关、"居住地性质"与"学历"强负相关可以推论得出信任与"学历"负相关：随着学历的升高，信任得分越低则信任度越高，学历越高信任度越高。由于居住在城市的公众接受教育的机会和平均年限要高于农村，所以城市的公众学历普遍高于农村，公众对专家的信任度也高于农村。

表 6—1　　城乡差异和学历的回归分析

模型		未标准化系数		标准化系数	t检验系数	显著系数（Sig）
		未标准化回归系数（B）	标准误	标准化回归系数（Beta）		
1	常数（Constant）	5.210	.051		102.748	.000
	城乡差异	-.991	.024	-.679	-42.152	.000

a. 因变量：学历

（二）学历、月收入与信任的关系

社会学统计因素与信任的分析中（见表 5—17），学历、月收入并没

有看出与信任有相关性,但是表 5—17 中显示学历与月收入强相关,皮尔逊相关系数分别为 0.074,显著性为 0.001<0.050,双侧显著正相关,说明随着学历升高,月收入也相应升高,所以学历是决定月收入的一个重要因素。

由表 6—2 得出月收入与学历的回归模型方程:$Y = 2.926 + 0.104X_1$($X_1 =$学历;$Y =$月收入)。这说明公众的月收入与 X_1 呈线性正相关关系,即随着学历 X_1 的增加,公众的月收入 Y 也相应增加。基于上一节中学历越高信任度越高的结论,可以推导出,信任度可能还受到月收入影响,且月收入越高信任度也相应越高。

表 6—2　　　　　　　　　学历和月收入的回归分析

模型		未标准化系数		标准化系数	t 检验系数	显著系数（Sig）
		未标准化回归系数（B）	标准误	标准化回归系数（Beta）		
1	常数（Constant）	2.926	.106		27.602	.000
	学历	.104	.031	.074	3.365	.001

a. 因变量:月收入

由表 6—1 和表 6—2 可知,城乡差异与学历的路径系数相互均为 -0.679,学历与月收入的路径系数相互均为 0.074,不论是上述推论还是路径分析都可以得出学历和月收入对于信任有正相关影响,但是在此调查数据分析中并没有直接体现出来,而是通过城乡差异间接体现出来,随着学历和月收入的提高,信任度相应提升。也可看出,公众居住的地域差异决定了受教育程度,受教育程度进一步决定了月收入水平,更确切地说是决定了一个地区的经济发展水平。当公众居住在城市时,将有更多的机会接受优良教育和获取高收入工作,公众创造财富的价值将会得到充分体现,并且公众的整体素养大幅提升,地区经济也会因此而飞速发展。在此过程中公众对专家的信任将会随着各方面社会因素水平的提升和发展而呈现出信任度提高的趋势,信任度的形成是人类和社会发展的交互影响中自然形成的一种过程。

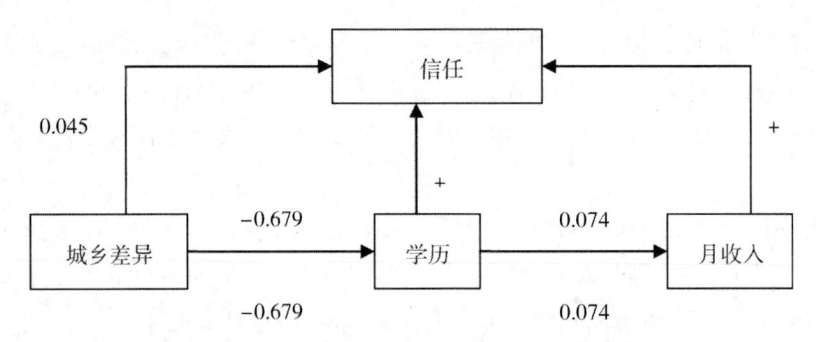

图 6—2　城乡差异、学历、月收入和信任的路径分析

第八节　民族和宗教对信任的影响

文化背景在本书中可以用个人文化主义、事件文化、民族、宗教、受教育程度、城乡差异等测量，第五章已经分析了各个变量对信任的相关性系数，其中最为显著的关联性之一就是民族和宗教对于信任没有呈现出显著相关性。弗里恩、斯洛维奇等人（1994）对美国种族和信任的关系调查结果显示，白种人比非白种人更加相信专家；英格尔哈特（1997）曾三次对几十个国家（包括中国）进行的"世界价值调查"，研究结果显示，受新教和儒家学说影响的国家比受天主教、东正教、伊斯兰教影响的国家更容易产生信任。本书的研究结果与前人的成果相悖。

首先，在民族方面的调查中，主要调查了 28 个民族（共 56 个民族），调查民族的数量远远多于美国，且调查样本数量也远远大于美国的样本，但是并没有表现出民族与信任的显著关系（见表 6—3），显著系数为 $0.087>0.05$。

表 6—3　　民族与信任度的相关性

	题目列项	民族	公众对专家的信任
民族	皮尔逊相关系数	1	-.037
	显著系数		.087
	人数（人）	2082	2082
公众对专家的信任	皮尔逊相关系数	-.037	1
	显著系数	.087	
	人数（人）	2082	2082

究其原因主要有以下三点：(1) 民族形成和历史不同。美国只有五百多年历史，各种族很多都是后迁入境的。而我国的民族自古就有，在新中国成立后才从政策上开始统计并划分为56个民族，上下五千年历史传承已经形成了各民族特有的习俗和文化，这是他国无法比较的。民族的形成过程不同，促使人们对待事物和风险的感知不同，感知风险的不同引起了公众对专家的信任有所差异。(2) 社会权力不同。美国的白种人群享有国家各种政策权利，他们的社会地位比非白种人高，本身就是一些领域的专家和决策者，当然更加拥护本族群的决策和利益。而我国各民族平等，权力公平分配，人们没有卑贱之分，人的基本社会性与美国不同，所以公众反映出的对专家的信任度也不同。(3) 我国民族地域分配差异大。居住在贵州、四川、辽宁、江西、宁夏、广西、湖南、新疆等地的少数民族较多，这些省市的社会发展、经济状况、文化都有很大的差异，但是有一个共同点是存在多种地势形态和多变气候，这些省市经历多次暴雨暴雪、狂风、地震等气候灾害，但气候风险是不确定风险，居住在当地的民族对于应对气候风险的心理、经验、措施等都很不稳定，他们对于专家的言论和决策也没有形成信任或不信任的共性（见表6—4）。

表6—4　　　　　　　　　　民族与居住省市的相关性

题目列项		民族	居住省市
民族	皮尔逊相关系数	1	.250**
	显著系数		.000
	人数（人）	2082	2082
居住省市	皮尔逊相关系数	.250**	1
	显著系数	.000	
	人数（人）	2082	2082

注：**表示在0.01 (2-tailed) 双侧显著相关。

其次，在宗教方面的调查中，我国共有20多种宗教信仰，本书主要调查了6种信仰群体：佛教、基督教、伊斯兰教、道教、天主教（前五类宗教占中国信教人数的67.4%）、无神论者。宗教信仰在其他国家对信任度的影响显著，可是对我国而言，几乎没有显著性（见表6—5）。与国外相比较，我国有特定宗教信仰的公众比例远小于其他国家。世界宗教信仰人数占人口总人数的 78.52%①，我国有宗教信仰的人（约 3 亿）占全国总人数的比例为 21.42%；而美国是宗教信仰人数占比最多的国家，为 92%。② 由此，我国宗教信仰人数比例上的弱势也许影响了信任度的整体评估。若剔除无神论者，其他宗教信仰者与信任的相关性为 0（见表 6—6），说明即使调查对象全是宗教信仰者，信仰与信任也没有任何相关性。

表 6—5　　　　　　　　宗教信仰与信任度的相关性

题目列项		宗教信仰	公众对专家的信任
宗教信仰	皮尔逊相关系数	1	.008
	显著系数		.719
	人数（人）	2082	2082
公众对专家的信任	皮尔逊相关系数	.008	1
	显著系数	.719	
	人数（人）	2082	2082

表 6—6　　　　　　　除无神论者外的宗教信仰与信任度的相关性

题目列项		宗教信仰（除无神论）	公众对专家的信任
宗教信仰（除无神论）	皮尔逊相关系数	1	.000
	显著系数		.994
	人数（人）	410	410
公众对专家的信任	皮尔逊相关系数	.000	1
	显著系数	.994	
	人数（人）	410	410

究其原因有二：（1）宗教信仰在我国受到民族、居住省市因素的影响显著，少数民族大多都具有各自民族的信仰，居住在云南、西藏、新疆等地的宗教信仰者尤为集中。但是在本调查中，所有社会基本变量与信任的相关性分析中，民族、居住省市对于信任没有显著相关性，宗教信仰在统计学意义上受这些变量的直接影响，同样体现出与信任没有相关性。

① 来自世界人口与宗教信仰者统计表。
② 来自皮尤宗教和公共生活论坛（Pew Forum on Religion and Public Life）调查数据。

(2) 儒家思想对我国公众对专家的信任影响甚小。我国人民自古以来受到儒家思想的影响较深，儒家思想的核心在于仁、义、礼、智、信[①]、恕、忠、孝、悌，是以尊卑等级的仁为核心的思想体系，儒家思想广泛传播，影响到东亚乃至整个世界。在国外专家的调研结果看来，国外的公众都已经受到儒家思想影响并由此而信任专家，那么我国公众更应该信任专家，但是本书的调查结果截然不同。本书研究信任问题的初衷即给出了清晰的解释，民主政治过程中决策者、专家和公众都是平等的，决策者和专家只是公众选举产生的代表公众意愿的委托人，当决策者和专家不能代表公众意愿、不能像过去那样为广大公众争取最大利益时，公众则无法像过去那样完全服从专家的建议和决策，对专家的不信任感日益增加。由此可见，儒家思想对我国公众的影响固然很深，但是当代政策决议和风险治理过程中，公众的权利和公众参与更为重要。

第九节　中国公众对专家的信任

通过调查数据显示，中国公众在气候变化问题上表现为高信任度和高共识度，我国的群体文化整体表现为等级主义文化类型，这说明公众对专家权威和制度规则非常信任，害怕社会混乱、犯罪和其他破坏社会秩序的风险。基于此，政府认为决策过程不需要公众参与，如果公众参与决策会引起公众的不信任和担忧，这种模式类似于瑞典的模式。的确，在气候变化的问题上，最开始只有各个国家政府部门和气候变化的专家参加研讨会，是高层人员的关于政治和学术问题的探讨，不需要有公众的参与。在我国也是如此，决策者都是公民选举出来代表公民自身利益、对人民负责的人，所以公众信任决策者；而专家是学术界的带头人，有代表性和权威性，所以公众也信任专家。决策者和专家代表全国参加国际气候变化会议，这是没有异议的。但是，随着气候变化灾害发生的频率越来越大，作为气候变化风险的受害者，公众想要获得更多气候变化会议上的信息，想要看到国际组织和专家对气候变化做出了怎样的决策和应对措施，想要在大会上发表广大群众的呼声，这时公众迫切要求参与气候变化的决策制定过程。不过至今这个理想还没有实现，因为公众参与相关会议可能会引起

---

① 信，表示待人处事诚实不欺、言行一致，不同于本文的信任。

对专家决策的不满或更多的担忧，进而可能阻碍会议的正常议程。

高信任度、高共识度这种情况只适用于气候变化，不具有普遍性，在其他风险事件中就不再适用。比如，厦门PX事件、番禺垃圾焚烧厂的建立、转基因作物上市等，这些风险事件的共同特点是事先没有进行民意调研，由上级管理部门直接做出决策。那么这时公众对决策者中的专家是否还一样信任呢？很显然，公众对专家和决策者的不信任促使公众进行了一系列的反对活动。这些行为甚至引起了全国公众的共鸣，说明共识度很高，所以这样的反抗不得不引起政府、决策者和专家的重视，政府不得不重新审视和规划项目，但是这有可能引起更大风险，比如进行了一半的技术研究可能会带来高经济损失，工程的迁移可能导致设备停运、产品供应的中断等。这些风险事件中公众对专家的信任度很低，但是共识度很高，这与美国国情相一致，即在一些风险问题上不需要公众的建议，这是为了避免公众的反对导致其他风险的出现。在我国，有些特定风险事件背景下，正是由于公众参与了风险事件，所以引起了其他风险的出现。

综上，我国公众对专家的信任在气候变化风险事件中体现出了高信任度、高共识度的特征，但是并不适用于所有的风险事件，本结论只适用于气候变化风险的治理。分析原因有以下两点：从理论上来看，西格里斯特提出的显著价值相似模型（SVS模型）揭示了个体对一个特殊情况或事件做出的选择，是由个体在特殊情况下对目标和过程的各种感知所组成，尤其指出，"salient"强调在一种特定情况下对应的一种特殊价值，但是在其他情况下就会表示不同的意义，显著价值的建构反驳了人类社会科学所提倡的适用于普遍情况的信任个人或信任一系列管理价值的理论；从本书背景上来看，气候变化风险有异于风险性问题的独特特点，它是一种不确定性风险，其长期性和全局性、无法估计后果及概率的属性决定了这种特定情况下的"story culture"，所以符合于此事件文化的测量结果不能轻易赋予其他风险事件中。

结　语

　　前人已经在风险感知、风险沟通和风险治理等相关领域做过很多研究，但是关于风险治理中的信任问题研究是从近几年才兴起的，并且至今还没有公众对专家的信任问题做特定背景下的研究。本书在气候变化背景下，针对我国公众对专家的信任度做调查研究。通过调查我国公众对气候变化相关知识的了解、风险沟通状况、公众与专家的价值一致性、风险治理的评价和支持度等，分析影响公众对专家信任的因素，验证了 SVS 模型和 TCC 模型，并在此基础上提出公众对专家信任的路径综合模型。路径综合模型的提出，让我们能够清晰地看到公众对专家的信任受哪些因素影响、影响因素的路径系数，以及信任对哪些方面起到重要作用等。主要结论如下：

　　一是通过研究我国公众对专家的信任问题，进一步清晰了斯洛维奇和斯卓伯格关于信任对风险感知的影响的争论，本书研究结果支持斯洛维奇关于"信任在特定背景下影响风险感知"的结论，在信任研究的学术问题上起到了推动作用。

　　二是通过 2082 份调查问卷的统计分析，提炼出影响公众对专家的信任的因素。公众对专家的信任受到风险沟通、价值一致性、事件可信性、风险治理的影响，其中，价值一致性是影响公众对专家信任的核心因素；风险感知由于与其他影响因素的相关性较强，所以多重因素共同存在时，风险感知对信任的影响显著性降低或消失；本调查中还体现出城乡差异对公众信任的显著影响。

　　三是研究表明，我国属于高信任度和高共识度的国家，这样一个特殊的国情决定了公众的信任偏好和风险治理的决策过程，从信任角度解释了为什么我国在决策制定过程中不需要公众参与,这也是与我国的特殊文化背景息息相关的。了解公众对专家的信任度和共识度,有助于从根源上着手来提高我国公众对专家的信任,有助于通过相应措施来提高公众的风险感知水平,有利于公众理性地认识政府和专家的行为和决策,有利于政府、企业、媒体、环保组织、专家和公众之间形成风险沟通的网络互动机制,从而进一步推动气候变化风险的有效治理。

我国正处在科技与经济突飞猛进的发展时期,公众从对风险事件不知所措到科学合理应对,从被迫接受风险管制到主动学习风险理论知识和应对措施,从最初的对科学家盲目信任到理性分析科学家言论,从对国家的科技政策不闻不问到积极参与决策制定,这不仅体现了科学在社会中的作用的日益凸显,也反映出公众在民主政治中的角色发生了质的转变,是社会发展的必然趋势。为了更好地适应社会发展和理解我国特有国情,在风险治理决策过程中更好地达成决策者、专家和公众的共识,我们应更多地从特定国情、民族习俗、历史传承、教育背景、思想意识等方面考虑影响公众对专家信任的因素,并且在各种时间和空间要素交叉影响下进一步探讨如何增强公众对专家的信任,从而为风险治理中决策的制定和实施提供有力保障。

附　录

附录1　调查问卷样本区域分配表

地区	省份/直辖市	市区	县/县级市/区	行政村
华北	北京	昌平		
		海淀		
		东城		
		西城		
		大兴		
	天津	和平区		
		河西区		
		南开区		
		宝坻区		
		滨海新区		
	河北	石家庄市	井陉县	微水村
		唐山市	迁安市	赵庄村
		保定市	定兴县	南关村
		秦皇岛市	北戴河区	丁庄村
		张家口市	宣化县	羊坊村

续表

地区	省份/直辖市	市区	县/县级市/区	行政村
东北	辽宁	沈阳市	辽中县	韩家村
		大连市	长海县	哈仙村
		抚顺市	抚顺县	五龙村
		锦州市	义县	瓦子峪村
		朝阳市	凌源县	北店村
华东	山东	济南市	济阳县	西马庄
		青岛市	黄岛区	吴家村
		东营市	广饶县	西燕村
		日照市	五莲县	宋家村
		莱芜市	莱城区	上河村
	江西	南昌市	安义县	东门村
		上饶市	玉山县	莲塘村
		九江市	九江县	红桥村
		景德镇市	浮梁县	旧城村
		吉安市	新干县	白马村
华南	福建	厦门市	湖里区	高林村
		福州市	福清市	普礼村
		泉州市	惠安县	上曾村
		莆田市	仙游县	柳园村
		三明市	建宁县	芦田村
西北	宁夏	银川市	永宁县	红星村
		石嘴山市	平罗县	南郊村
		吴忠市	同心县	边桥村
		固原市	西吉县	麻沟村
		中卫市	中宁县	利民村

续表

地区	省份/直辖市	市区	县/县级市/区	行政村
	新疆	乌鲁木齐市	米东区	葛家沟村
		克拉玛依市	克拉玛依	天山路
		阿克苏地区	温宿县	大汗村
		喀什地区	泽普镇	墩恰卡村
		和田地区	皮山县	木吉村
华中	河南	郑州市	中牟县	徐庄村
		开封市	开封县	杜良村
		平顶山市	宝丰县	辛庄村
		洛阳市	栾川县	大坪村
		商丘市	宁陵县	吕河村
	湖南	长沙市	长沙县	光辉村
		株洲市	株洲	花园村
		湘潭市	湘潭县	梅林村
		衡阳市	衡东县	洋岸村
		怀化市	中方县	毛田村
西南	广西	南宁市	宾阳县	太乡村
		柳州市	柳城县	米村
		桂林市	兴安县	三桂村
		梧州市	蒙山县	黄村
		北海市	合浦县	双文村
	贵州	贵阳市	修文县	乐树村
		遵义市	习水县	天堂村
		铜仁市	石阡县	双江村
		毕节市	大方县	常丰村
		安顺市	普定县	张官村

附录2 全球气候变化治理中我国公众对专家的信任度调查问卷

问卷编号：

调查地点：

尊敬的女士、先生，

您好！

首先，欢迎您参加本次问卷调查。我们现就"全球气候变化治理中我国公众对专家的信任度"进行调查，调查的目的主要是了解我国公众对专家的信任度。

全球气候变化已经成为国际关注的重要环境问题，其影响也深入到了政治、经济、文化等人类社会的各个领域，公众的学习、工作和生活已经受到了气候变化带来的种种灾难的严重威胁。研究气候变化背景下的公众对专家的信任，将有助于建立公众对专家的信任，有助于政策的制定和执行，有利于全民共同行动来减缓和适应全球气候变化。同时，您的意见和建议也可能对国家的发展和学术研究产生重要的影响。

此次调研采用匿名作答的方式，您的个人看法、意见和建议将完全保密，调查结果仅作为研究之用，请不要有任何顾虑。

再次感谢您的支持！

中国科学院公众对专家的信任调查课题组
2013年6月

第一部分：请根据您对气候变化的了解如实填写以下问题的答案（单选题）

Q1. 您是否听说过全球气候变化？ ____
　①是　　　　　　　　②否

Q2. 您认为当前气候变化对全球的影响如何？ ____
　①完全没有影响　　②影响不大　　③不知道

④有一点影响　　　　　⑤影响很大

Q3. 您认为以下观点是否正确？（①对 ②错 ③不清楚）

	判断内容	①	②	③
气候变化的原因	a. 全球气候变化是由大气中温室气体浓度升高造成的			
	b. 温室气体主要是由化石燃料燃烧排放的			
	c. 温室气体主要包括一氧化碳、二氧化碳、甲烷等			
	d. 人类土地利用方式的改变也会造成温室气体浓度升高			
	e. 臭氧层被破坏引起了全球气候变化			
气候变化的危害	f. 气候变化导致极端天气、冰川消融、永久冻土层融化、珊瑚礁死亡、海平面上升、生态系统改变、旱涝灾害增加、致命热浪等			
	g. 政府间气候变化小组（IPCC）的评估，在过去一个世纪里，全球表面平均温度已经上升了3℃到6℃			
气候变化的国内外政策	h. 美国与其他国家签署的《京都议定书》中称，到2010年美国将减少7%的温室气体排放			
	i. 欧盟提出的全球升温的安全幅度为1℃			
	j. 1992年联合国环发大会通过《气候变化框架公约》，提出到90年代末使发达国家温室气体的年排放量控制在1990年的水平			
	k. 中国提出的2020年的二氧化碳排放强度目标是下降40%			

Q4. 您认为以下哪一项会直接导致全球气候变化？____
①自然界本身的变化　　　　②核电站
③臭氧层空洞　　　　　　　④森林减少　　　⑤人口增加
⑥化石燃料（汽油、燃气、煤）
⑦有毒垃圾（核废料、化学垃圾）⑧其他（请填写____）

Q5. 您认为气候变化问题是否严重？____
①一点不严重　　　　　　　②比较不严重　　③一般
④比较严重　　　　　　　　⑤非常严重

Q6. 您是否担心气候变化？____
①完全不担心　　　　　　　②不太担心　　　③一般
④比较担心　　　　　　　　⑤非常担心

Q7. 您认为气候变化对于以下几个方面会造成多大的危害？
①完全无危害 ②有一点危害 ③危害一般 ④危害较严重 ⑤危害相当严重

  a. 自己 ____　　　b. 家庭 ____　　　c. 居住的社区 ____
  d. 国家 ____　　　e. 其他国家 ____　　f. 未来后代 ____
  g. 动物和植物物种 ____

Q8. 您是否了解气候变化相关的知识或政策？____
  ①非常了解　　　②比较了解　　　③一般
  ④不太了解　　　⑤完全不了解

Q9. 您与家人和朋友谈论气候变化的话题的频率是多少？____
  ①经常　　　　　②较多　　　　　③一般
  ④偶尔　　　　　⑤从来不

Q10. 您通过哪种方式获取气候变化相关信息？____；您最信任哪种方式？____
  ①电视　　　　　②广播　　　　　③报纸
  ④杂志　　　　　⑤读书　　　　　⑥上网
  ⑦政府通告
  ⑧社区宣传　　　⑨和亲戚朋友聊天
  ⑩讲座　　　　　⑪其他（请填写____）

Q11. 下列对象是否针对气候变化问题做过公众调研或相关知识的宣传工作？

	①是	②否	③不清楚
a. 政府			
b. 企业			
c. 媒体			
d. 环保组织等机构			
e. 决策者			
f. 专家			

Q12. 发生自然灾害或突发危机事件时，您会通过哪种途径与政府、企业、媒体或专家进行沟通？____
① 直接到政府或机构上访
② 向专家求助，专家代公众反映相关意见
③ 通过网络联名提议相关意见
④ 组织公众进行示威游行
⑤ 写信或打电话向有关部门反映
⑥ 通过媒体曝光引起管理机构的关注

Q13. 在过去的一年中，您是否参与过上一题中的任何活动？____
① 是　　　　②否

Q14. 请您根据自己的态度对以下各项选择您满意的答案。
① 非常赞成　　②比较赞成　　③无所谓　　④比较反对
⑤ 非常反对

a. 我的行为完全是为了祖国利益，完全服从政府和管理机构的决策____

b. 我认为凝聚力是有利于国家发展的要素之一____

c. 如果政府不干预，环境等问题将得到更好的解决____

d. 我的生活所得都是通过个人努力得来的，与我所在的组织和环境没有关系____

e. 如果资源能够平均分配，那么社会冲突将会减少____

f. 支持税收转移，赞成通过高收入企业或个人的税收来减少负担____

g. 对社会问题和风险治理都漠不关心，听天由命____

Q15. 下列技术风险中，您认为哪一项风险最大？____
① 核污染　　　②气候变化　　③垃圾处理　　④食品添加剂
⑤ 高铁事故　　⑥抽烟　　　　⑦火灾　　　　⑧医疗事故
⑨ 电磁波辐射　⑩接种疫苗

Q16. 以前是否经历过气候变化引起的风险事件？（如极端天气、冰川消融、海平面上升、生态系统改变、旱涝灾害增加、致命热浪等）____
① 是　　　　②否

Q17. 在全球气候变化问题上，您认为政府、企业、媒体、环保机构或其他组织、决策者、专家、朋友、亲人在以下问题方面与您是否一致？____

①非常一致　　②比较一致　　③不清楚　　④比较不一致　　⑤非常不一致

	A 政府	B 企业	C 媒体	D 环保机构或其他组织	E 决策者	F 专家	G 朋友	H 亲人
a. 是否与您价值一致								
b. 是否与您立场一致								
c. 是否与您目标一致								
d. 是否支持您的观点								
e. 是否与您行为一致								
f. 是否与您观点一致								

Q18. 全球的平均温度在过去150年中已经有所增长，并且在未来将继续增长。您是否相信气候变化已成为事实？____
①是　　　　②否

Q19. 您是否相信气候变化引发的风险信息属实？____
①是　　　　②否

Q20. 关于气候变化，您怎么认为？____
①大部分科学家认为气候变化已经发生
②大部分科学家认为气候变化没有发生
③科学家内部对于气候变化的问题并没有统一意见
④没有想法

Q21. 如果气候变化确实发生了，您认为其原因是什么？____
①生产活动引起的　　　　②自然界的生态变化引起的
③不知道　　④根本不存在气候变化　　⑤其他____

Q22. 您认为气候变化相关信息的传播是否及时？____
①非常及时　　② 比较及时　　③一般　　④比较不及时
⑤非常不及时

Q23. 您认为自己已经获得足够多的气候变化信息吗？____
①足够多　　②比较多　　③一般　　④比较不足
⑤非常不足

Q24. 您是否想要获得更多的气候变化信息？____
①非常需要　　②比较需要　　③一般　　④不太需要
⑤一点不需要

Q25. 您是否信任以下关于气候变化活动中的相关主体？
①非常信任　　②比较信任　　③一般　　④比较不信任
⑤非常不信任
a. 专家____　　b. 决策者____　　c. 政府____　　d. 企业____
e. 媒体____　　f. 环保组织____　　g. 家庭____　　h. 朋友____

Q26. 您对以下几个问题的态度是什么？
①非常同意　　②比较同意　　③一般　　④比较不同意
⑤非常不同意
a. 您对过去风险治理的效果非常满意 ____
b. 您相信风险治理的过程公平、合法 ____
c. 您支持现在气候变化风险治理的相关政策 ____
d. 您愿意配合风险治理相关机构执行政策和措施 ____

Q27. 如果气候变化相关管理机构组织座谈会或者实践参观等活动，您是否愿意参加？____
①是　　　　②否　（选择"②否"的请直接答 Q29）

Q28. 您参加此类活动最迫切想要了解气候变化的哪方面信息？____
①气候变化原因　　　　②对人类的健康危害
③对环境的危害　　　　④农业生产相关信息
⑤疾病预防相关信息　　⑥对生物的生存危害
⑦近期可能发生哪些危害
⑧未来可能发生的气候变化风险事件
⑨预防政策和措施　　　　⑩其他____

Q29. 气候变化治理能为人类带来的利益中，您最关心的利益是什么？____
①有助于人类健康　　　　②提高国家安全
③增加绿色环保工作的机会　　④促进经济发展

⑤挽救濒临灭绝的动物和植物种类

⑥减少贫富差距

⑦挽救贫穷和饥饿的人们　　⑧为我们的后代提供更好的生活

⑨其他____

Q30. 政府减缓气候变化的过程中可能会带来其他风险，您最担心的是什么？____

①增加工作成本　　　　　②损害经济

③导致更多的政府监管　　④干预市场自由

⑤引起能源价格上涨

⑥对于贫困人群来说可能弊大于利

⑦其他（请填写____）

Q31. 您是否愿意为气候变化的治理付出个人的努力？____

①非常愿意　　②比较愿意　　③一般　　④不太愿意

⑤非常不愿意

Q32. 处理气候变化风险事件中，您认为专家和决策者的治理是否有效？____

①非常有效　　②比较有效　　③一般　　④不太有效

⑤完全无效

Q33. 您认为哪一项关于气候变化的政府管理决策最有效？____

①制定相关气候变化公约，加强国际合作

②运用科学技术方法，新技术代替老旧技术，提高能源效能

③通过政策法规规范公民行为，改变生活方式，节能减排

④其他（请填写____）

Q34. 您认为对于减缓气候变化的个人行为中，以下哪一项最有效？

①多种树　　②减少开车　　③低碳办公　　④购买节能产品

⑤节约用电、用水　　⑥减少有毒废物的产生

⑦用新能源代替化石燃料　　⑧选择耗能相对少的生活用具

⑨尽量减少坐飞机次数　　⑩购买本地水果和蔬菜

⑪减少奢侈品的购买和使用　　⑫尽量选用公共交通工具出行

⑬严格执行计划生育，限制人口增长

Q35. 对于气候变化的治理，您有哪些建议或意见？

_____

第二部分：您的个人基本信息

下面几个有关您的问题，仅供资料分析，希望您不要介意。

P1. 性别：____
①男　　　　②女

P2. 年龄：____
①18 岁以下　②19—30 岁　③30—60 岁　④60 岁以上

P3. 学历：____
①初中及以下　②高中或中专　③大专或本科
④硕士　　　　⑤博士或以上

P4. 您的职业：____
①党政机关工作人员　　　②事业单位工作人员
③企业工作人员　　　　　④军人
⑤研究员（请注明研究方向：____）
⑥学生　　　⑦工人　　　⑧农民
⑨专业技术人员（教师、医生、工程师等）
⑩自由职业者　　　　　⑪离退休人员　⑫其他____

P5. 您的月收入：____
①少于 1500 元　　　　②1500—2499 元
③2500—3999 元　　　 ④4000—6999 元
⑤7000—9999 元　　　 ⑥10000 元以上

P6. 民族：____

P7. 宗教信仰：____
①佛教　　　②基督教　　③伊斯兰教　④道教
⑤天主教　　⑥无神论者

P8. 居住省市：____
①北京　　　②天津　　　③河北　　　④辽宁
⑤山东　　　⑥福建　　　⑦宁夏　　　⑧河南
⑨江西　　　⑩贵州

P9. 您居住在：____
①城市　　　②县城（县、县级市、区）　③农村

参考文献

[1] [英]芭芭拉·亚当、[英]乌尔里希·贝克、[英]约斯特·房·龙:《风险社会及其超越:社会理论的关键议题》,赵延东、马缨等译,北京出版社2005年版。

[2] 陈图农:《抑郁个体内隐记忆实验研究》,硕士学位论文,南京师范大学,2002年。

[3] 代丽华:《气候变化——国际气候合作机制和中国应对气候变化的对策》,华东师范大学出版社2009年版。

[4] 高旭、张圣柱、杨国梁等:《风险沟通研究进展综述》,《中国安全生产科学技术》2011年第5期。

[5] 胡宜朝、雷明:《信任的研究方法综述》,《山西财经大学学报》2005年第6期。

[6] 李素梅:《风险认知和风险沟通研究进展》,《中国公共卫生管理》2010年第3期。

[7] 李腾:《陌生人之间信任关系的建构——一种社会心理学的分析视角》,《农业科技与信息》2008年第18期。

[8] 李醒民:《论技治主义》,《哈尔滨工业大学学报》2005年第6期。

[9] 林云华:《国际气候合作与排放权交易制度研究》,中国经济出版社2007年版。

[10] a. 彭黎明:《气候变化公众风险认知》,博士学位论文,武汉大学,2011年。

b. 彭黎明:《气候变化公众风险认知研究——基于广州城市居民的调查》,博士学位论文,武汉大学,2011年。

[11] 彭泗清：《信任的建立机制：关系运作与法制手段》，《社会学研究》1999 年第 2 期。

[12] 《气候变化国家评估报告》编写委员会编著：《气候变化国家评估报告》，科学出版社 2007 年版。

[13] 孙伟正、赵建芳：《信任研究的哲学思考——基于不同学科视角的分析》，《石家庄学院学报》2006 年第 2 期。

[14] ［英］斯科特·拉什：《风险社会与风险文化》，王武龙编译，《马克思主义与现实》2002 年第 4 期。

[15] 王绍光、刘欣：《信任的基础：一种理性的解释》，《社会学研究》1999 年第 3 期。

[16] 许科：《风险视角的信任研究》，博士学位论文，华东师范大学，2008 年。

[17] 谢晓非、徐联仓：《公众在风险认知中的偏差》，《心理学动态》1996 年第 2 期。

[18] 谢晓非、徐联仓：《公众风险认知调查》，《心理科学》2002 年第 6 期。

[19] 张广利：《主客观风险社会理论相关研究文献概述》，《探求》2008 年第 1 期。

[20] 张维迎、柯荣住：《信任及其解释：来自中国的跨省调查分析》，《经济研究》2002 年第 10 期。

[21] ［美］伊狄梭、［澳］卡特、［美］辛格：《气候变化再审视——非政府国际气候变化研究组报告》，张志强、曲建生、段晓南等译，科学出版社 2013 年版。

[22] 郑也夫等：《中国社会中的信任》，中国城市出版社 2003 年版。

[23] Abrahamson V., Wolf J., Lorenzoni I., et al., "Perceptions of Heatwave Risks to Health: Interview-based Study of Older People in London and Norwich, UK", *Journal of Public Health*, Vol. 31, No. 1, 2009.

[24] Adams J., *Risk*, London: Routledge, 1995.

[25] Alper J., "The Pipeline is Leaking Women all the Way Along", *Science*, Vol. 260, No. 5106, 1993.

[26] Amitai E., "The New Golden Rule: Community and Morality in a Democratic Society", 1996.

[27] Basili M., Franzini M., Vercelli A., eds., *Environment, Inequality and Collective Action*, Routledge, 2005.

[28] Bassett G. W., Jenkins Smith H. C., Silva C., "On-Site Storage of High Level Nuclear Waste: Attitudes and Perceptions of Local Residents", *Risk Analysis*, Vol. 16, No. 3, 1996.

[29] Baumer T. L., "Research on Fear of Crime in the United States", *Victimology*, Vol. 3, No. 3-4, 1978.

[30] Becker L. C., "Trust as Noncognitive Security about Motives", *Ethics*, Vol. 107, No. 1, 1996.

[31] Bellaby P., "Concepts and Methods in the Study of Trust", *TSEC Trust Symposium*, Oxford, June 2006.

[32] Bennett P., Calman K., *Risk Communication and Public Health*, Oxford: Oxford University Press, 1999.

[33] Bennett P., Coles D., McDonald A., *Risk Communication as a Decision Making Process*, In Risk Communication and Public Health, Oxford: Oxford University Press, 1999.

[34] Bhattacharya R., Devinney T. M., Pillutla M. M., "A Formal Model of Trust Based on Outcomes", *Academy of Management Review*, Vol. 23, No. 3, 1998.

[35] Block A., "Regulating Pesticide Risks in Denmark: Expert and Lay Perspectives", *Risk and Regulation'4th Annual Research Student Conference*, LSE, 2005.

[36] Blowers A., and Hinchliffe S., eds., *Environmental Responses*, Wiley, 2003.

[37] Bohilm A., "Risk Perception and Social Anthropology: Critique of Culturaltheory", *Ethos*, Vol. 61, 1996.

[38] Boix C., *Democracy and Redistribution*, Cambridge University Press, 2003.

[39] Bord R. J., O'Connor R. E., "Determinants of Risk Perceptions of a Hazardous Waste Site", *Risk Analysis*, Vol. 12, No. 3, 1992.

[40] Bostrom A., Morgan M. G., Fischhoff B., et al., "What Do People Know about Global Climate Change? 1Mental Models", *Risk Analysis*, Vol. 14, No. 6, 1994.

[41] Burgess J., Harrison C. M., Filius P., "Environmental Communication and the Cultural Politics of Environmental Citizenship", *Environment and Planning A*, Vol. 30, No. 8, 1998.

[42] Chartier J., Gabler S., "Risk Communication and Government: Theory and Application for the Canadian Food Inspection Agency", *Canadian Food Inspection Agency*, 2001.

[43] Cohn L. D., Macfarlane S., Yanez C., et al., "Risk-perception: Differences between Adolescents and Adults", *Health Psychology*, Vol. 14, No. 3, 1995.

[44] Couch L. L., Jones W. H., "Measuring Levels of Trust", *Journal of Research in Personality*, Vol. 31, No. 3, 1997.

[45] Cowie J., *Climate Change: Biological and Human Aspects*, Cambridge University Press, 2013.

[46] Currall S. C., Judge T. A., "Measuring Trust between Organizational Boundary Role Persons", *Organizational Behavior and Human Decision Processes*, Vol. 64, No. 2, 1995.

[47] Cvetkovich G., "The Attribution of Social Trust", *Social Trust and the Management of Risk*, London: Earthscan, 1999.

[48] Dake K., "Orienting Dispositions in the Perception of Risk: An Analysis of Contemporary Worldviews and Cultural Biases", *Journal of Cross-Cultural Psychology*, Vol. 22, No. 1, 1991.

[49] Dalton R. J., "Citizen Attitudes and Political Behavior", *Comparative Political Studies*, Vol. 33, No. 6-7, 2000.

[50] DeBruine L. M., "Facial Resemblance Enhances Trust", *Proceedings of the Royal Society of London*, Series B: Biological Sciences, Vol. 269, No. 1498, 2002.

[51] Dirks K. T., Ferrin D. L., "Trust in Leadership: Meta-analytic Findings and Implications for Research and Practice", *Journal of Applied Psychology*, Vol. 87, No. 4, 2002.

[52] "Does Education Affect Trust? Evidence from Russia", Russia, 2005.

[53] Douglas M., Wildavsky A. B., *Risk and Culture: An Essay on the Selection of Technological and Environmental Dangers*, University of California

Press, 1983.

[54] Durant J. R., Evans G. A., Thomas G. P., "The Public Understanding of Science", *Nature*, Vol. 340, 1989.

[55] Earle T. C., Cvetkovich G., Cvetkovich, *Social Trust: Toward a Cosmopolitan Society*, Greenwood Publishing Group, 1995.

[56] Earle T. C., Cvetkovich G., "Social Trust and Culture in Risk Management", *Social Trust and the Management of Risk*, 1999.

[57] Earle T. C., Siegrist M., Gutscher H., "Trust, Risk Perception and the TCC Model of Cooperation", *Trust in Risk Management: Uncertainty and Scepticism in the Public Mind*, 2010.

[58] Earle T. C., Siegrist M., "Morality Information, Performance Information, and the Distinction between Trust and Confidence1", *Journal of Applied Social Psychology*, Vol. 36, No. 2, 2006.

[59] Earle T. C., Cvetkovich G. T., *Social Trust: Toward a Cosmopolitian Society*, Greenwood Publishing Group, 1995.

[60] Edwards A., "Risk Communication – making Evidence Part of Patient Choices", *Shared Decision-making in Health Care: Achieving Evidence-based Patient Choice*, 2009.

[61] Eiser J. R., Miles S., Frewer L. J., "Trust, Perceived Risk, and Attitudes Toward Food Technologies1", *Journal of Applied Social Psychology*, Vol. 32, No. 11, 2002.

[62] Fischhoff B., Slovic P., Lichtenstein S., "Weighing the Risks", *Environment*, Vol. 21, No. 5, 1979.

[63] Flynn J., Slovic P., Mertz C. K., "Gender, Race, and Perception of Environmental Health Risks", *Risk Analysis*, Vol. 14, No. 6, 1994.

[64] Freudenburg W. R., "Risk and Recreancy: Weber, the Division of Labor, and the Rationality of Risk Perceptions", *Social Forces*, Vol. 71, No. 4, 1993.

[65] Frewer L. J., "Public Risk Perceptions and Risk Communication", *In Bennett P: Risk Communication and Public Health*, New York: Oxford, 1999.

[66] Frewer L. J., "Public Risk Perceptions and Risk Communication", *Risk Communication and Public Health*, 1999.

[67] Fukuyama F., *Trust: The Social Virtues and the Creation of Prosperity*, New York: Free Press, 1995.

[68] Gambetta D., "Can We Trust trust", *Trust: Making and Breaking Cooperative Relations*, 2000.

[69] Gaziano C., McGrath K., "Measuring the Concept of Credibility", *Journalism Quarterly*, Vol. 63, No. 3, 1986.

[70] Giddens A., "The Consequences of Modernity: The Raymond Fred West Memorial Lectures", *Cambridge, Polity in Association with Blackwell*, 1990.

[71] Gilligan C., *In A Different Voice*, Harvard University Press, 1982.

[72] Green E., Simon D., Short S. D., Duarte-Davidson R., Leonard S., Levy, "Public and Professional Perceptions of Environmental and Health Risks", *In Bennett P: Risk Communication and Public Health*, Oxford: Oxford University Press, 1999.

[73] Greenberg M. R., Williams B., "Geographical Dimensions and Correlates of Trust", *Risk Analysis*, Vol. 19, No. 2, 1999.

[74] Groothuis P. A., Miller G., "The Role of Social Distrust in Risk-benefit Analysis: A Study of the Siting of a Hazardous Waste Disposal Facility", *Journal of Risk and Uncertainty*, Vol. 15, No. 3, 1997.

[75] Grundmann R., Stehr N., "Social Control and Knowledge in Democratic Societies", *Science and Public Policy*, Vol. 30, No. 3, 2003.

[76] Hansen J., Holm L., Frewer L., et al., "Beyond the Knowledge Deficit: Recent Research into Lay and Expert Attitudes to Food Risks", *Appetite*, Vol. 41, No. 2, 2003.

[77] Hardin R., *Trust and Trust Worthiness*, New York, Russell Sage Foundation, 2002.

[78] Hardin R., *Trust*, Cambridge: Polity, 2006.

[79] Hine D. W., Summers C., Prystupa M., et al., "Public Opposition to A Proposed Nuclear Waste Repository in Canada: An Investigation of Cultural and Economic Effects", *Risk Analysis*, Vol. 17, No. 3, 1997.

[80] Hoban T., Woodrum E., Czaja R., "Public Opposition to Genetic Engineering", *Rural Sociology*, Vol. 57, No. 4, 1992.

[81] Hood C., Rothstein H., Baldwin R., *The Government of Risk: Under-*

standing *Risk Regulation Regimes*, Oxford University Press, 2001.

[82] Hora S. C., "Acquisition of Expert Judgment: Examples from Risk Assessment", *Journal of Energy Engineering*, 1992.

[83] Ibitayo O. O., Pijawka K. D., "Reversing NIMBY: An Assessment of State Strategies for Siting Hazardous-waste Facilities", *Environment and Planning C*, Government & Policy, Vol. 17, No. 4, 1999.

[84] Inglehart R., *Modernization and Postmodernization: Cultural, Economic, and Political Change in 43 Societies*, Princeton, NJ: Princeton University Press, 1997.

[85] "International Risk Governance Council", Summary Information, Geneva, 2011. http://www.irgc.org/IMG/pdf/irgc_summaryinformation_2011.pdf.

[86] Jessop R. D., *The Future of the Capitalist State*, Polity, 2002.

[87] Kahan D. M., Jenkins-Smith H., Braman D., "Cultural Cognition of Scientific Consensus", *Journal of Risk Research*, Vol. 14, No. 2, 2011.

[88] Kahneman D., Tversky A., "Prospect Theory: An Analysis of Decision under Risk", *Econometrica: Journal of the Econometric Society*, 1979.

[89] Kasperson R. E., Kasperson J. X., "The Social Amplification and Attenuation of Risk", *Annals of the American Academy of Political and Social Sciences*, 1996.

[90] Kasperson R. E., Kasperson J. X., *Climate Change, Vulnerability, and Social Justice*, Stockholm: Stockholm Environment Institute, 2001.

[91] Katsuya T., "Difference in the Formation of Attitude Toward Nuclear Power", *Political Psychology*, Vol. 23, No. 1, 2002.

[92] Kellstedt P. M., Zahran S., Vedlitz A., "Personal Efficacy, the Information Environment, and Attitudes Toward Global Warming and Climate Change in the United States", *Risk Analysis*, Vol. 28, No. 1, 2008.

[93] Koehler J. J., "The Influence of Prior Beliefs on Scientific Judgements of Evidence Quality", *Organizational Behaviour and Human Decision Processes*, 1993.

[94] Kunreuther H., Easterling D., Desvousges W., et al., "Public Attitudes

Toward Siting a High-level Nuclear Waste Repository in Nevada", *Risk Analysis*, Vol. 10, No. 4, 1990.

[95] Löfstedt R., *Risk Management in Post-TrustSocieties*, Basingstoke: Palgrave, 2005.

[96] Laffont J. J., Tirole J., "The Politics of Government Decision-making: A Theory of Regulatory Capture", *The Quarterly Journal of Economics*, Vol. 106, No. 4, 1991.

[97] Langford I. H., Marris C., O'Riordan T., "Public Reactions to Risk: Social Structures, Images of Science, and the Role of Trust", *Risk Communication and Public Health*, 1999.

[98] Lear D., "Sexual Communication in the Age of AIDS: the Construction of Risk and Trust Among Young Adults", *Social Science & Medicine*, Vol. 41, No. 9, 1995.

[99] Lijphart A., *Patterns of Democracy: Government Forms and Performance in Thirty-six Countries*, Yale University Press, 1999.

[100] Luhmann N., *Trust and, Power: Two Works by Niklas Luhmann*, Chichester: Wiley, 1979.

[101] Luhmann N., *Communication and Social Order: Risk: A Sociological Theory*, Transaction Publishers, 1993.

[102] Lupton D., *Risk*, New York: Routledge, 1999.

[103] Lyotard J. F., *The Postmodern Condition: A Report on Knowledge*, University of Minnesota Press, 1984.

[104] Malle B. F., "Folk Explanations of Intentional Action", *Intentions and Intentionality: Foundations of Social Cognition*, 2001.

[105] Mander S., Polson D., Roberts T., et al., "Risk from CO_2 Storage in Saline Aquifers: A Comparison of Lay and Expert Perceptions of Risk", *Energy Procedia*, Vol. 4, 2011.

[106] Mayer R. C., Davis J. H., Schoorman F. D., "An Integrative Model of Organizational Trust", *Academy of Management Review*, Vol. 20, No. 3, 1995.

[107] McComas K. A., Trumbo C. W., "Source Credibility in Environmental Health-Risk Controversies: Application of Meyer's Credibility Index",

Risk Analysis, Vol. 21, No. 3, 2001.

[108] McGuire W. J., "Attitude Change: The Information Processing Paradigm", Experimental Social Psychology, 1972.

[109] Meyer P., "Defining and Measuring Credibility of Newspapers: Developing an Index", Journalism & Mass Communication Quarterly, Vol. 65, No. 3, 1988.

[110] Moellering G., Trust, Amsterdam, Elsevier, 2006.

[111] Morris E. A., Smart M. J., "Expert Versus Lay Perception of the Risks of Motor Vehicle-generated Air Pollution", Transportation Research Part D: Transport and Environment, Vol. 17, No. 1, 2012.

[112] Mushkatel A. H., Pijawka K. D., Institutional Trust, Information, and Risk Perceptions: Report of Findings of the Las Vegas Metropolitan Area Survey, June 29-July 1, Nevada Nuclear Waste Project Office, Carson City, NV (United States), 1992.

[113] Neil N., Malmfors T., Slovic P., "Intuitive Toxicology: Expert and Lay Judgments of Chemical Risks", Toxicologic Pathology, Vol. 22, No. 2, 1994.

[114] Nicholson P. J., "Communicating Health Risk", Occupational Medicine, Vol. 49, No. 4, 1999.

[115] Norton A., Leaman J., "The Day after Tomorrow: Public Opinion on Climate Change", MORI Social Research Institute, London, 2004.

[116] O'Connor R. E., Bord R. J., Fisher A., "The Curious Impact of Knowledge about Climate Change on Risk Perceptions and Willingness to Sacrifice", Risk Decision and Policy, Vol. 3, No. 2, 1998.

[117] Perman R., Yue M., James M., et al., Natural Resource and Environmental Economics, Pearson Education, 2003.

[118] Pidgeon N., Hood C., Jones D., Turner B., Gibson R., Risk Perception in Risk: Analysis, Perception and Management, A Report of the Royal Society Study Group, London, Archived Manuscript, 1992.

[119] Poortinga W., Pidgeon N. F., "Exploring the Dimensionality of Trust in Risk Regulation", Risk Analysis, Vol. 23, No. 5, 2003.

[120] Priest S. H., "Misplaced Faith Communication Variables as Predictors

of Encouragement for Biotechnology Development", *Science Communication*, Vol. 23, No. 2, 2001.

[121] Putnam R. D., Leonardi R., Nanetti R. Y., *Making Democracy Work: Civic Traditions in Modern Italy*, Princeton University Press, 1994.

[122] Rayner S., "Cultual Theory and Risk Analysis", *In Social Theories of Risk (Krimsky and Golding)*, New York: Preaeger, 1992.

[123] Renn O., Levine D., "Credibility and Trust in Risk Communication", In R. Kasperson & P. J. Stallen (Eds.), *Communicating Risk to the Public*, Dordrecht: Kluwer, 1991.

[124] Renn O., "Concepts of Risk: A Classification", *Social Theories of Risk*, S. Krimsky and DG Golding, 1992.

[125] Renn O., *Risk Governance: Coping with Uncertainty in A Complex World*, Earthscan, 2008.

[126] Rosenberg S., Nelson C., Vivekananthan P. S., "A Multidimensional Approach to the Structure of Personality Impressions", *Journal of Personality and Social Psychology*, Vol. 9, No. 4, 1968.

[127] Rossi J., "Participation Run Amok: The Deliberative Costs of Mass Participation in Agency", *Decision – making*, North – western Law Review, Vol. 92, 1997.

[128] Rousseau D. M., Sitkin S. B., Burt R. S., et al., "Not so Different after all: A Cross-discipline View of Trust", *Academy of Management Review*, Vol. 23, No. 3, 1998.

[129] Scharlemann J. P. W., Eckel C. C., Kacelnik A., et al., "The Value of A Smile: Game Theory with A Human Face", *Journal of Economic Psychology*, Vol. 22, No. 5, 2001.

[130] Schellnhuber H. J., and Cramer W. P., eds., *Avoiding Dangerous Climate Change*, Cambridge University Press, 2006.

[131] Schlenker B. R., Helm B., Tedeschi J. T., "The Effects of Personality and Situational Variables on Behavioral Trust", *Journal of Personality and Social Psychology*, Vol. 25, No. 3, 1973.

[132] Seligman A. B., "Role Complexity, Risk, and the Emergence of Trust", *BUL Rev*, Vol. 81, 2001.

[133] Siegrist M., Cvetkovich G., Roth C., "Salient Value Similarity, Social Trust, and Risk/benefit Perception", *Risk Analysis*, Vol. 20, No. 3, 2000.

[134] Siegrist M., Cvetkovich G. T., Gutscher H., "Shared Values, Social Trust, and the Perception of Geographic Cancer Clusters", *Risk Analysis*, Vol. 21, No. 6, 2001.

[135] Siegrist M., Earle T. C., Gutcher H., "Test of A Trust and Confidence Model in the Applied Context of Electromagnetic Field (EMF) Risks", *Risk Analysis*, No. 23, 2003.

[136] Siegrist M., Gutscher H., "Flooding Risks: A Comparison of Lay People's Perceptions and Expert's Assessments in Switzerland", *Risk Analysis*, Vol. 26, No. 4, 2006.

[137] Siegrist M., Earle T. C., Gutscher M., *Trust in Cooperative Risk Management*, London, Earthscan, 2007.

[138] Siegrist M., Earle T. C., Gutscher H., et al., *Trust in Risk Management: Uncertainty and Skepticism in the Public Mind*, Earthscan, 2010.

[139] Sjöberg J., "On Estimation of Nonlinear Grey-and Black-box Models: How to Obtain Alternative Initializations", *Submitted to Automatica*, 1999.

[140] Sjöberg L., "Factors in Risk Perception", *Risk Analysis*, Vol. 20, No. 1, 2000.

[141] Sjöberg L., "Perceived Risk and Tampering with Nature", *Journal of Risk Research*, Vol. 3, No. 4, 2000.

[142] Sjöberg L., Drottz-Sjöberg B. M., "Fairness, Risk and Risk Tolerance in the Siting of A Nuclear Waste Repository", *Journal of Risk Research*, Vol. 4, No. 1, 2001.

[143] Sjöberg L., Moen B. E., Rundmo T., "Explaining Risk Perception", *An Evaluation of the Psychometric Paradigm in Risk Perception Research*, Trondheim, 2004.

[144] Slovic P., Fischhoff B., Lichtenstein S., "Rating the Risks", *Environment*, Vol. 21, No. 3, 1979.

[145] Slovic P., "Perception of Risk", *Science*, Vol. 236, No. 4799, 1987.

[146] Slovic P., Flynn J. H., Layman M., "Perceived Risk, Trust, and the

Politics of Nuclear Waste", *Science*, Vol. 254, No. 5038, 1991.

[147] Slovic P., "Perceptions of Risk: Reflections on the Psychometric Paradigm", *In Krimsky S and Golding D (eds): Social Theories of Risk*, Praeger, Westport, 1992.

[148] Slovic P., "Perceived Risk, Trust, and Democracy", *Risk Analysis*, Vol. 13, No. 6, 1993.

[149] Slovic P. E., *The Perception of Risk*, Earthscan Publications, 2000.

[150] Slovic P., "The Risk Game", *Journal of Hazardous Materials*, Vol. 86, No. 1, 2001.

[151] Steger M. A. E., Witt S. L., *Gender Differences in Environmental Orientations: A Comparison of Publics and Activists in Canada and the U. S*, The Western Political Quarterly, 1989.

[152] Stern N., ed., *The Economics of Climate Change: the Stern Review*, Cambridge University Press, 2007.

[153] Taylor - Gooby P., "Social Divisions of Trust: Scepticism and Democracy in the GM Nation? Debate", *Journal of Risk Research*, Vol. 9, No. 1, 2006.

[154] Taylor-Gooby P., "Trust, Risk and Health Care Reform", *Health Risk & Society*, Vol. 8, No. 2, 2006.

[155] Vaske J. J., Absher J. D., Bright A. D., "Salient Value Similarity, Social Trust and Attitudes Toward Wildland Fire Management Strategies", *Human Ecology Review*, Vol. 14, No. 2, 2007.

[156] Weale A., "Science Advice, Democratic Responsiveness and Public Policy", *Science and Public Policy*, Vol. 28, No. 6, 2001.

[157] Weale A., "Science Advice, Democratic Responsiveness and Public Policy", *Science and Public Policy*, Vol. 28, No. 6, 2001.

[158] Weber E., "What Shapes Perceptions of Climate Change? Wiley Interdisciplinary Reviews (WIREs) ", *Climate Change*, 2010.

[159] Weisenfeld U., Ott I., "Academic Discipline and Risk Perception of Technologies: An Empirical Study", *Research Policy*, Vol. 40, No. 3, 2011.

[160] West M. D., "Validating a Scale for the Measurement of Credibility: A

Covariance Structure Modeling Approach", *Journalism Quarterly*, Vol. 71, No. 1, 1994.

[161] WHO, *Risk Perception and Communication*, Denmark: WHO Regional Office for Europe, 2006.

[162] WHO, "Risk Communication", Retrieved, from http://www.who.int/foodsafety/ micro /risk communication/en/2009-06-07.

[163] Wikipedia, "Value", Retrieved2008-08-10, fromhttp://en.wikipedia.org/wiki/Value_ %28personal_ and_ cultural%29.

[164] Williams P. R. D., Hammitt J. K., "Perceived Risks of Conventional and Organic Produce: Pesticides, Pathogens, and Natural Toxins", *Risk Analysis*, Vol. 21, No. 2, 2001.

[165] Winter G., Vogt C. A., McCaffrey S., "Examining Social Trust in Fuels Management Strategies", *Journal of Forestry*, Vol. 102, No. 6, 2004.

[166] Xenias D., Whitmarsh L., "Dimensions and Determinants of Expert and Public Attitudes to Sustainable Transport Policies and Technologies", *Transportation Research Part A: Policy and Practice*, Vol. 48, 2013.

索　引

SVS 模型　4, 14, 17, 20—22, 45, 59, 63—65, 67, 68, 76, 77, 87, 88, 90, 194, 234, 235, 238, 243, 244, 248, 252, 262, 263

TCC 模型　4, 20—22, 68, 71, 72, 74—77, 87, 88, 90, 93, 195, 234, 238, 239, 243, 244, 248, 249, 251, 252, 263

城乡差异　192, 219, 226, 228, 230, 233, 254—258, 263

担忧　2, 11, 18, 31, 41, 43, 81, 84, 85, 87, 89, 95, 122, 124, 126, 129, 185, 186, 192, 193, 195, 227, 246, 247, 261, 262

风险感知　11, 14, 16, 18—21, 25—28, 30—32, 34—38, 42, 46—50, 52—56, 59, 60, 72—82, 87—91, 117, 187, 190, 191, 193, 195—199, 222, 223, 227, 239, 241—243, 249—252, 263, 264

风险沟通　2, 3, 7, 11, 21, 25, 32—38, 46, 48, 49, 56, 59, 60, 78, 79, 82, 83, 87, 90, 91, 95, 114, 117, 130, 133, 135, 136, 155, 156, 165, 166, 186, 187, 189, 190, 193, 195, 199—201, 203, 204, 222, 226—230, 232—234, 244—246, 249, 251, 253, 254, 263, 264

风险治理　1—4, 7—9, 20—22, 25, 31, 33, 35—40, 42, 43, 46, 47, 57, 59, 81, 87—91, 93, 95, 96, 104, 105, 107, 137, 161—166, 173—176, 185, 188—190, 193—196, 213, 214, 216—219, 222—233, 238, 240—242, 244, 251—255, 261, 263, 264, 271, 273

感知风险　14，17，26，27，65，66，77，90，139，141，145，167，169—173，187，189，227，235—238，241—243，249—251，259

感知利益　14，65，66，167，169—171，189，198，227，235—238，242，251

个人文化　87，90，137，138，159，160，187，188，192，194，195，227，229，230，235，236，238，252，255，258

公众　1—6，8，10—22，24—56，58—64，66—68，70，72，74，76—264，266，268，270—272，274

公众对专家的信任　2—4，8，9，11，18，20—22，24，25，39—44，48，81—84，87，89，91—93，95，102，107，149，157—162，188—190，192—201，204—209，211—214，216—220，222，223，226，227，231—234，238，244，250—264，268

价值相似　14，16，17，21，22，45，59，62—68，70，73，77，87，88，92，194，234，262

价值一致性　27，31，32，72，90，95，107，108，136，142—147，161，190，194，195，205，208，222，226，227，230—232，234—238，244，249，251—253，263

决策者　1—3，7，8，11，19，29，36—38，40，42，43，49，81，83—85，90，92，93，95，104，105，107，117，133，134，136，142—144，147，157—159，161，162，173，178，179，187—189，193，194，199—204，213，215—219，224，225，228，229，232，233，240，241，253，259，261，262，264，270，272—274

抉择主义模型　33，34，36

气候变化　2—8，10，12，14，16，18，20—22，24—26，28，30，32，34，36，38—40，42，44—46，48，50，52，54，56，58，60，62，64，66，68，70，72，74，76，78，80—82，84，86—190，192—220，222—226，228—234，236—238，240—248，250—256，258，260—264，266，268—274

气候变化风险　1—4，21，22，25，44—46，104，105，107，122，124，133，147，155，156，167，170—173，185，193—195，216，217，219，224，225，228，229，240—243，247，250，251，255，

261, 262, 264, 273, 274

事件可信性　63, 90, 95, 194, 195, 209, 211, 213, 223, 226—228, 230—232, 234, 235, 238, 251, 263

事件文化　44, 45, 62, 63, 77, 87, 90, 95, 136, 139, 187, 194, 195, 227, 230, 231, 234, 238, 240, 252, 255, 258, 262

文化价值　14, 52, 61—63, 87, 95, 136, 142, 143, 187, 189, 232, 255

协同演化模型　34—36

协作　15, 21, 22, 25, 26, 31, 32, 36, 60, 61, 68, 69, 71, 87, 88, 195, 238

信任　1—4, 8—22, 25—32, 37—47, 53, 56, 58—93, 95, 104, 106—108, 130—133, 136, 142, 147, 148, 152, 156—162, 179, 186—208, 210—213, 215, 217—219, 221—235, 238, 244, 245, 247—264, 270, 273

信任度　12, 15, 16, 18, 21, 27, 29, 37, 39—44, 46, 63, 66, 79—81, 83, 85—87, 89, 91—93, 95, 131, 147—149, 156—158, 161, 172, 185, 188—193, 198, 203, 204, 207, 208, 212, 217, 218, 222, 226, 227, 234, 245, 253, 255—263, 268

信心　3, 11, 12, 15, 21, 22, 26, 32, 38, 41, 42, 54, 68—75, 77, 87, 88, 90, 93, 95, 147, 162, 165, 188, 194, 195, 227, 229, 233, 238, 244, 252—254

修正模型　238, 243, 244, 247

知识知晓度　196—198, 241

专家　1—4, 6, 8, 10—12, 14, 16—22, 24, 26—28, 30, 32—44, 46—56, 58—62, 64, 66—68, 70, 72, 74—248, 250—256, 258—264, 266, 268, 270—274

专家决定模型　33, 34, 36

综合模型　22, 91, 234, 235, 238—240, 244, 245, 247—249, 263

在校期间所获科研成果

[1] 王娟：《影响公众对专家信任的因素——北京公众对建设垃圾焚烧厂的风险感知调研分析》，《自然辩证法通讯》2014 年第 36 卷第 5 期。

[2] 王娟、胡志强：《专家与公众的风险感知差异》，《自然辩证法研究》2014 年第 30 卷第 1 期。

[3] 王娟：《影响技术风险认知的社会文化建构因素》，《自然辩证法研究》2013 年第 29 卷第 8 期。

[4] 王娟、胡志强：《公众技术风险认知的实证研究——北京公众对建设垃圾焚烧厂的风险认知调查分析》，《工程研究》2012 年第 4 卷第 4 期。

[5] 王娟：《风险治理中公众对专家的信任研究综述》，《科普研究》2013 年第 8 卷第 3 期。

[6] 王娟：《风险治理过程中的公众参与》，中国科协第十五届年会，2013 年 5 月。

[7] Juan Wang, Zhiqiang Hu, "Factors Affecting Trust of the Public in Experts—A Survey Analysis of Beijing Public's Risk Perception to Waste Incineration Plant", 2012 Forum on Philosophy, Engineering & Technology Abstract, Beijing: University of Chinese Academy of Sciences, 2012, 11.

[8] 王娟、胡志强、刘东：《转制院所类创新型企业建设》，《中国创新型企业发展报告 2011》第五章，经济管理出版社 2011 年版。

[9] 王娟、胡志强、刘东：《转制院所类创新型企业建设》，《中国创新型企业发展报告 2012》第五章，经济管理出版社 2012 年版。

[10] 王娟：《气候变化治理中公众对专家的信任研究》，《自然辩证法通讯》2016 年 6 月第 38 卷第 3 期。

致 谢

中科院的研究生学习生涯应该是我人生中最刻骨铭心且无上珍贵的时期。大学毕业时我带着懵懂和迷茫踏进了中科院研究生院的大门，在科学院这座全国最高的科学殿堂里，在人文学院充满儒雅气息的氛围中，在导师的悉心教导下，我开始一点点踏入哲学的专业学术领域。哲学让我学会如何做人，诚实守信；哲学让我学会如何做事，善始善终；哲学让我学会如何做学问，踏实走好每一步。然而，学术上的每一点进步就像雏草穿石，新婴落地，必定要经历一场长时间的磨炼与洗涤，加之耐心与毅力，才可能取得一点星光，这一点一点的星光的积累，才能铸就博士毕业时的加冕。冕下回看，在我们一去不复返的年轻岁月中，在我们最应该积攒知识的五六年间，在我们由懵懂到逐渐明确的价值观形成期，这样刻骨铭心的经历此生只此一次，由此显得更加弥足珍贵。我很幸运，我的成长过程中有机会经历这种难得的专业教育。我的成长受益于中科院太多，感激中科院给予我良好的学习和生活环境，感恩我的导师和同学给予我指导和帮助，感谢所有帮助过我的朋友们。

特别感谢我的导师胡志强教授。我的论文在选题、开题报告、中期考核、成果发表及论文的修改等整个过程中，每一步都凝结了老师无数的心血。老师的探索创新精神和认真负责的态度深深地激励着我，每当我思路枯竭时，老师一次提示就会给我很大的启发；每当我忽略了某些细节时，老师的一字纠错、一词修改就会令我学会严谨；每当我松懈散漫时，午夜老师办公室的亮光就会让我自行惭愧……老师让我明白，做学术其实更是一种态度。感谢胡志强老师在我人生最关键的时期给予指导！

其次，感谢中科院人文学院的全体老师，感谢你们在我学习过程中给予指导和帮助，以及在我论文写作过程中提出的宝贵意见；感谢中国社会科学院的王海生老师为我的调研工作和论文撰写提供重要资料并给予大力支持；感谢清华大学的李正风老师、北京师范大学的刘孝廷老师、中科院科学史所的刘益东老师不辞辛劳为我评阅论文；感谢北京大学心理系的谢晓非老师对我的问卷编制和论文修改给予指导；感谢瑞士苏黎世大学的 Michael Siegrist 教授和美国耶鲁大学的 Athony Allen Leiserowitz 教授，感谢你们为我提供珍贵的文献参考资料，以及对我调研结果的肯定。感谢课题组的全体成员在课题合作中的集思广益和大力支持；感谢学习道路上与我一路同行的同学们，我们共同描绘的那一段美好的求学时光，将成为日后无数次的最美回忆。

最后，感谢我的家人，是你们的忍让和包容让我的心灵得到一次次慰藉。感谢你们教会了我淡然对待生活，乐观面对一切。我将带着这份乐观与豁达、温暖与博爱迈向新的起点！

王娟

2014 年 5 月